TAUCHEN & REISEN

ROTES MEER

Guy Buckles

ROTES MEER

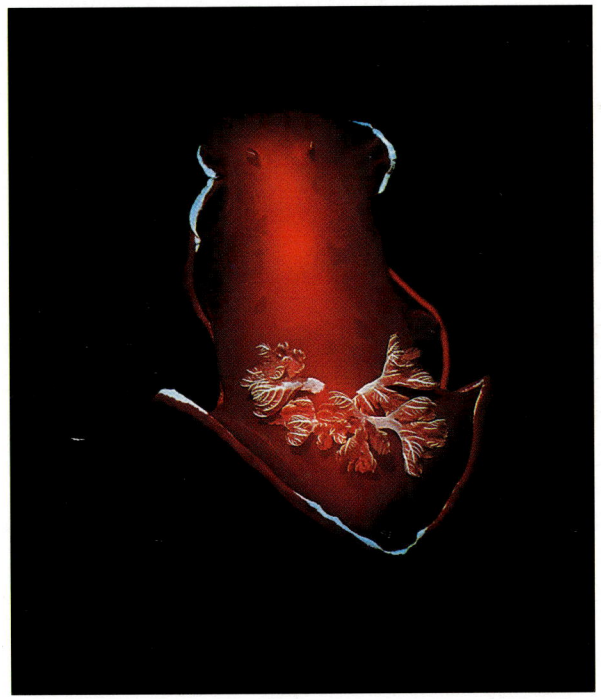

Delius Klasing
EDITION NAGLSCHMID

Copyright © 1997 by New Holland (Publishers) Ltd, London
All rights reserved
Titel der englischen Originalausgabe:
THE DIVE SITES OF THE RED SEA
veröffentlicht bei New Holland (Publishers) Ltd, London, Großbritannien

Die Deutsche Bibliothek – CIP-Einheitsaufnahme

Buckles, Guy:
Rotes Meer/Guy Buckles. [Aus dem Engl. von Wolfgang Rhiel]. –
Bielefeld: Delius Klasing; [Stuttgart]: Ed. Naglschmid, 1998
(Tauchen & Reisen)
Einheitssacht.: The dive sites of the red sea <dt.>
ISBN 3-7688-1200-6

ISBN 3-7688-1200-6
Copyright © 1997 New Holland (Publishers) Ltd. (Unterwasserfotografie/von Jack Jackson,
            Der Lebensraum Meer, Gesundheit und Sicherheit, Gestaltung)
Copyright © 1997 Guy Buckles (Text)
Copyright © 1997 Alex Misiewicz (Fotos, s. Bildnachweis unten)
Die Rechte für die deutschsprachige Ausgabe liegen beim Verlag
Delius, Klasing & Co., Bielefeld
Aus dem Englischen von Wolfgang Rhiel
Deutsche Bearbeitung: Dr. Friedrich Naglschmid und Dagmar Andres
Umschlaggestaltung: Buchholz/Hinsch/Hensinger, Hamburg
Printed in Singapur 1998

Bildnachweis:
Alle Fotos stammen von Alex Misiewicz mit Ausnahme der folgenden:
Guy Buckles (S. 21); Footprints (S. 50); Gunnar Bemert (S. 137).
Umschlagfotos: Alex Misiewicz

Alle in diesem Buch enthaltenen Angaben, Daten, Ergebnisse usw. wurden von dem Autor nach
bestem Wissen erstellt und von ihm und vom Verlag sorgfältig überprüft. Gleichwohl können
inhaltliche Fehler nicht vollständig ausgeschlossen werden. Daher erfolgen die gemachten
Angaben, Daten, Ergebnisse usw. ohne jegliche Verpflichtung oder Garantie des Autors oder des
Verlags. Weder der Autor noch der Verlag übernehmen irgendeine Haftung für etwaige
inhaltliche Unrichtigkeiten.

INHALTSVERZEICHNIS

Zum Gebrauch dieses Buches

DIE REGIONEN

Die in diesem Buch besprochenen Tauchgebiete sind in sechs Regionen unterteilt: Israel, Jordanien, Saudi-Arabien, Ägypten, Sudan und Eritrea. In regionalen Einführungen werden die wichtigsten Besonderheiten und Merkmale dieser Gebiete beschrieben und Hintergrund-informationen zum Klima, der Umwelt, Sehenswürdigkeiten sowie Plus- und Minuspunkten beim Tauchen im jeweiligen Gebiet geliefert.

DIE KARTEN

Am Beginn der regionalen Kapitel oder Unterkapitel befindet sich eine Landkarte, die den Tauchern und Schnorchlern nützliche Informationen bietet. Es sind zwar einige Riffe verzeichnet, die Karten liefern jedoch keine detaillierten nautischen Informationen wie genauen Riffverlauf oder Wassertiefen. Grundsätzlich verzeichnet sind: die Lage der Tauch-gebiete, gekennzeichnet durch weiße Zahlen in roten Kästchen, die den Zahlen am Beginn der Beschreibung der einzelnen Tauchgebiete entsprechen; die Lage wichtiger Zugangspunkte zu den Gebieten (Häfen, Feriendörfer etc.); Riffe und Wracks; Einzelheiten zum Zugang des Tauchgebietes. (Wichtig: Der Kartenrand ist kein Maßstabsgitter.)

ZEICHENERKLÄRUNG

BESCHREIBUNG DER TAUCHGEBIETE

Im Rahmen der geographischen Kapitel werden die wichtigsten Tauchgebiete jeder Region beschrieben. Jede Gebietsbeschreibung beginnt mit einer Nummer (um die Lage auf der Karte feststellen zu können), einer Bewertung nach Sternen (gegenüber) und verschiedenen Schlüsselsymbolen (gegenüber). Der Beschreibung des Tauchgebiets, seines Meereslebens und besonders interessierender Punkte voran gehen wichtige praktische Details wie Lage, Zugang, Bedingungen, übliche Sicht sowie minimale und maximale Tiefe. Bei diesen Angaben bedeutet „übliche Sicht" gute Bedingungen.

DIE BEWERTUNG NACH STERNEN

Jedes Gebiet wird nach Sternen bewertet, maximal fünf rote Sterne für das Tauchen und fünf blaue Sterne für das Schnorcheln.

Tauchen

★★★★★ **Erstklassig**
★★★★ **Sehr zu empfehlen**
★★★ **Gut**
★★ **Durchschnittlich**
★ **Mäßig**

Schnorcheln

★★★★★ **Erstklassig**
★★★★ **Sehr zu empfehlen**
★★★ **Gut**
★★ **Durchschnittlich**
★ **Mäßig**

DIE SYMBOLE

Die Symbole am Anfang jeder Gebietsbeschreibung bieten einen raschen Zugang zu wichtigen Informationen über einzelne Gebiete.

 Zum Tauchen geeignet (gilt für alle Gebiete bis auf die, die sich nur zum Schnorcheln eignen).

 Ist durch Schwimmen vom nächsten Ufer zu erreichen (auch wenn man, um zum Ufer zu kommen, ein Boot braucht).

 Mit Boot vom Ort zu erreichen.

 Zum Schnorcheln geeignet.

 Mit hochseetüchtigem Boot zu erreichen.

 Alle Schwierigkeitsgrade für Taucher.

REGIONALE ADRESSEN

Regionale Adressen, mit deren Hilfe Sie planen und das Beste aus Ihrem Aufenthalt machen können, stehen am Ende jedes regionalen Kapitels. Hier finden Sie praktische Tips für die Anreise, wo man absteigen und essen kann sowie Angaben über Tauchsporteinrichtungen. Auch lokale Sehenswürdigkeiten für Nichttaucher werden genannt, dazu Anregungen für Rundfahrten und Ausflüge.

SONSTIGE BESONDERHEITEN

Am Beginn des Buches finden Sie praktische Details und Hinweise über die Anreise und das Reisen in der jeweiligen Region, dazu eine allgemeine Einführung in das Land selbst sowie reichlich Informationen über die allgemeinen Tauchbedingungen des Gebiets. Das Buch enthält Beiträge und farbige Kästen mit interessanten Fakten für Taucher und Schnorchler. Am Ende des Buches finden sich Kapitel über die maritime Umwelt (auch über Meeresleben, Naturschutz und Verhaltensregeln), Unterwasserfotografie und Video. Dort gibt es auch Gesundheits- und Sicherheitstips sowie Erste Hilfe-Hinweise, ferner einen Führer über Meerestiere, nach denen man beim Tauchen im Roten Meer Ausschau halten sollte.

EINFÜHRUNG:
DAS ROTE MEER

Für die meisten Taucher hat das Rote Meer etwas Legendäres. Es ist der Inbegriff für die ganze Faszination tropischer Riffe und bietet herrliche Korallenwände und -gärten, in denen geheimnisvolles Meeresleben herrscht. Den Weg zu seiner Erforschung bereiteten die Pioniere des Sporttauchens, Hans Hass und Jacques Cousteau, dessen Jungfernfahrt mit der Calypso dorthin dem Tauchen und dem Roten Meer einen Platz im Herzen und Kopf einer ganzen Generation sicherte.

Aber Tauchen ist nur ein Teil der Geschichte. Das Rote Meer ist nicht nur das Reich Neptuns, das Gebiet ist ein buntes Gemisch aus Völkern, Kulturen und Landschaften. Es besteht aus acht eigenständigen Nationen mit gemischten ethnischen und religiösen Gruppen, unverwechselbaren herrlichen Landschaften und ist über wie unter Wasser gleich fesselnd.

DAS LAND

Das Rote Meer hat sich an der gewaltigen Verwerfungslinie gebildet, die die afrikanische Platte von der asiatischen und indischen Platte im Osten trennt, und liegt im Nordabschnitt dieser riesigen Spalte, dem sogenannten Great Rift Valley, das vom Jordantal im Norden durch das Tote Meer und Tausende von Kilometern weiter hinunter nach Mosambik im Südosten Afrikas läuft. Das Rote Meer ist ein 1.930 Kilometer langer Abschnitt dieser mächtigen Depression, die vom Indischen Ozean überflutet wurde, der durch eine schmale Öffnung am Südende eindrang.

Den größten Teil des Ufers des Roten Meeres teilen sich Saudi-Arabien und Ägypten. Im Norden dieser beiden Riesen haben Jordanien und Israel im äußersten Zipfel des Golfs von Akaba ein paar Meter Küste für sich; Sudan, Eritrea und Jemen besitzen dagegen ansehnliche Küstenstreifen, während Dschibuti ein winziges Stück Küste bei Bab el-Mandeb hat, dem Tor im Süden.

Das Rote Meer ist ringsum von auffällig einheitlichem Gelände umgeben - einem schmalen Wüstenstreifen, auf den zerklüftete Bergketten folgen. Diese karge, aber unerhört

Links: *Schnorchler genießen das kristallklare Wasser vor Zabargad im Süden Ägyptens.*
Oben: *Blick von der Bar auf eine Gruppe, die am Blue Hole, Dahab, ihren Tauchgang beginnt.*

schöne Landschaft bildet den perfekten Hintergrund für das tiefblaue Juwel des Roten Meeres. Trockentäler (Wadis) ziehen sich von der Küste landeinwärts zu grünen Oasen, und auf Berggipfeln thronen unnahbar Klöster und Festungen.

DIE MENSCHEN

Rings um das Rote Meer leben überwiegend Araber. Die Bevölkerung ist keinesweg homogen, aber eine supranationale Anordnung von Stämmen und Volksgruppen mit der gleichen Sprache und Ideologie, so daß der blonde, hellhäutige Jordanier am einen Ende des Roten Meeres genauso als Araber gilt wie der dunkelhäutige, afrikanisch anmutende Sudanese unten im Süden. Ägypter, Beduinen, Jemeniten und viele andere Gruppen bringen ihr einzigartiges Erbe und ihre Kultur in die übergeordnete arabische Identität ein. Auch sprachlich, wenngleich auch die jeweiligen Stämme und Völker die gemeinsame arabische Sprache mit einem eigenen regionalen Dialekt sprechen. Dabei gibt es von Gruppe zu Gruppe erhebliche Abweichungen in der Aussprache wie auch im Wortschatz.

Wo das Rote Meer sich Ostafrika nähert, taucht ein ganz eigenes Völkergemisch auf. Der südliche Sudan und Eritrea weisen jeweils eine Vielzahl eindeutig nichtarabischer Volks- und Kulturgruppen auf. An der Südwestküste des Roten Meeres werden viele Sprachen gesprochen, einschließlich Afar, Tigre und Tigrinya in Eritrea; die verschiedenen sudanesischen Stämme haben mehr als hundert verschiedene Sprachen und Dialekte, auch wenn an der Küste überwiegend Arabisch gesprochen wird.

RELIGION

Die Hauptreligion am Roten Meer ist der Islam, und die Muslime stellen die überwältigende Mehrheit der Bewohner fast aller Länder der Region. Das eine Extrem ist die asketische Wahhabi-Sekte, die Saudi-Arabien beherrscht und alle Bewohner nötigt, den strengen Verhaltensregeln zu folgen, die im Koran und Hadith (überlieferte Aussprüche Mohammeds) niedergelegt sind, das andere ist Ägypten, das eine weltliche Version des Islam propagiert und Toleranz gegenüber Christen und anderen Minderheiten übt.

Die westlichen Medien haben in den letzten Jahren dazu geneigt, alle Muslime als religiöse Fundamentalisten hinzustellen, was natürlich nicht richtig ist. Die meisten Muslime der Region sind sehr stolz auf ihre Religion und Kultur und nehmen gern jede Gelegenheit wahr, sie anderen nahezubringen, aber sie tolerieren selbstverständlich die Überzeugung anderer.

Als Gast in einer überwiegend moslemischen Gesellschaft sollte man dennoch einige Tabus und Einschränkungen beachten, die weniger mit der Religion zu tun haben als mit allgemeiner Höflichkeit und Rücksichtnahme. In einer Gesellschaft, in der z. B. Sittsamkeit einen hohen Stellenwert hat, wird eine Ausländerin in Shorts oder im Bikini (was so ist, als würde sie im Westen nackt über die Straße laufen) unliebsames Aufsehen und Unmut erregen.

Im Gebiet um das Rote Meer existieren neben dem Islam noch mehrere andere religiöse Traditionen. Israel ist die Heimat der einzigen größeren jüdischen Gemeinschaft der Region, Eritrea ist mehrheitlich christlich, Ägypten und der Sudan weisen bedeutende christliche Bevölkerungsteile mit verschiedenen Varianten dieses Glaubens auf, darunter koptische und katholische Traditionen. Eine kleine Minderheit der eritreischen Bevölkerung und bis zu 20 Prozent der Sudanesen sind Anhänger verschiedener Naturreligionen.

WETTER UND KLIMA

In der Region ist es durchwegs heiß und sonnig. Am Roten Meer, das auf allen Seiten von

Wüste umgeben ist, fällt sehr wenig Niederschlag - so wenig, daß der Salzgehalt des Meeres zu den höchsten der Welt gehört, da das Wasser in der trockenen Hitze schneller verdunstet, als durch die spärlichen Regenfälle ersetzt werden kann.

Die Temperaturen am fast 2.000 Kilometer langen Roten Meer sind unterschiedlich, wenngleich das Gebiet gemessen an den meisten gemäßigten westlichen Ländern sehr heiß ist. Im Norden des Roten Meeres, in Ägypten, Israel und Jordanien, steigen die Temperaturen im Sommer tagsüber bis auf 45°C, sinken im kühlen Winter an der Küste jedoch bis auf 20°C. Im Süden schmachten Sudan und Eritrea im Sommer bei 50°C und mehr, im Winter liegen die Werte bei etwa 30 bis 35°C - immer noch mehr als ein mitteleuropäischer Sommer bietet.

Jahreszeitliche Winde beeinflussen die regionalen Wettermuster. So der Chamsin, ein trockenheißer Wüstenwind, der aus den nordafrikanischen Wüsten westwärts über das Gebiet fegt. Der Chamsin tritt im Frühjahr auf und sucht zwischen März und Juni fast die gesamte Region heim. Sein Name, der im Arabischen „fünfzig" bedeutet, bezieht sich auf die Zeit, die er bläst - bis zu fünfzig Tage.

Rauher Fels und herrlich blaues Wasser sind typisch für die Küsten am Roten Meer.

ANREISE UND REISEN IM GEBIET DES ROTEN MEERES

ANREISE

Die meisten Besucher werden mit dem Flugzeug zum Roten Meer reisen. Alle im Buch besprochenen Länder haben einen oder mehrere internationale Flughäfen, die von nationalen und internationalen Gesellschaften angeflogen werden. Die wichtigen Zielorte im Norden am Roten Meer bieten neben den planmäßigen Flügen der großen Gesellschaften eine Reihe Charterflüge, so daß diese Gebiete leicht zu erreichen sind. Außerdem verbinden Inlandsflüge in vielen Ländern die Tauchgebiete mit den internationalen Flughäfen.

In Israel ist Eilat der den Tauchgebieten am nächsten gelegene Flughafen, während Tel Aviv-Jaffa ein höheres Verkehrsaufkommen hat. Auch der Flughafen von Akaba in Jordanien liegt nahe bei den Tauchgebieten; die jordanische Hauptstadt Amman wird natürlich wesentlich öfter angeflogen. Ägypten hat internationale Flughäfen in Scharm el-Scheik und Hurghada an der Küste, und Kairo wäre eine Alternative zum Anreisen. In den Sudan gibt es von Europa einige Direktflüge nach Port Sudan an der Küste, die Inlandsverbindungen von dort nach Khartum, wo die meisten internationalen Flüge ankommen, sind jedoch unzuverlässig. Der Flughafen von Asmara in Eritrea bietet den besten Zugang zu den Tauchgebieten.

Man kann natürlich auch auf dem Land- oder Seeweg anreisen. Für Europäer ist das eine attraktive Alternative, vor allem wenn man etwas Zeit für Unterbrechungen hat und sich ein bißchen umsehen möchte. Von Griechenland und Italien verkehren Auto- und Personenfähren nach Alexandria in Ägypten; Haifa in Israel ist ähnlich von Griechenland und Zypern zu erreichen. Für Abenteurer gibt es den Landweg durch die Türkei und Syrien nach Jordanien.

Auf den oben genannten Strecken verkehren auch Eisenbahnen und Busse; wer will, kann auch mit dem eigenen Wagen fahren. Doch letzteres ist nichts für Ängstliche. Die bürokratischen Hindernisse beginnen bereits zu Hause (man braucht ein Carnet de Passages en Douane - eine Art internationale Zollgarantie - von einem Automobilclub) und werden immer höher. Mit dem eigenen Wagen zu fahren, kann teuer und zermürbend sein, aber auch äußerst lohnend, denn man kommt auf diese Weise in Gegenden, die viele Besucher nie sehen.

Links: *Taucher bereiten sich südlich von Kosseir, Ägypten, auf einen Küstentauchgang vor.*
Oben: *Tauchzentren liegen oft direkt am Strand bei den Einstiegspunkten.*

REISEN IM LAND

Inlands- und internationale Kurzflüge verbinden die meisten Länder der Region. Die Flugpläne reichen von mehreren Flügen pro Tag zwischen den großen Städten im Norden bis zu Verbindungen einmal die Woche zwischen einigen Ländern im Süden.

Fähren verkehren national zwischen Scharm el-Scheik und Hurghada sowie international zwischen Nuweiba in Ägypten und Akaba in Jordanien. Die Hurghada-Verbindung ist nur für Passagiere, zwischen Akaba und Nuweiba werden auch Autos befördert.

Seit Abschluß des Friedensabkommens zwischen Israel und Jordanien kann man jetzt von der saudiarabisch/jordanischen Grenze zur sudanesisch/ägyptischen Grenze reisen, ohne ein Flugzeug oder Schiff zu benutzen. Aber da die saudiarabische Regierung ausländische Besucher definitiv abschreckt, und der Sudan seine Grenze zu Ägypten und Eritrea dichtgemacht hat, ist die Traumtour im Geländewagen durch die an das Rote Meer grenzenden Länder eben nur ein Traum.

Mit einem Mietwagen kommen Besucher jedoch fast überallhin. Mietwagen kann man ohne und mit Chauffeur mieten. Wer selbst fahren möchte, braucht einen internationalen Führerschein (erhältlich bei der Führerscheinstelle) und eine der großen Kreditkarten. Außerdem muß man mindestens 25 Jahre alt sein.

Der öffentliche Überlandverkehr zwischen und in den Ländern hat viele Gesichter. Busse jeden Typs fahren die verschiedensten Strecken, vom vollklimatisierten isrealischen Luxusbus bis zu den Schrottlauben im sudanesischen Ortsverkehr. Fast überall gibt es Diensttaxis. Es sind meistens Kombiwagen, die zu einem festen Preis eine festgelegte Strecke fahren und dann starten, wenn alle Plätze belegt sind. Im allgemeinen sind sie schneller und bequemer als Busse. Minivans erfüllen häufig den gleichen Zweck wie Diensttaxis. Der einzige Personenzug am Roten Meer fährt auf ein paar Kilometern teilweise ausgebesserter Gleise bei Massaua in Eritrea, ist aber eher ein Spielzeug als ein Transportmittel.

In den Städten sind die Beförderungsmöglichkeiten gleich. Manchmal verkehren lokale Taxis wie die Diensttaxis auf festen Strecken zu festen Preisen. Es gibt jedoch auch viele Taxis, die man wie im Westen komplett chartert. Auch Busse und Kleinbusse fahren in den meisten Städten, und in einigen Touristengebieten kann man Fahrräder, Motorräder und sogar Geländewagen mieten.

VISA

Die Visumsbestimmungen sind von Land zu Land unterschiedlich, aber man braucht in fast allen Fällen ein Einreisevisum. Die Bestimmungen reichen von Extrem bis Lasch: Saudi-Arabien gibt keine Touristenvisa aus und läßt keinen Tourismus zu; Jordanien, Israel und Ägypten geben dagegen bei der Einreise Visa für die meisten Nationalitäten aus. Erkundigen Sie sich bei der Botschaft oder dem Konsulat des Landes Ihrer Wahl. Trotzdem hier ein paar Tips.

BATTERIEN

Wer batteriebetriebene Geräte mitnimmt wie UW-Lampen, Kameraausrüstung oder andere elektronische Geräte, sollte daran denken, daß es unter Umständen schwer werden kann, Batterien zu kaufen.

Teilweise sind bestimmte Batteriegrößen wie AAA und C nicht oder nur schwer erhältlich. Wer solche Batterien braucht, sollte genügend Ersatz mitnehmen. Viele Taucher bringen auch die gebräuchlicheren Größen AA und D mit, denn die vor Ort erhältlichen Batterien stehen in dem Ruf, schwach und schnell leer zu sein. Stahlakkus westlicher Herkunft können zwei- bis dreimal so lange halten.

Bei hohem Batterieverbrauch sind ein Ladegerät und wiederaufladbare Nickel-Kadmium-Stahlakkus eine vernünftige Alternative; am Roten Meer sind 220 Volt die Norm, nehmen Sie also das entsprechende Ladegerät mit. Aber denken Sie daran, daß Stromausfälle möglich sind und Generatoren auf Kreuzfahrtschiffen täglich u. U. nur einige Stunden laufen. Man sollte also einige Ersatzakkus bei sich haben.

DAS ROTE MEER

Suez

J O R D A N I E N

ISRAEL   **JORDANIEN**

S I N A I

NORDSINAI

GOLF VON AKABA

GOLF VON SUEZ

SÜD-SINAI   **SCHARM BIS HURGHADA**

Scharm

Hurghada

SÜDÄGYPTEN

Kosseir

TIEFER SÜDEN

Marsa Alam

Ä G Y P T E N

S A U D I - A R A B I E N

Medina

SAUDI-ARABIEN

Dschidda

Mekka

SUDAN

Port Sudan

Suakin

Massaua

S U D A N

R O T E S   M E E R

ERITREA

Massaua

ERITREA

J E M E N

N

0   100   200   300 Kilometer

0   100   200 Meilen

Internationale Grenzen

SAUDI-ARABIEN   Verzeichnete Tauchgebiete

Ä T H I O P I E N

DSCHIBUTI

Dschibuti

Aden

G O L F   V O N   A D E N

Die bei der Einreise in Scharm el-Scheik ausgestellten Visa sind nur für Reisen innerhalb eines bestimmten Gebietes am Sinai gültig; wenn Sie auch andere Gebiete in Ägypten besuchen wollen, kümmern Sie sich rechtzeitig um ein Vollvisum.

Wenn Sie in den Sudan reisen möchten, beantragen Sie Ihr Visum frühzeitig, da die Bearbeitung mehrere Wochen dauern kann. Es empfiehlt sich, das Visum im Heimatland zu beantragen, nicht vor Ort, auf keinen Fall beim Konsulat in Kairo, da Anträge dort immer abgewiesen werden.

Der Friedensprozeß trägt Früchte, und man kann heute ohne weiteres mit israelischen Stempeln im Paß nach Ägypten und Jordanien reisen. Andere Länder am Roten Meer sind dagegen weniger liberal. Sudan, Jemen, Saudi-Arabien und die meisten islamischen Länder lassen niemanden einreisen, der in Israel war. Die Israelis haben sich darauf eingestellt und stellen das Visum auf Anfrage auf einem losen Blatt aus; israelfeindliche Länder prüfen jetzt routinemäßig auf Ausreisestempel benachbarter Länder, vor allem von Taba in Ägypten und Maber/Wadi Arabia in Jordanien. Wenn es irgendwelche Anzeichen dafür gibt, daß Sie über eine Grenze nach Israel eingereist sind, bekommen Sie kein Visum.

> **ESSENSHYGIENE**
>
> Das größte gesundheitliche Problem für die meisten Taucher ist Durchfall. Es gibt einige grundlegende Maßnahmen, die dem vorbeugen können:
> - Niemals Wasser (oder andere Getränke) aus einem nicht versiegelten Behälter trinken, sofern man nicht sicher ist, daß es nicht mindestens 10 Minuten gekocht hat.
> - Es ist davon abzuraten, rohes Gemüse (auch Salat) zu essen, sofern man es nicht selbst geschält hat.
> - Kochen ist die sicherste Methode, Keime abzutöten. Essen Sie möglichst frisch zubereitete Gerichte, nichts Vorgekochtes, vor allem in den ersten Tagen. Aufgewärmte Gerichte werden selten ausreichend erhitzt.
> - Nehmen Sie auch zum Zähneputzen abgekochtes oder in Flaschen abgefülltes Wasser.
> - Trinken Sie die Getränke ohne Eis, sofern Sie nicht sicher wissen, daß es aus abgekochtem Wasser hergestellt wurde.

GESUNDHEIT UND IMPFUNGEN

Es ist ratsam, sich gegen Typhus, Paratyphus und Tetanus impfen zu lassen. Auch eine Impfung gegen Cholera und Kinderlähmung ist unbedingt anzuraten; erwägen sollte man auch eine Impfung gegen Hepatitis A; das allgemein als wirkungslos geltende Gammaglobulin wird inzwischen durch andere Impfstoffe ersetzt. Sie müssen innerhalb einer Woche nach Ihrer Einreise einen Impfnachweis für Gelbfieber vorweisen, wenn Sie ein Gelbfiebergebiet besucht haben. Ein internationales Gesundheitszertifikat, das die Klinik ausstellt, die die Impfungen durchführt, reicht dafür aus. In diesem Zertifikat sollten auch alle übrigen Impfungen aufgeführt sein, die Sie erhalten haben.

In vielen Ländern am Roten Meer grassiert Malaria; westlichen Besuchern wird empfohlen, vor der Einreise in diese Länder Medikamente gegen Malaria zu nehmen. Um ausreichend geschützt zu sein, sollte man die Medikamente während des gesamten Aufenthalts und noch mindestens einen Monat darüber hinaus einnehmen. Fragen Sie einen Facharzt, welche Länder aktuell auf der Liste stehen und welche Medikamente Sie nehmen sollen - einige Malariaarten sind gegen bestimmte Medikamente reistent, der beste Schutz ist daher eine Kombination aus zwei oder mehr Malariamitteln (vgl. Angaben im Kasten auf Seite 17).

GELD

Die in diesem Buch behandelten Länder haben folgende Währung: Israel - Neuer Schekel (NIS); Jordanien - Jordan-Dinar (JD); Saudi-Arabien - Saudi Riyal (S.Rl.); Ägypten - Ägyptisches Pfund (ägypt£); Sudan - sudanesisches Pfund (sud£) und sudanesischer Dinar (sD), der das Pfund demnächst ablösen soll; Eritrea - Birr, die offizielle gemeinsame Währung mit Äthiopien.

In den meisten Ländern bieten die Banken im allgemeinen die besten Wechselkurse, haben aber u. U. sehr kurze Öffnungszeiten und an jedem Feiertag geschlossen. In Ländern mit fortschrittlicherem Tourismus gibt es offizielle Geldwechsler, die bis in die Abendstunden zur Verfügung stehen, in den touristischen Hochburgen sieben Tage die Woche. Sie bieten manchmal einen etwas niedrigeren Wechselkurs, doch das ist die Annehmlichkeit wert.

US-Dollar, D-Mark und englische Pfund sind die bevorzugten Währungen; in Gebieten wie dem Sinai können auch italienische Lire von Nutzen sein, da es dort viele italienische Pauschaltouristen gibt. Die meisten anderen größeren Währungen kann man bei Banken und Geldwechslern in den größern Städten und Touristengebieten wechseln, allerdings häufig zu einem schlechteren Kurs. In einigen Gebieten sind US-Dollar die einzige anerkannte Fremdwährung, so daß es sich empfiehlt, einen Vorrat in Travellerschecks und bar mitzuführen.

Kreditkarten werden in vielen Geschäften und Hotels der Städte und Touristenzentren in den nördlichen Ländern am Roten Meer akzeptiert (Jordanien, Israel und Ägypten) und können selbst in einigen abgelegenen Gebieten benutzt werden. Viele Banken und einige Geldwechsler geben gegen Kreditkarte Bargeld aus. Visa und Mastercard werden weitgehend akzeptiert, American Express etwas weniger. Mit anderen Karten kann es selbst im Norden schwierig werden, und man sollte darauf eingestellt sein, daß man beim Bezahlen mit Kreditkarte bis zu drei Prozent Aufschlag zahlen muß. Im Süden sieht die Sache anders aus. Im Sudan und Eritrea sind Kreditkarten praktisch wertlos, man sollte also ausreichend US-Dollar in Travellerschecks und bar bei sich haben. Denken Sie außerdem daran, daß viele Länder der Gegend strenge Wechselvorschriften haben: Sie können u. U. einheimische Währung bei der Ausreise nicht in Devisen zurückwechseln, es sei denn, Sie haben die Bankbelege der ursprünglichen Wechseltransaktion aufbewahrt.

Gehen Sie nicht davon aus, bei der Ankunft oder der Abreise am Flughafen immer Geld wechseln zu können. Viele Flughäfen bieten Bankdienste rund um die Uhr, einige Flughafenbanken schließen jedoch abends. Die Bank am Flughafen in Asmara (Eritrea) wechselt harte Währungen in Birr, aber nicht umgekehrt.

STROM

In der gesamten Region am Roten Meer gibt es Wechselstrom von 220 Volt. Bis auf Jordanien sind zweipolige Stecker ohne Erdung die Norm, wie sie in Südeuropa üblich sind. In Jordanien sind dreipolige Stecker britischer Art üblich. Die Stromversorgung in den meisten Stadtregionen ist überwiegend zuverlässig, in abgelegeneren ländlichen Gebieten kommt es jedoch gelegentlich zu Stromausfällen. Für solche Fälle sollte man eine Taschenlampe und Ersatzbatterien bei sich haben. Wenn Sie wiederaufladbare Akkus zum Fotografieren oder für andere Zwecke benutzen, empfiehlt es sich, Ersatzakkus mitzunehmen.

VON STECHMÜCKEN ÜBERTRAGENE KRANKHEITEN

Eine der größten gesundheitlichen Gefahren für Tropenreisende ist Malaria, eine von der Anopheles-Mücke übertragene Krankheit. Es gibt Mittel gegen Malaria, deren Einnahme Kurzreisenden zu empfehlen ist, aber man sollte auch noch andere Dinge bedenken:

- Viele Mittel gegen Malaria haben Nebenwirkungen, die bei den neueren Mitteln noch unbekannt sind. Beraten Sie sich mit Ihrem Arzt.
- Zahlreiche Malariastämme sind gegen bestimmte Mittel resistent. Für einen angemessenen Schutz muß man u. U. verschiedene Mittel kombinieren.
- Kein Malariamittel wirkt 100prozentig. Man sollte sich vor Stichen schützen und möglichst Abwehrsowie Räuchermittel und Mückennetze benutzen, vor allem zwischen Sonnenunter- und -aufgang.
- Viele Menschen kennen Dengue-Fieber nicht, das ebenfalls von Mücken übertragen wird und in Afrika weit verbreitet ist. Es kann genauso schwächen und gefährlich sein wie Malaria und ist ebenfalls äußerst schmerzhaft. Es gibt kein vorbeugendes oder heilendes Mittel, so daß es umso wichtiger ist, sich gegen Stiche zu schützen - s. o. Die Dengue übertragenden Mücken sind tagaktiv, meistens frühmorgens; schützen Sie sich also mindestens bis mittags gegen sie.

Wenn Sie eine Tauchreise zum Roten Meer planen, ob eine Woche in Hurghada oder einen Monat im Süden, sollten Sie einige wichtige Dinge einpacken, die Sie dort unten kaum oder gar nicht finden werden. Je weiter Sie sich von den belebten und touristischen Gegenden im Norden entfernen, desto schwieriger wird die Beschaffung von Ausrüstung. Im Süden hat man eventuell sogar Schwierigkeiten, Batterien und Filme zu bekommen, geschweige denn Tauchausrüstungen. Wo immer Sie als Individualtourist sind, Tauchausrüstungen und andere importierte Waren sind, selbst wenn erhältlich, wahrscheinlich sehr teuer, so daß man das, was man braucht, am besten mitbringt.

ERSATZAUSRÜSTUNG

Jeder Taucher weiß, daß ein Ersatzriemen für die Maske oder ein Stück Klebeband einen ganzen Tauchgang retten kann. Außer den wichtigen Ersatzteilen, die man selbst bei einem Wochenendtauchgang mitnimmt, sollten Sie einpacken:

*   **Verschiedene Ersatz-O-Ringe.**
    Die meisten Tauchshops werden genügend davon vorrätig haben, aber auf dem Boot sieht es u. U. schlechter aus. Ein paar Ersatzringe stellen sicher, daß die Flasche immer einsatzbereit ist.
*   **Werkzeug und Stöpsel für Lungen-automat.**
    Ein geplatzter Schlauch oder eine abblasende 2. Stufe müssen Ihren Lungenautomaten nicht unbedingt außer Gefecht setzen. Wenn Sie die Ausrüstung dabei haben, um die betreffende Öffnung abzudichten, können Sie zumindest den Tauchgang beenden und das Problem an Land beheben lassen.
*   **Ersatzschläuche - HD und ND.**
    Schläuche verschleißen, und den nächsten Ersatz gibt es wahrscheinlich erst in Eilat oder Hurghada.
*   **Dichtmaterial für Tauchanzüge und Flickzeug.**
    Das hilft nicht nur bei undichten Tauchanzügen, sondern kann zur Not auch die Maske abdichten oder eine zerrissene Flosse zusammen halten.
*   **Fallschirmschnur aus Nylon.**
    Kann vorübergehend kaputte Riemen ersetzen - sogar einen kaputten Halteriemen an der Flasche.
*   **Nähzeug.**
    Reißverschlüsse, Klettverschlüsse und selbst ganze Jackets haben die unangenehme Angewohnheit sich aufzutrennen, wenn man es am wenigsten gebrauchen kann. Ein paar starke Nylonfäden und Nadeln können unentbehrlich sein. Zahnseide und eine Nadel mit großem Öhr sind für grobe Reparaturen geeignet.
*   **Ersatzbirnen für UW-Lampen.**
    Sie bekommt man wahrscheinlich nirgendwo. Also Ersatz mitnehmen.
*   **Entkalkungsmittel.**
    Wenn man weitab vom nächsten Servicezentrum ist, fressen sich Bedienungknöpfe, Schalter, Ventile und andere bewegliche Teile der Tauch- oder Kameraausrüstung gern fest. Ein kurzes Tauchbad in einer Entkalkungslösung behebt den Schaden oft wieder. Zur Not hilft auch, die Ausrüstung über Nacht in eine Lösung aus Wasser und Essig zu legen.

ERSTE-HILFE-KASTEN

Er sollte besser bestückt sein als der normale Verbandskasten (vgl. Seite 164-169). Irgend etwas gegen tropische Magenbeschwerden ist unerläßlich, des weiteren:

*   **Mittel gegen Nesseln.**
    Im Roten Meer gibt es überdurchschnittlich viele Feuerkorallen und andere Gefahren, die schmerzhafte Reizungen auslösen können.
*   **Breitband-antibiotische Salbe.**
    Kleine Schürf- und Schnittwunden können sich in den Tropen erschreckend schnell entzünden. Schnelle Behandlung mit antibiotischer Salbe kann verhindern, daß Sie den ganzen Tag auf dem Boot sitzen und den Luftblasen Ihrer Tauchkameraden zusehen müssen.
*   **Mittel gegen Seekrankheit.**
    Wenn Sie so etwas brauchen, bringen Sie

es von daheim mit. Vor Ort ist oft schwer ein Ersatz zu finden, der zudem häufig unangenehme Nebenwirkungen hat.

- **Abschwellungsmittel.**
Ein sicheres Abschwellungsmittel kann verhindern, daß eine leichte Sinusreizung sich zu einer Tauchkatastrophe auswächst. Bitten Sie Ihren Hausarzt, Ihnen etwas zu verschreiben, was keine unangenehmen Nebenwirkungen hat, statt zu warten, bis Sie im Urlaub sind.

- **Sonnenschutzcreme.**
Die Sonne am Roten Meer ist sehr, sehr stark. Selbst wer nicht zu Sonnenbrand neigt, sollte an die Gefahren denken.

LESEFUTTER

Außerhalb der Touristengebiete im Norden bekommt man kaum etwas Fremdsprachiges zu kaufen. Das Wenige ist inhaltlich sehr be-grenzt und abschreckend teuer. Nehmen Sie so viele Bücher mit, wie Sie meinen. Wenn Sie sich auf den Austausch mit anderen Reisenden verlassen, haben Sie am Ende einen Krimi, bei dem die letzten zehn Seiten fehlen, oder eine Handarbeitszeitschrift.

BARGELD

Es gibt Gegenden am Roten Meer, wo entweder nur US-Dollars angenommen werden (bar, keine Travellerschecks) oder überhaupt keine Devisen. Einrichtungen zum Geldwechseln existieren nicht. Achten Sie darauf, immer verschiedene Zahlungsmittel bei sich zu haben, wie Travellerschecks, bare Dollars und ausreichend einheimische Währung.

Der Autor Guy Buckles in respektvollem Abstand zu einer Feuerkoralle, die bei Berührung heftige Schmerzen verursachen kann.

TAUCHEN UND SCHNORCHELN IM ROTEN MEER

Warmes Wasser, herrliche Korallen, prachtvolle Riffische, glasklare Sicht und tropische Sonne das ganze Jahr - das ist Tauchen am Roten Meer. Für Taucher, die mit tropischem Tauchen nicht vertraut sind, gibt es dennoch einiges zu bedenken. Bis auf ein paar ungewohnte Meerestiere und Wetterumstände ist allerdings wenig davon gefährlich. Trotzdem sollten Sie die Informationen auf den folgenden Seiten aufmerksam lesen. Das macht das Tauchen im Roten Meer noch schöner und läßt Sie einige Fallgruben umgehen, die Ihnen sonst den Tauchurlaub verderben könnten.

Das Klima am Roten Meer folgt den jahreszeitlichen Mustern, wie sie Bewohnern der nördlichen Halbkugel bekannt sind: der Sommer fällt in die Zeit von Mai bis September, die kältesten Monate sind Dezember und Januar. Die Region ist ringsum von Wüste umgeben und weist einen minimalen jährlichen Niederschlag auf; die Regenfälle beeinträchtigen das Tauchen in der Region kaum. Oberflächenwinde wirken sich allerdings auf die Tauchplanung aus: Herbst- und Winterstürme und vor allem vorherrschende Winde können das Rote Meer erheblich aufrauhen. Viele Kreuzfahrtstrecken werden in den Herbst- und Wintermonaten nicht befahren, und selbst auf den befahrenen Strecken kann es zuweilen unangenehm rauh zugehen.

SICHT UND TEMPERATUREN

Auch die Sicht wird von jahreszeitlichen Faktoren beeinflußt. Mit Ausnahme des Golfs von Sues und Teilen im äußersten Süden ist das Rote Meer so tief, daß das Wetter den Boden nicht aufwühlen und die Sicht beinträchtigen kann. Jahreszeitliche Temperaturschwankungen wirken sich jedoch stark auf die Sicht aus.

Im nördlichen Roten Meer können Algen- und Planktonwuchs zusammen mit Temperaturschwankungen die Sicht erheblich verringern, da die Wassertemperaturen in den Frühjahrs- und Herbstmonaten von Kühl über Warm wieder zu Kühl wechseln. Im Winter ist die Sicht im allgemeinen am besten, da die Mikroorganismen im Meer sich aufgrund des kalten Wassers nicht so explosionsartig vermehren. Im Süden bietet der Sommer dagegen

Links: *Das eindrucksvolle Wrack auf dem Gordon Reef, Straße von Tiran.*
Oben: *Eine Tauchsafari mit Kamelen gehört für Besucher des Roten Meeres zu den Attraktionen.*

die beste Sicht. Dort bedingen die extrem hohen Temperaturen an der Oberfläche so hohe Wassertemperaturen, daß das Plankton- und Algenwachstum gebremst wird, während die gemäßigteren Temperaturen der Wintermonate ideale Wachstumsbedingungen bieten.

Egal wo man sich am Roten Meer aufhält, jederzeit können unerwartet Schwärme von Mikroorganismen auftreten, die die Sicht verschlechtern. Das kommt glücklicherweise jedoch selten vor, und die Sicht ist im allgemeinen hervorragend.

In Prospekten wird die Wassertemperatur des Roten Meeres oft mit 26°C und mehr angegeben, was für viele Bereiche und Jahreszeiten zutrifft. Bei einzelnen Tauchgängen können die Bedingungen allerdings stark schwanken. Im Norden sinkt die Wassertemperatur im Winter oft bis auf 20°C, und jahreszeitliche Winde können vor und nach dem Tauchen empfindlich kühl sein.

Die meisten Taucher werden sich zumindest etwas gegen die Kälte schützen wollen, und selbst Abgehärtete werden nach zwei oder drei Tauchgängen ohne Anzug frieren. Am besten, man nimmt einen 1 mm starken Lycra-Anzug und einen 3 mm starken Neopren-Anzug mit. Damit hat man drei Möglichkeiten, die Kälte abzuhalten: nur Lycra in warmem Wasser, Neopren bei mittleren Temperaturen und beides kombiniert, wenn es kalt ist. Wer schnell friert, sollte eine leichte Kombination Weste/Kopfhaube und Handschuhe mitnehmen. Für Wintertauchen im nördlichen Roten Meer ist ein 5 oder 7 mm starker Tauchanzug nicht übertrieben.

> ### SALZ UND AUFTRIEB
>
> Das Rote Meer birgt für Taucher aus anderen Regionen manche Überraschung - klare Sicht, erstaunlichen Korallenbewuchs, farbenprächtige Fische. Was viele Taucher überrascht, ist der erhöhte Auftrieb aufgrund des hohen Salzgehalts des Wassers, so daß so mancher verdutzte Neuling mit Untergewicht an der Oberfläche treibt.
>
> Obwohl das Rote Meer an manchen Stellen mehrere tausend Meter tief ist, wird seine Südöffnung in den Indischen Ozean, der Bal el-Mandeb, fast völlig von einer seichten Schwelle verschlossen, die erfolgreich alle Meeresströmungen vom Roten Meer abhält, so daß kaum ein Wasseraustausch zwischen den beiden Gewässern stattfinden kann.
>
> Diese Abriegelung des Roten Meeres, die extrem hohen Temperaturen und die sich daraus ergebende starke Verdunstung sind verantwortlich dafür, daß das Rote Meer den höchsten Salzgehalt aller offenen Meere hat. Für Taucher bedeutet das einen merklich erhöhten Auftrieb, den sie durch mehr Gewicht ausgleichen müssen. Selbst der tropenerfahrene Taucher mit entsprechender Ausrüstung ist gut beraten, das Tauchen im Roten Meer mit einem Gewichtscheck zu beginnen.

STRÖMUNGSMUSTER

Die lange, schmale Form des Roten Meeres mit nur einem engen Ausgang im äußersten Süden (Bab el-Mandeb) hat zur Folge, daß die Strömungsmuster im allgemeinen regelmäßig und gut berechenbar sind. Außerdem blockiert die seichte Schwelle quer zur Bab el-Mandeb größere Gezeitenströmungen und reduziert den Tidenhub auf weniger als einen Meter. Die Gezeitenströmungen sind also gemäßigt - gerade richtig für herrliches Strömungstauchen, und selten gefährlich. Gezeitenbewegungen und damit Strömungen verlaufen fast ausschließlich in nord-südlicher Richtung, parallel zur Küste.

MEERESLEBEN

Die außergewöhnliche Vielfalt des Meereslebens im Roten Meer ist die Hauptattraktion. Am Ende der Skala der kleinen Fische bilden Schleimfische und Fahnenbarsche ein lebhaftes Muster bunter Tupfer an praktisch jedem Riff im Roten Meer. Die etwas größeren Riffbarsche, Kardinal- und Falterfische sowie eine verwirrende Vielfalt von Lippfischen jeder Größe und Musterung sind genauso häufig, manchmal in unübersehbaren Schwärmen. Papageifische und herr-

Links: *Ein Schwarm Maskenkugelfische (Arothron sp.) zur Paarungszeit im Sommer.*
Nächste Seite: *Langflossen-Fledermausfische (Platax pinnatus).*

lich gemusterte Kaiserfische mischen sich unter die verschiedenen Drückerfische wie den Blauen Drückerfisch und den Riesen-Drückerfisch. Zacken- und Klippenbarsche verstecken sich in Höhlen und Spalten, während die großen Schwarmfische vor den Riffen patrouillieren - Rote und Schwarze Schnapper, Doktor- und Nasendoktorfische in allen Formen und Farben, und dazu pelagische Besucher.

Das Ende des Spektrums der großen Fische teilen sich massige Büffelkopf-Papageifische, stattliche Napoleon-Lippfische, Riesen-Zackenbarsche und schlanke Barrakudas, die vom offenen Meer hereinkommen, um in den Riffen reiche Beute zu machen. Zu den exotischeren Riffbewohnern gehören Riesenmuränen, Trompeten-, Kugel-, Koffer-, Kröten- und Krokodilsfische, Adlerrochen und Mantas sowie die seltenen majestätischen Walhaie.

Was Haie angeht, ist das Rote Meer berühmt für aufregende Begegnungen mit diesen schattenhaften Raubfischen. Mehrere Arten gibt es in den kristallklaren Fluten, von den in Schwärmen auftretenden Hammerhaien vor der Spitze von Ras Muhammad bis zu Ammenhaien und Geigenrochen auf dem Sandboden vor der Küste. Bei der ausgezeichneten Sicht im Roten Meer ist es leicht, diese scheuen Tiere zu beobachten.

Neben Fischen sind im Roten Meer auch Meeressäuger wie Delphine und die gefährdeten, einsiedlerischen Dugongs beheimatet. Sogar einige Walarten sollen das Gebiet schon besucht haben. Auch Reptilien wie Lederschildkröten und Echte Karettschildkröten sind gut vertreten.

Korallen und das übrige Leben im Riff sind unendlich vielfältig, von spitzenzarten Seefächern bis zu den robusten Steinkorallen und von den wogenden blumenartigen Ranken der Weichkorallen bis zu den dornigen Geweihkorallen. Schwämme, Seeanemonen und leuchtende Algen tragen zu der Orgie aus Formen und Farben bei, die typisch für die Riffe im Roten Meer sind.

FILMENTWICKLUNG

In den meisten Ländern am Roten Meer gibt es genügend Fotoshops; selbst in Kleinstädten kann man seine Bilder entwickeln lassen, und die meisten Ballungszentren bieten 30-Minuten-Entwicklungsservice. Filme sind überall erhältlich, oft sogar recht gute Dia-Filme.

Einige Hinweise: man kann seine Fotos fast überall entwickeln lassen, die Qualität der Bearbeitung schwankt jedoch. Viele Labors nehmen zu viele Chemikalien, und man bekommt die Bilder oft mit einem Gelbstich oder verschleiert zurück. Wer nicht nur ganz normale Ferienfotos macht, sollte mit dem Entwickeln vielleicht warten, bis er wieder zu Hause oder in Touristenzentren wie Hurghada, Scharm el-Scheik, Eilat oder Kairo ist - das gilt besonders für Dia-Filme.

In vielen Touristengebieten im Norden des Roten Meeres gibt es auf UW-Fotos spezialisierte, durchwegs ausgezeichnete Labors. Denken Sie daran: spezielle Dia-Filme sind überall teuer; wer unter Wasser fotografiert, sollte sich daheim mit Filmen eindecken. Bewahren Sie sie möglichst kühl und in strahlensicheren Behältern auf - das Durchleuchten des Gepäcks auf den Flughäfen ist nicht immer filmsicher, auch wenn es behauptet wird.

GEFAHREN

Mit tropischen Riffen noch nicht vertraute Taucher sollten sich der wenigen Gefahren bewußt sein, die an einigen Stellen lauern können. Wir kennen zwar kaum Arten, die offen aggressiv gegen Taucher sind, doch das natürliche Abwehrverhalten einiger Meeresbewohner kann für den unvorsichtigen Taucher unangenehm und schmerzlich werden. Zu den potentiell gefährlichen Arten gehören Stein-, Skorpions- und Feuerfische, Aale und Barrakudas, Stechrochen sowie verschiedene nesselbewehrte Hydrozoen und Korallen. Weitere Informationen auf S. 152-3.

UMWELTSCHUTZ

Auch wenn der Reichtum des Roten Meeres unerschöpflich scheint, gehen vom zunehmenden Tourismus doch Beeinträchtigungen aus, die das empfindliche Gleichgewicht des marinen Ökosystems stören können. Das Rote Meer ist vor allem aufgrund seiner Isolation eine Schatzkammer der Natur; da es praktisch keine Küstenbewohner gibt, konnten die

Riffe unbehelligt von Störungen durch den Menschen wachsen. Das steigende Interesse an den Riffen hat jedoch den Verkehr erhöht - die Anker von Hunderten von Booten täglich haben die Riffe an manchen Stellen pulverisiert, von den Schäden durch achtlose oder schlecht ausgebildete Taucher ganz zu schweigen.

In vielen Gebieten am Roten Meer sind zum Schutz der Natur Umweltschutzprogramme entstanden; lokale Gesetze und internationales Fachwissen sollen Meeresschutzgebiete mit durchsetzbaren Umweltschutzbestimmungen schaffen. Zu diesen Programmen gehören der bahnbrechende Ras Muhammad Nationalpark in Ägypten, die HEPCA in Hurghada (vgl. S. 86) und der Meeres-Friedenspark in Jordanien, dessen Architekten hoffen, eines Tages über internationale Grenzen und die Politik hinweg den gesamten Golf von Akaba einbeziehen zu können.

TAUCHSCHULEN

Tauchen am Roten Meer reicht vom High-Tech-Angebot bis zur gutgemeinten Improvisation. Aufgrund der Ausmaße des Tauchtourismus bieten die meisten Zentren modernste Technik, riesige Stäbe internationaler, mehrsprachiger Mitarbeiter und Tauchführer sowie Einrichtungen und Ausrüstung, die die anspruchsvollen Normen der westlichen Taucher erfüllen, die aus Europa oder Nordamerika einfliegen.

In den abgelegeneren Gebieten im Süden ist dieser Standard unter Umständen schwerer einzuhalten. Aber wenn Ausrüstung und Einrichtungen auch nicht so brandneu wie in den Urlaubshochburgen im Norden sind, ist das Niveau doch professionell.

Sprachprobleme treten beim Tauchen und der sonstigen Kommunikation kaum auf. Ein paar Worte Arabisch sind sicher hilfreich, aber die meisten Tauchschulen haben Erfahrung mit Gästen aus der ganzen Welt - einige Tauchführer halten ihre Briefings in vier oder fünf Sprachen ab.

Tauchen vom Boot ist am Roten Meer gut organisiert. Die Boote sind generell Spezialanfertigungen oder fachmännisch für Tauchzwecke umgebaut. In der Region verkehren zahlreiche Tauchkreuzfahrtschiffe mit allem Komfort und Service.

In einigen Gegenden herrscht Küstentauchen vor; die Veranstalter sorgen für den Transport mit dem Auto zu den jeweiligen Gebieten und bemühen sich sehr, das Küstentauchen so gut zu organisieren wie das Tauchen vom Boot. Die unternehmungslustigeren Taucher können auf eigene Faust zu einem der vielen Tauchgebiete fahren und so dem Rummel ausweichen, so wie es noch vor kurzem üblich

---

UNTERSCHIEDLICHE SICHT

Im Führer ist die durchschnittliche Sicht für jedes Tauchgebiet angegeben. Die Sicht im Roten Meer kann jedoch, wie in allen Meeren, erheblich schwanken - wegen jahreszeitlicher Veränderungen, Wetter- und anderer Bedingungen wie z. B. der Algenblüte im Frühjahr und Herbst oder jährlicher Temperaturschwankungen. In den letzten Jahren war die Sicht im nördlichen Roten Meer vereinzelt schlecht, gelegentlich nicht einmal halb so gut wie hier angegeben. Woran das genau liegt, weiß man nicht, aber es hängt offenbar mit dem Planktonwachstum zusammen.

Die genannten Zahlen sind deshalb nur als Richtwerte zu betrachten; die Sicht kann in jedem Gebiet sehr viel besser oder schlechter sein als angegeben.

CHECK-TAUCHGÄNGE

Das Rote Meer ist eine der natürlichen Schatzkammern der Erde, aber auch eines der letzten Naturreservate, das vor den ständigen Anforderungen des zunehmenden Tauchtourismus' geschützt werden muß. Aus diesem Grund gibt es in vielen Gebieten inzwischen strenge Tauchvorschriften mit Strafmaßnahmen bis hin zum Tauchverbot für diejenigen, die Riffe aus Unachtsamkeit oder wegen mangelnder Tauchtechnik beschädigen.

Jedes Jahr kommen mehr Taucher zum Roten Meer. Viele tauchen nur gelegentlich und sind oft nicht auf die besonderen Bedingungen eingestellt, die für das Tauchen im Roten Meer gelten. Das Rote Meer mag zwar das ideale Tauchgebiet sein, Strömungen und Wetter können den sorglosen Taucher jedoch in Bedrängnis bringen und nicht nur ihn gefährden, sondern auch die marine Umwelt.

Um sowohl die Sicherheit des Tauchers als auch den Schutz der Umwelt zu gewährleisten, bestehen die meisten Tauchzentren vor dem ersten Tauchgang auf einem Check-Tauchgang unter Aufsicht. Als Gast am Roten Meer sollten Sie diese Einschränkung über sich ergehen lassen; sie gilt einzig Ihrer Sicherheit und Freude an einem der Wunder der Natur dieser Erde.

Oben: *Ein Barrakudaschwarm (Sphyraena sp.) in einer beeindruckenden Spirale.*
Unten: *Stachelmakrelen (Caranx sp.) trifft man normalerweise im offenen Meer bei Steilabfällen an.*

war, als man zum Tauchen am Roten Meer die Ausrüstung auf einen Anhänger laden und am Strand zelten mußte.

Die meisten Tauchschulen bieten zwei Tauchgänge pro Tag. Der Preis enthält zwei volle Flaschen, die Bootsfahrt zum Gebiet und eventuell den Transfer vom und zum Hotel. Leihausrüstung ist extra zu zahlen, Essen und Getränke auf dem Boot meistens ebenfalls - die Mannschaft bessert damit ihr oft geringes Einkommen auf. Ein Tauchführer wird fast immer gestellt, aber man kann im Team auch auf eigene Faust tauchen. Größere Gruppen werden eventuell in kleinere Einheiten mit eigenem Führer aufgeteilt.

Im Gegensatz zu vielen anderen Orten wird bei zahlreichen Tauchgängen im Roten Meer Strömungstauchen praktiziert, das Boot folgt also den Luftblasen und nimmt die Taucher auf, wenn sie wieder auftauchen. Bei der allgemein ruhigen See und den vielen Wandriffen im Roten Meer ist dies eine sichere und auch häufige Art zu tauchen.

Medizinische Einrichtungen sind am Roten Meer selten. Die meisten Veranstalter haben zwar Erste-Hilfe-Ausrüstung und Sauerstoff an Bord, die Abgelegenheit der meisten Tauchgebiete bedeutet jedoch, daß ein Krankenhaus oder eine Dekompressionskammer oft Stunden entfernt sind. Jeder trägt also weitgehend selbst die Verantwortung für die Sicherheit beim Tauchen. Man sollte seinen eigenen Erste-Hilfe-Kasten zu jedem Tauchgang mitnehmen, seine Erste-Hilfe-Kenntnisse vor Reisebeginn auffrischen und, was besonders wichtig ist, immer besonnen und sicher tauchen. Hier ist man sein eigener Herr. Niemand hält einen von gefährlichen Tauchgängen ab, aber wenn man sich in Gefahr bringt, gibt es kein ausgeklügeltes Sicherheitsnetz, das einen auffängt. Tauchen Sie sicher, dann merken Sie gar nicht, daß Einrichtungen fehlen.

Obwohl man vielerorts gute Ausrüstung leihen kann, empfiehlt es sich, möglichst die eigene Ausrüstung mitzubringen. Ausrüstung leihen verteuert den Tauchurlaub um einiges, und auch wenn die Ausrüstung generell sehr gut ist, kann man in puncto Zuverlässigkeit und Wartung nie so sicher sein wie bei der eigenen. Falls Übergepäck ein Thema ist, besteht ein guter Kompromiß darin, Atemregler, Maske, Flossen und Schnorchel selbst mitzubringen.

Kaufen kann man Ausrüstung nur in den Ferienorten im Norden des Roten Meeres, wo die Preise aber selten so niedrig sein werden wie zu Hause; ansonsten gibt es überhaupt keine Tauchshops; wer also noch Ausrüstung kaufen muß, sollte das daheim tun. Das gleiche gilt für die Wartung; lassen Sie Ihre Ausrüstung vor der Abreise gründlich prüfen.

PRÜFLISTE LEIHAUSRÜSTUNG

Wer sich Ausrüstung leiht, sollte folgende Punkte beachten:

- Achten Sie auf brüchige, gespaltene, geknickte oder abgenutzte Schläuche - vor allem bei HD-Schläuchen, wo ein Platzer den meisten Schaden anrichten kann.
- Achten Sie auf Risse oder tiefe Kratzer auf den Instrumenten.
- Prüfen Sie die Verbindung Flaschenventil/Atemregler (wo die 1. Stufe am O-Ring der Flasche sitzt) an der 1. Stufe und am Flaschenventil auf Dellen, Kerben oder Unregelmäßigkeiten, die ein Leck hervorrufen könnten.
- Prüfen Sie immer, ob das Flaschenventil alle O-Ringe hat - bei abgenutzten Ventilsitzen fallen sie oft heraus. Es passiert durchaus, daß der Atemregler fälschlicherweise an eine Flasche ohne O-Ringe montiert wird, ohne daß ein Leck erkennbar ist, aber die „falsche Dichtung" ist anfällig für die kleinste Bewegung und platzt schnell.
- Prüfen Sie sorgfältig alle Befestigungs- und Halteriemen und lassen Sie sie auswechseln, wenn sie Anzeichen von Verschleiß zeigen.
- Prüfen Sie alle Metallteile auf Korrosion - vor allem den ND-Inflator, dessen bewegliche Teile festsitzen können.
- Schauen Sie, ob Sand o. ä. in der 2. Stufe ist - vielleicht hat der letzte Benutzer sie über den Boden schleifen lassen. Sand ist oft die Ursache für anhaltende Störungen.
- Riechen Sie direkt an der Flasche, ob die Luft sauber ist, indem Sie das Ventil etwas öffnen - das ist viel besser als der Test der Luft durch den Atemregler, der einen Eigengeschmack haben kann.
- Vergleichen Sie beim ersten Tauchgang mit neuer Ausrüstung Ihren Tiefenmesser mit dem Ihres Partners - bei Abweichungen das Gerät benutzen, das die größere Tiefe anzeigt.
- Lassen Sie sich immer eine größere Luftreserve geben als Sie vermutlich brauchen - Finimeter an Leihausrüstung können sehr ungenau sein.

TAUCHUNTERRICHT

Tauchen kann man in fast jeder Tauchschule am Roten Meer lernen; nur die ganz abgelegenen Orte können keinen Unterricht bieten. Die Hauptzentren sind natürlich die großen Urlaubsorte, wo es sich lohnt, eine Tauchschule zu betreiben. Eilat, Akaba, Scharm el-Scheik und Hurghada sind Unterrichtszentren. Zu den in der Region vertretenen Verbänden, die Beurkundungen vornehmen, gehören PADI, BSAC, CMAS und SSI. Je nachdem, wo man den Tauchkurs machen möchte, kann man sich in jeder der gängigen europäischen Sprachen unterrichten lassen, vor allem in Englisch, Deutsch, Italienisch und Französisch; die meisten Zentren bieten auch Unterricht in Arabisch und anderen lokalen Sprachen.

ARABISCH FÜR TAUCHER

Diese kleine Liste macht Sie nicht perfekt (dafür gibt es einige ausgezeichnete Sprachführer), aber mit ein paar Tauchausdrücken wird Ihr Tauchurlaub am Roten Meer vielleicht sicherer und/oder schöner.

Im ägyptischen Arabisch wird das „j" wie „g" gesprochen - alternative Aussprachemöglichkeiten unten. „Gh" wird wie ein kehliges französisches „r" hinten im Hals gesprochen.

- Boot = Merkab
- Hafen = Mina
- Strand = Schatt, Bilaaj
- Welle = Mooj, Moog
- Koralle = Marjan, Margan
- Insel = Jezira, Gazira
- Felsen = Sakhra
- Fisch = Samak
- Hai = Samak Qirsch/Girsch
- Wal = Hout
- Delphin = Dolfin, Dalfin
- Meeresschildkröte = Sulahfa
- Muräne = Samak Kalhaya, Hankaliis
- Große Wellen = Mooj (moog) Kebir, Amwaj (Amwag) Kebir
- Strömung = Tayyar
- Es herrscht Strömung = Fi Tayyar
- Es herrscht keine Strömung = Ma fi Tayyar
- Starke Strömung = Tayyar qawi
- Aus welcher Richtung? = Min Wain?
- Woher kommt die Strömung? = Tayyar min Wain?
- Tauchen = Ghats
- Erster Tauchgang = Ghatsa al-awil
- Zweiter Tauchgang = Ghatsa at-Tani
- Wo ist der erste Tauchgang? = Wain al Ghatsa al-awil?
- Wie viele Tauchgänge hier? = Kem Ghatsa hinak?
- Um wieviel Uhr findet der zweite Tauchgang statt? = Sa'a Kem al-Ghatsa at-Tani?
- Wie lange braucht man von A nach B? = Kem Waqt min A li B?
- Um wieviel Uhr kommen wir an? = Sa'a Kem 'Nwassal?

Die Färbung der Drachen-köpfe (Scorpaenopsis sp.) paßt sich der Umgebung an und sorgt so für eine perfekte Tarnung. Die Rückenflosse besitzt mehrere Giftstacheln, die beim Eindringen in das Fleisch des Opfers Gift absondern.

ISRAEL

Eilat, Israels südlichste Stadt und Hafen, war Jahrzehnte die heimliche Hauptstadt der Tauchgemeinde am Roten Meer und Zentrum einer ganzen Tauchergeneration dort. Eilat bietet warmes Wasser, gute Sicht und ein reiches Meeresleben. Obwohl neuere, exotischere Urlaubsziele aufgekommen sind, ist die Stadt nach wie vor einer der ersten Plätze für die Tauchausbildung.

Israels Küste am Roten Meer ist ganze 7 Kilometer lang, eingekeilt zwischen dem ägyptischen Sinai und Jordanien oben im Golf von Akaba. Die Stadt nimmt fast die gesamte Küste ein; die Hafeneinrichtungen dienen der Ex- und Importindustrie, die Militärdocks der Marine. Außerhalb der Hafen- und Stadtfront liegt ein kostbares kleines Stück Küste mit mehreren Tauchgebieten und zum Teil einmaligen Attraktionen, das die Taucher erkunden können.

MENSCHEN UND KULTUR

Der größte Teil der Bevölkerung sind Juden, Heimkehrer über die Jahrhunderte aus der jüdischen Diaspora und deren Nachkommen. Grob betrachtet, ist die jüdische Bevölkerung zweigeteilt - in die Aschkenasim, die von den europäischen Juden abstammen, und die Sephardim, deren Vorfahren aus dem Nahen Osten und Nordafrika kommen. Daneben gibt es jüdische Minderheitengruppen, deren Ursprung auf Länder wie Indien und China zurückgeht.

Neben der jüdischen Mehrheit existiert eine stattliche Minderheit arabischer Israeli. Sie sind die Abkömmlinge arabischer Familien aus Palästina, die nach der Gründung des Landes freiwillig in Israel blieben; die meisten Araber sind Muslime, aber es gibt auch große Bevölkerungsgruppen von Drusen und christlichen Arabern. Ein weiteres kulturelles Mosaiksteinchen liefern die Bahai, Anhänger einer der jüngsten großen Religionen der Welt, deren Hauptsitz in Haifa am Mittelmeer liegt.

Verständigungsschwierigkeiten gibt es keine. Die Israeli müssen auf der Schule Englisch lernen, das demzufolge überall gesprochen wird.

Links: *Im Gebiet von Eilat wird fast nur vom Ufer aus getaucht.*
Oben: *Die Echte Karettschildkröte (Eretmochelys imbricata) ist die kleinste Meeresschildkröte.*

KLIMA

Eilat ist im Winter warm und trocken, im Sommer heiß und trocken. Es gibt kaum Niederschlag, und die Temperaturen liegen zwischen 35°C und mehr im Sommer und etwa 20°C in den annehmbaren Wintermonaten.

TAUCHHÖHEPUNKTE

Jahrzehntelanges wildes Tauchen hat den Riffen vor Eilat erheblich zugesetzt, und das Korallenwachstum bietet nicht das üppige Bild, das man weiter südlich findet. Aber es gibt versteckte Vorzüge wie ungewöhnliche Fische, mehrere Wracks und ein Meeresschutzgebiet. Das eigentliche Paradestück für Taucher ist jedoch das Dolphin Reef (Gebiet Nr. 1, S. 34), ein einzigartiger mariner Lebensraum, wo Taucher und Schnorchler mit halbwilden Delphinen zusammensein können.

MEERESLEBEN

Die Riffe von Eilat bieten Stachelmakrelen, Schnappern und Doktorfischen Heimat, während zwischen den Korallen Barrakudas, Papagei- und Lippfische mit Zackenbarschen und Süßlippen umherjagen. Glas-, Fahnen- und Riffbarsche setzen funkelnde Lichtreflexe, und auf dem Grund lauern Kröten- und Steinfische, Rochen und Krokodilfische. Riffsepien und Kraken sind häufig, und bunte Nacktschnecken tüpfeln die Riffe. In kleinen Höhlen und Löchern hausen Muränen, und es besteht durchaus die Möglichkeit, ungewöhnliche Arten wie Geisterpfeifenfische und sogar die seltenen Mondfische zu beobachten.

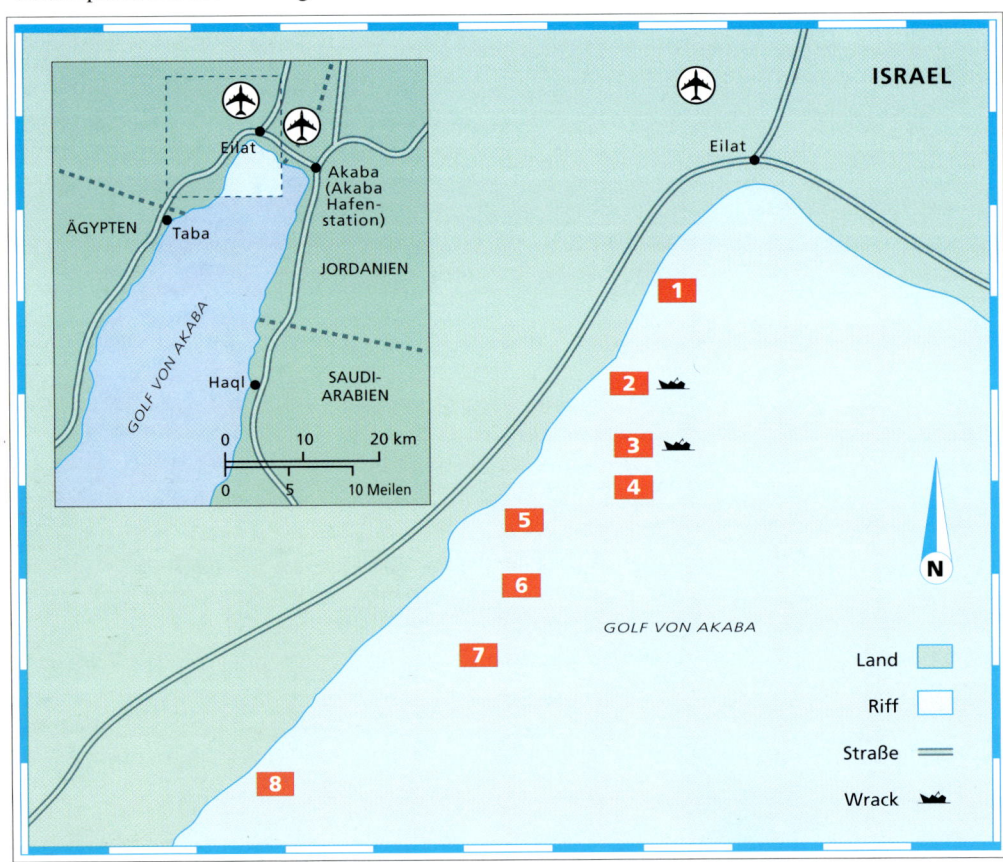

Die Küste von Eilat hat Sandboden mit mittleren bis dichten Korallenflecken, die Lebensgemeinschaften der Korallen sind allerdings weniger unberührt als die im Sinai. Pfeiler und markante Blöcke sind die üblichen Formationen, und ein küstennahes seichtes Riff vor einem langen Küstenstreifen ist für Schnorchler interessant. Die Riffe dort bestehen aus Weich- und Steinkorallenarten mit Ansammlungen von Dendronephthya, Pumpkorallen und Acropora-Tischkorallen, Blumenkohlkorallen und Plattenkorallen. Auch Schwämme und Seeanemonen sind häufig.

BEDINGUNGEN

Die Lage an der Nordspitze des Roten Meeres beschert Eilat mehr jahreszeitliche Schwankungen der Tauchbedingungen als den meisten anderen Gegenden. Die Wassertemperaturen liegen im Sommer um 28°C, können im Winter aber auf 19°C und tiefer fallen. Die Sicht ist im Durchschnitt geringer als in anderen Teilen des Roten Meeres, was unter anderem auf die starke Industrialisierung an der Küste zurückgeht.

ZUGANG

Getaucht wird in Eilat fast nur von der Küste aus, ausgenommen ein Gebiet, das nur mit dem Boot zu erreichen ist. Tauchschulen fahren mit Kleinbussen zu den Gebieten, oder man geht von der Schule auch nur über die Straße.

TAUCHSCHULEN UND -EINRICHTUNGEN

Die lange Tradition hat Eilat zu einer der technisch modernsten Tauchbasen der gesamten Region gemacht. Die Tauchzentren der Stadt sind hochprofessionell ausgerüstet, die Mitarbeiter gut ausgebildet und mehrsprachig. Gute Ausrüstung kann normalerweise komplett gemietet werden.

PASSPROBLEME

Die politische Landschaft des Nahen Ostens ändert sich rasant, und der anhaltende Friedensprozeß trägt in der ganzen Region Früchte. Einige Länder der Region gehen jedoch nicht so schnell mit der Zeit, und zwischen Israel und einigen Nachbarstaaten bestehen noch beträchtliche Spannungen.

Für den Reisenden bedeutet dies, daß ihm der Nachweis eines Besuchs in Israel große Probleme bei der Reise in bestimmte Länder der Region bringen kann. Gegenwärtig (1997) schließt ein israelischer Stempel in Ihrem Paß einen Besuch in Syrien, Saudi-Arabien, Sudan und mehreren anderen islamischen Staaten im Nahen Osten und weltweit aus. Eingeschränkt gilt das auch für Ausgangsstempel, die belegen, daß Sie Nachbarländer an der Grenze zu Israel verlassen haben. Der Grund dafür ist, daß Israel auf Wunsch lose Blätter statt den Paß stempelt.

Aus dem gleichen Grund kann Bürgern mit israelischer oder doppelter Staatsbürgerschaft die Einreise in die oben genannten Länder verwehrt werden. Um sich in diesen Ländern aufhalten zu können, empfiehlt sich sogar, auf Visa und anderen Dokumenten keine Angaben zur (jüdischen) Religionszugehörigkeit zu machen.

Ein sonnendurchflutetes Saumriff mit gesunden Steinkorallen.

VERHALTENSREGELN BEIM TAUCHEN

An dem kleinen Küstenstreifen von Eilat wird intensiv und schon länger getaucht als an jedem anderen Ort des Roten Meeres, was die Riffe der Gegend stark in Mitleidenschaft gezogen hat. Man hat inzwischen Maßnahmen zum Schutz des Ökosystems ergriffen, wobei die Kooperationsbereitschaft der Tauchgäste unerläßlich ist. Bitte vermeiden Sie jeden Kontakt mit den Riffen, sorgen Sie für eine gute Austarierung und halten Sie jederzeit Abstand zum Riff. Achten Sie besonders auf die Flossenschläge und setzen oder stellen Sie sich nie auf den Boden.

1 DOLPHIN REEF

★★★★✩✩✩✩✩

Lage: Südlich des Hafens an der Straße Eilat - Taba.
Zugang: Von der Küste am Dolphin Reef Dive Centre.
Bedingungen: Gut geschützt, leichter Zugang.
Durchschnittliche Tiefe: 9 m.
Maximale Tiefe: 15 m.
Durchschnittliche Sicht: 12 m.

Dolphin Reef ist ein 10.000 m² großes Fleckenriff, das zum Meer hin mit einem Maschendraht abgeschlossen ist. Dadurch haben die neun halbwilden Tümmler, die sich dort aufhalten, ein sicheres Revier. Das Tor wird jeden Morgen und Nachmittag geöffnet, so daß die Delphine nach Belieben kommen und gehen können. Die meisten scheinen aber überwiegend in dem Areal zu bleiben.

Das eingezäunte Areal hat sandigen Boden mit kleinen markanten Hart- und Weichkorallenblöcken. Überall in dem Gebiet gibt es kleine Riffische, aber es ist kaum etwas zu sehen, was größer als eine Hand ist, weil der Zaun alles ausschließt, was nicht durch die Maschen schlüpfen kann. Die Delphine sind natürlich die Attraktion. Für die meisten Taucher ist dies die einzige Möglichkeit, die sie je haben werden, so nah mit diesen Tieren zusammenzukommen.

Die neun Delphine in diesem Areal sind nicht richtig wild, denn vier wurden hier geboren, und alle sind Menschen gewohnt. Sie bekommen Fische von den Trainern und treten immer noch viermal täglich zu ihrer „Nummer" an, obwohl man es eingestellt hat, sie für Tricks mit Fisch zu belohnen. Ihr Verhalten ist vielleicht nicht hundertprozentig natürlich, doch sie können praktisch tun und lassen, was sie wollen, und es ist ein einmaliges Erlebnis, sie dabei zu beobachten. Manchmal lassen sich die Delphine auch streicheln, aber Reiten, Grobheiten und andere Formen des Ärgerns sind strengstens untersagt.

Rechts: *Ein Riesen-Kugelfisch (Arothron stellatus) inmitten leuchtender Weichkorallen.*

DOLPHIN REEF

Eilats Dolphin Reef ist in jeder Hinsicht ungewöhnlich. Es ist ein kommerziell betriebenes Tauch- und Schnorchelzentrum, dessen Hauptattraktion eine Herde halbwilder Delphine ist. Die Idee hinter dem Zentrum ist ebenso ungewöhnlich: trotz der erheblichen kommerziellen Möglichkeiten betreibt das Zentrum eine Politik, die in erster Linie den Bedürfnissen der Delphine entspricht.

Die neun Großen Tümmler leben hier nicht in Gefangenschaft, sondern können das Gehege jederzeit verlassen, da dessen Tore täglich geöffnet werden. Die Delphine erhalten den Anreiz, sich hier aufzuhalten - sie werden regelmäßig gefüttert -, das überraschende ist jedoch, wie bereitwillig sie sich auf die Menschen einlassen. Die Tiere zeigen bei vier Trainingsvorführungen täglich einige Tricks, werden dafür jedoch nicht mit Fischen belohnt. Und gerade dieses Verhalten macht Dolphin Reef zu einem Mekka für Delphinstudien. Ein von einer deutschen Universität finanziertes Studententeam führt im Verhaltenslaboratorium des Zentrums ein umfassendes ganzjähriges Forschungsprogramm durch.

Dies ist die einzige Einrichtung ihrer Art weltweit und für Taucher eine ideale Gelegenheit, mehr über die faszinierendsten Lebewesen im Meer kennenzulernen.

2 SUFA MISSILE BOAT

★★★

Lage: Etwa 2 km südlich des Dolphin Reef, nördlich von Village Pub.
Zugang: Mit dem Auto von den Tauchschulen in Eilat, dann Einstieg vom Ufer aus.
Bedingungen: Steiniger Grund, deshalb unsicherer Stand beim Ein-/Ausstieg.
Durchschnittliche Tiefe: 25 m.
Maximale Tiefe: 30 m.
Durchschnittliche Sicht: 12 m.

Ein Wracktauchgang an einem Raketenboot, das die Marine 1994 hier versenkt hat. Das 46 m lange Schiff sitzt etwa 50 m vor der Küste aufrecht auf dem Sandboden. Das Heck liegt in 30 m Tiefe, die Mastspitze, der höchste Punkt, in 15 m.

Rumpf und Aufbauten sind bereits mit ersten Korallen überwachsen, vor allem mit den schneller wachsenden Weichkorallen, aber man kann auch schon die

ersten Steinkorallenpolypen erkennen. Auch Seeigel sind bereits reichlich vertreten, also Vorsicht mit den Händen. Die Fischfauna ist recht gut, wenngleich das Wrack noch nicht vollständig angenommen worden ist.

Das Wrack ist für Taucher hergerichtet; man hat gefährliche Zugänge verbarrikadiert und versucht, es für Taucher so sicher wie möglich zu machen. Wenn es also einen Zugang gibt, ist er sicher. Noch unerfahrene Wracktaucher können sich hier sehr gut weiterbilden.

3 YATUSH - KANONENBOOTWRACK
★★★

Lage: Etwa 400 m südlich des Sufa-Wracks (Nr. 2).
Zugang: Mit dem Auto von den Tauschschulen in Eilat, dann Einstieg vom Ufer aus.
Bedingungen: Leichte Strömung möglich.
Durchschnittliche Tiefe: 28 m.
Maximale Tiefe: 33 m.
Durchschnittliche Sicht: 12 m.

Das Wrack dieses kleinen Kanonenbootes ragt am Fuß eines Steilabfalls auf. Es liegt direkt vor dem Aquasport Diving Centre - das Riff fällt hier sanft bis auf 5 m ab, dann steil auf 30 m, wo das Wrack liegt. Das Heck

---

RAKETENBOOT SUFA

Beim Wrack des Raketenbootes kann man sehr schön tauchen, was vielen auch vollauf genügt - ihnen ist es egal, was für ein Schiff es ist und wie es dorthin gekommen ist. Hinter dem Wrack steckt jedoch ein Stück spannende Lokalgeschichte.

Es ist das Wrack eines von fünf Sufa-Raketenbooten, die Israel Mitte der 60er Jahre von Frankreich gekauft hat. Aufgrund eines französischen Waffenembargos verzögerte sich die Lieferung der Schiffe endlos, aber im Gefolge des 6-Tage-Krieges wollte die israelische Marine die Schiffe unbedingt übernehmen. Als die Israelis merkten, daß auf diplomatischem Wege nichts zu machen war, schmiedeten sie den verwegenen Plan, die Schiffe (die gekauft und bereits bezahlt waren) handstreichartig an sich zu bringen.

Und das taten sie Ende 1967 auch - ein kleines israelisches Sonderkommando bemächtigte sich der Schiffe in Cherbourg, brach aus dem Hafen aus und brachte die Schiffe nach Israel.

Der Führer des Kommandos war interessanterweise später eine der treibenden Kräfte des Sporttauchens in Israel - Gadi Ben Zeev, Leiter des Red Sea Sports Club, des größten Tauchzentrums in Eilat.

Eine kleine Fußnote: das Wrack kam 1995 ins Guinness-Buch der Rekorde, als sich 155 Taucher gleichzeitig an Bord des Schiffes aufhielten.

Anemonenfische (Amphiprion sp.) scharen sich um ihren Wirt, eine Sonnenanemone.

befindet sich in 33 m Tiefe, der Bug in 25 m. Das Boot ist etwa 15 m lang, aus Aluminium und in gutem Zustand, da es gezielt versenkt wurde.

Es beherbergt viele Riffische, unter anderem Feuer-, Skorpions-, Stein-, Lipp-, Drücker- und Falterfische sowie Riffbarsche. Es gibt einige schöne Muränen, und unterhalb des Wracks haust ein ansässiger Riesen-Zackenbarsch. Manchmal sieht man Langusten, und gelegentlich zeigen sich Stachelmakrelen, Thunfische und Barrakudas.

Da das Wrack aus Aluminium ist, ist es nicht mit Korallen bewachsen. Über den sandigen Grund sind jedoch verschiedene Korallenblöcke, zumeist Steinkorallen, verteilt, umgeben von Wolken kleiner Riffische.

Es ist übrigens verboten, irgendwelche Gegenstände aus den Wracks zu entfernen.

4 CORAL BEACH
★★★★★★

Lage: Etwa 200 m südlich des Yatush-Wracks (Nr. 3).
Zugang: Mit dem Auto oder zu Fuß von den Tauchschulen in Eilat, dann Einstieg vom Ufer aus.
Bedingungen: Einige leichte Strömungen möglich.
Durchschnittliche Tiefe: 20 m.
Maximale Tiefe: 40 m.
Durchschnittliche Sicht: 12 m.
Ein weiter Riffabhang, der vom flachen Küstengewässer auf etwa 150 m sanft bis auf 10 m abfällt und dann steil bis auf 40 m abstürzt.

Das Riff besteht aus verschiedenen Korallenansammlungen auf sandigem Grund; weiter unten ist der Korallenbewuchs besser, und an der Kante des Steilabfalls ragen drei mächtige Pfeiler auf.

An Korallen überwiegen Steinkorallen.

Der Einstieg befindet sich am Nordrand des Zauns um das Schutzgebiet, das Tauchgebiet selbst liegt völlig innerhalb des Schutzgebiets.

Parallel und dicht vor der Küste verläuft ein flaches Riff, das hervorragendes Schnorcheln in höchstens 3 m tiefem Wasser ermöglicht. Die Südgrenze des Gebiets ist eine Fußgängerbrücke über das Riff, die den Zugang vom Ufer erlaubt, ohne daß die Korallen zertrampelt werden.

Der Fischbestand ist gut und vielfältig - neben den üblichen Riffarten entdeckt man bei genauem Hinsehen einige seltene und ausgefallene Exemplare wie Kröten- und Geisterpfeifenfische sowie gelegentlich ein Seepferdchen.

Skorpions-, Feuer- und Steinfische sind häufig, einschließlich dem Indischen Walkman (Inimicus filamentosus).

5 NATURE RESERVE/MOSES ROCK
★★★★★★★★

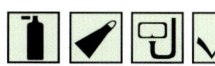

Lage: Direkt südlich von Coral Beach (Nr. 4).
Zugang: Mit dem Auto oder zu Fuß von den Tauchschulen in Eilat, dann vom Ufer durch das Naturschutzgebiet - der Eintritt kostet 15 Schekel.
Bedingungen: Einige leichte Strömungen möglich.
Durchschnittliche Tiefe: 20 m.
Maximale Tiefe: 40 m.
Durchschnittliche Sicht: 12 m.
Eines der schönsten Gebiete von Eilat, das als Teil des Naturschutzgebietes sehr profitiert hat - Korallen- und Fischbestand übertreffen den der meisten anderen Gebiete, selbst solcher, die nur wenige Meter entfernt liegen.

Profil und Anlage des Gebietes sind beinahe wie beim Coral Beach im Norden - ein flaches küstennahes Riff bietet gute Schnorchelmöglichkeiten, das Riff selbst fällt sanft bis zu einem Steilabfall ab. Der Hang ist mit Korallenblöcken durchsetzt, in 8 bis 9 m Tiefe nahe dem Steilabfall steht ein großer Pfeiler, Moses Rock, nach dem das Gebiet benannt ist.

Das Gebiet ist reich an Korallen - besonders interessant sind die Acropora-Tischkorallen im Steilwandbereich zwischen 15 und 30 m. Außerdem gibt es zahllose Schwämme und Seeanemonen.

Die Fischfauna steht dem in nichts nach - große Skorpionsfische (Inimicus filamentosus), Stein-, Feuer-, Kröten- und Trompetenfische, Seenadeln, Kugelfische, Muränen, Gelbschwanz-Barrakudas, Stachelmakrelen, Füsiliere und hundert weitere kleinere Riffarten, dazu eine Auswahl an Rochen, die Adlerrochen, Blaupunkt-Stechrochen und sogar Zitterrochen umfassen kann.

6 JAPANESE GARDENS
★★★★★★★★

Lage: Zwischen Moses Rock (Nr. 5) und dem Unterwasser-Observatorium.
Zugang: Mit dem Auto von den Tauchschulen in Eilat, dann mit dem Boot - Einstieg vom Ufer nicht erlaubt.
Bedingungen: Einige Strömungen; Vorsicht bei den automatischen Türen des Observatoriums.
Durchschnittliche Tiefe: 20 m.
Maximale Tiefe: 45 m.
Durchschnittliche Sicht: 12 m.
Japanese Gardens ist eine Fortsetzung des Küstenriffs, das sich südlich von Coral Beach (Nr. 4) erstreckt. Wie die Gebiete im Norden beginnt es mit einem flachen Riff, das auf etwa 100 m sanft auf 10 bis 15 m abfällt. Der scharfe Absturz in 10 m Tiefe setzt sich hier fort und geht fast in eine Steilwand über. Dieser Wandbereich ist dicht mit Korallen bedeckt, genau wie das seichte

küstennahe Riff. Der Korallenbewuchs ist gut.

Der Südabschnitt des Gebietes liegt zwischen den Gebäuden des Unterwasser-Observatoriums - hier ist besondere Rücksicht geboten, vor allem im Bereich der automatischen Türen. Zu ihnen sollte man mindestens 5 m Abstand halten.

Die Korallen sind hier außergewöhnlich, und die Fischfauna ist so vielfältig wie überall vor Eilat, artenreich, gut verteilt und dicht. Neben den zahllosen Riffarten des Roten Meeres sieht man Raritäten wie Krötenfische, faszinierend häßliche Steinfische und Krokodilsfische, die aussehen, als wären sie unter eine Dampfwalze geraten. Stachelmakrelen, Barrakudaschwärme und andere Jäger aus dem offenen Meer ziehen oft vorbei - sogar Weißspitzen-Riffhaie sind schon gesichtet worden, vor Eilat eine absolute Seltenheit.

Wer vor Eilat nur einmal tauchen kann, sollte es hier tun.

7 THE CAVES/THE LIGHTHOUSE
★★★★

Lage: Etwa 1 km südlich von Japanese Gardens (Nr. 6), direkt nördlich vom Princess Hotel.
Zugang: Mit dem Auto von den Tauchschulen in Eilat, dann Einstieg vom Ufer aus.
Bedingungen: Einige leichte Strömungen.
Durchschnittliche Tiefe: 4 m.
Maximale Tiefe: 6 m.
Durchschnittliche Sicht: 12 m.

Das sehr flache Gebiet liegt südlich von Coral Beach (Nr. 4) auf dem Weg zur ägyptischen Grenze und um einen großen Pfeiler (den größten von mehreren dort) im nur 4 m tiefen Wasser. Er reicht fast bis zum Meeresspiegel und weist zwei Risse oder Höhlen auf. Nur eine davon eignet sich zur Erkundung, die andere ist zu klein.

Der Höhlenpfeiler steht auf einem flachen, sanft abfallenden Riff; das Gebiet ist übersät mit verschiedenen Korallenstöcken, von der Weich- bis zur Feuerkoralle, dazu eine gute Auswahl an Steinkorallen. Die Fischfauna ähnelt stark der von Coral Beach, mit den üblichen kleinen Riffischen und einigen zusätzlichen Arten wie Kröten- und Skorpionsfischen sowie kleinen farbenprächtigen Nacktschnecken. In den Höhlen hausen große Schwärme Glasbarsche.

Das stark begrenzte Profil des Gebietes wird den einen oder anderen Taucher enttäuschen, aber es ist ein schönes Gebiet zum Nachttauchen, wo es auf Tiefe eigentlich nicht ankommt.

Ein seltener Schnappschuß zweier kämpfender Riesenmuränen (Gymnothorax javanicus).

8 TABLE CORAL
★★★★★★

  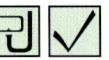

Lage: Etwa 50 m nördlich des ägyptischen Grenzkontrollpunkts, vor den großen Betonblöcken.
Zugang: Mit dem Auto von den Tauchschulen in Eilat, dann Einstieg vom Ufer aus.
Bedingungen: Einige leichte Strömungen.
Durchschnittliche Tiefe: 18 m.
Maximale Tiefe: 30 m.
Durchschnittliche Sicht: 12 m.

Das Gebiet weist einige Korallenarten und besonders attraktive Fische auf. Es ist ein in zwei Stufen abfallendes Riff mit einem leichten küstennahen Hang, der zum Meer hin steiler wird. In Ufernähe ist das Riff recht gut bedeckt; Schnorchler können verschiedene Korallen und Riffische entdecken. Draußen hinter der Kante gibt es einige Pfeiler, von Sandrinnen unterbrochene Korallenausläufer und die Acropora-Tischkorallen, nach denen das Gebiet benannt ist - drei oder vier sind ziemlich groß, 2 bis 3 m etwa, und stehen in 14 bis 20 m Tiefe.

Wer gern Fische beobachtet, kann Überraschungen erleben: Ein guter Führer weiß, wo seltene Arten wie blauäugige und andere Krötenfische, Steinfische, Langusten, Kraken, Riffsepien und verschiedene Kaurischnecken und andere Weichtiere zu finden sind.

WIE MAN HINKOMMT

Mit dem Flugzeug: Der internationale Flughafen von Eilat liegt mitten in der Stadt. Er wird von vielen Charter- und Linienmaschinen aus Europa, Nordamerika und anderen Gebieten angeflogen; Flüge nach Eilat gehören zu den preiswertesten der Region.
Mit dem Schiff: Auto-/Personenfähren verkehren von Zypern, Griechenland, Italien.
Mit dem Bus: Man kann auch mit durchgehenden Bussen von Jordanien und Ägypten auf dem Landweg nach Israel reisen. Die Grenzübergänge beider Länder sind 10 Autominuten vom Zentrum Eilats entfernt.

Die Beförderung in Eilat ist problemlos; in der Innenstadt kann man bequem alles zu Fuß erreichen, und für größere Strecken gibt es preiswerte Busse und Taxis. Die Tauchzentren organisieren den Pendelverkehr von den Hotels, so daß man für die Fahrt zur Tauchbasis nichts zu zahlen braucht.

WO MAN ABSTEIGEN KANN

Unterkunft gibt es reichlich, aber sie kann im Vergleich mit anderen Ländern des Nahen Ostens unmäßig teuer sein. **Zelten** ist am billigsten - man kann auf ausgewiesenen Flächen an der Küstenstraße oder auf einfachen Campingplätzen zelten - einer liegt gleich südlich vom Red Sea Sports Club. Es gibt eine **IYHF Jugendherberge**, die preiswerte Schlafmöglichkeiten bietet, und private Unterkünfte und billige Pensionen beim Busbahnhof, die aber teilweise ziemlich miserabel sind. Nett und sauber ist das **Spring Hostel** in der Retamim Street.

Eilats Mittelklasse-Hotels mit First-class-Preisen sind u. a. das **Red Sea Sports Hotel**, das Vertragshotel des Aqua Sport Dive Centre, oder das **Etzion Hotel** im Stadtzentrum. Häuser erster Klasse, die mehrere hundert Dollar für die Nacht nehmen, sind **King Solomon's Palace Hotel** und das **Royal Beach Hotel**.

Aqua Sport Hostel, Aqua Sport International, Coral Beach, PO Box 300, Eilat, 88102, Israel; Tel. 972 7 334404, Fax 972 7 3333771. **King Solomon's Palace Hotel Eilat**, Israel; Tel. 972 7 334189, Fax 972 7 334111. **Red Sea Sports Hotel**, Red Sea Sports Club, Coral Beach, Eilat, 88102, Israel; Tel. 972 7 389685, Fax 972 7 373702. **Royal Beach Hotel**, Eilat, Israel; Tel. 972 7 368877, Fax 972 7 368888. **Spring Hostel**, Retamim Street, Eilat, 88102, Israel; Tel. 972 7 379685, Fax 972 7 373702.

WO MAN ESSEN KANN

Eilat hat einige gute Restaurants und auch zahlreiche preiswerte Eßmöglichkeiten. An der Seeseite im Hotelviertel findet man einige Schnellimbisse, außerdem viele israelische Stände. Beim Shalom-Zentrum an der Hatzmarim Street gibt es eine Reihe Straßencafés oder für die etwas mutigeren das preiswerte jemenitische **Nargile Restaurant** oben an der Hatzmarim neben dem Busbahnhof. Für eines der besten Steaks braucht man nur zu **Pedro's** am Ye'elim Boulevard zu gehen (Tel. 379504). Die teureren Hotels haben erstklassige Restaurants u. a. mit thailändischer, chinesischer und anderer internationaler Küche. Die meisten Tauchzentren verfügen über Snackbars auf ihrem oder beim Gelände.

TAUCHEINRICHTUNGEN

Eilat hat mehrere Servicezentren. Der ausgezeichnete **Red Sea Sports Club** ist das größte und vielleicht auch feinste mit internationalem Mitarbeiterstab, Unterricht in mehreren Sprachen, technisch erstklassiger Einrichtung und Ausrüstung, einem Hotel auf dem Gelände und dem Ruf als beste Tauchschule des Landes - wer tauchen lernen oder sich weiterbilden möchte, hier ist er richtig. **Dolphin Reef** ist nicht nur ein Tummelplatz für Delphine, sondern auch Tauchzentrum und -schule. Auch **Aqua Sport International** ist angesehen und liegt günstig in der Nähe der Tauchgebiete.

Red Sea Sports Club, Coral Beach, Eilat, 88102, Israel; Tel. 972 7 379685, Fax 972 7 373702. Delphin-Tauchen; Safaris im Sinai und Jordanien; Nitrox-Kurse; Hotel auf dem Gelände; Rabatt für Taucher. Tauch-Wochenpauschalen. Tauchkreuzfahrten zu verschiedenen Zielen. 1 Tauchgang 23 US-$, 2 Tauchgänge 30 US-$. Komplette Ausrüstung 50 US-$ pro Tag einschließlich Flaschen und unbegrenztem Nachfüllen; Open Water-Kurs: 275 US-$ zuzüglich Gebühren für Zertifikat und Arzt. Brevets: PADI, BSAC, CMAS, ANDI Nitrox. **Aqua Sport International**, Coral Beach, PO Box 300, Eilat, 88102, Israel; Tel. 972 7 334404, Fax 972 7333771. Delphin-Tauchen; Ausflüge nach Jordanien/Sinai; Tauch-Wochenpauschalen; Unterkunft vorhanden. 1 Tauchgang 23 US-$, 2 Tauchgänge 30 US-$. Unterschiedliche Gebühren für Komplettausrüstung, etwa 12 US-$ pro Tauchgang. Open Water-Kurs: 275 US-$ zuzüglich Gebühren für Zertifikat und Arzt. Brevets: PADI, BSAC, CMAS. **Dolphin Reef Eilat**, South Beach, Eilat, Israel; Tel. 972 7 371846; Fax 972 7 37 5921. Delphin-Tauchen ab 27 US-$; Wochenpauschalen; Tauchausflüge Sinai/Jordanien. Nitrox- und Tri-Mix-Kurse/Einrichtungen. Komplettausrüstung 26,5 US-$. Open Water-Kurs: 255 US-$ zuzüglich Gebühren für Zertifikat und Arzt. Brevets: PADI, CMAS, ANDI Nitrox, Tri-Mix.

FILMENTWICKLUNG

In Eilat und Israel generell gibt es jeden Fotoservice. Sämtliche Filme sind erhältlich, das Entwickeln entspricht internationalem Standard. Für Unterwasser-Fotografie ist **Ed's Photo Centre** im Red Sea Sports Club am Coral Beach die erste Adresse; geboten werden erstklassige Entwicklung, Kamera- und Video-Verleih und kompletter Foto-Service.

KRANKENHÄUSER

Die ärztliche Versorgung in Israel ist führend im Nahen Osten. Das **Yoseftel Hospital** ist ein hochmodernes Krankenhaus - aber achten Sie darauf, daß Ihre Krankenversicherung auf dem aktuellen Stand ist; die Preise haben einen ähnlich hohen Standard wie die Technik.

TAUCHNOTFÄLLE

Das Krankenhaus hat eine komplett ausgestattete **Dekompressionskammer**; kein Tauchgebiet in Eilat ist weiter als 12 Minuten von der Kammer entfernt. Die Kammer erreicht man über das Krankenhaus, Rettungs- und Notdienst unter der Telefonnummer 101.

Die Israelis waren in der Region Wegbereiter der hyperbaren Medizin. Die Ausbildung an Dekompressionskammern bis hinunter nach Eritrea besorgten zu einem großen Teil Israelis.

LOKALE BESONDERHEITEN

Eilat ist eine Touristenstadt ohne besonders viele touristische Attraktionen - bis auf Sonne, Sand etc.

Wer außer Tauchen noch etwas anderes haben möchte, sollte raus aus der Stadt, wenngleich es aber durchaus das eine oder andere in der Gegend zu sehen gibt.

Coral World ist eine großartige Gelegenheit, die Unterwasserwelt zu erleben, wenn man einmal nicht taucht oder schnorchelt. Es gibt große Becken mit Haien, Rochen, Meeresschildkröten und anderen Meeresbewohnern.

Einen noch besseren Einblick bekommt man im **Coral Beach Nature Reserve** vom etwa 90 m vor der Küste liegenden Unterwasserobservatorium, zu dem man über die Mole gelangt. Man kann dort tauchen und schnorcheln, man muß nicht naß werden will, die Wunder der Tiefe aber auch mit einem High-Tech-U-Boot erkunden, das vom North Beach Jachthafen startet. (Das U-Boot ist ziemlich teuer; es verkehren auch Boote mit Glasboden, die wesentlich preiswerter sind und trotzdem Spannung bieten.)

Wer etwas völlig anderes erleben möchte, kann das **Aerodium** besuchen, das hinter dem Sport Hotel am North Beach liegt. Dort kann man 3-4 m über dem Boden wie ein Fallschirmspringer auf einem starken Luftstrahl schweben.

Im Preis enthalten ist eine einstündige Einweisung. Man muß körperlich recht fit sein für diesen ungewöhnlichen und aufregenden Freizeitspaß.

JORDANIEN

Einige der schönsten Tauchgebiete des nördlichen Roten Meeres liegen am einzigen kurzen Küstenstreifen Jordaniens. Dank der zentralen Rolle Jordaniens im Nahost-Friedensprozeß zieht die Unterwasserwelt dieser winzigen Region Taucher aus der ganzen Welt an.

Die jordanische Küste besteht aus nur 27 Kilometern Strand und Hafen am Nordende des Golfs von Akaba, gegenüber dem israelischen Eilat. Bis vor kurzem konnten sich die Taucher beiderseits der Grenze zwar sehen, aber nicht zusammenkommen, auch wenn man vom Strand von Akaba aus die Hoteltürme von Eilat erkennen kann. Erst seitdem das Friedensabkommen zwischen beiden Ländern unterzeichnet ist, kann man die wenigen Kilometer überbrücken, die die beiden Städte trennen.

MENSCHEN UND KULTUR

Die Jordanier sind liebenswert, gastfreundlich und zuvorkommend, ideale Botschafter der arabischen Kultur und freundliche Gastgeber für den zunehmenden Strom an Gästen, die ihr Land besuchen. Wer Englisch spricht, hat in Jordanien keine Verständigungsschwierigkeiten, wenngleich ein paar Worte Arabisch viele Türen öffnen.

KLIMA

Das Klima an der jordanischen Rotmeerküste ähnelt dem an der israelischen Küste. Im Sommer können die Temperaturen bis 40°C steigen, während sie im Winter bei relativ angenehmen 20 bis 25°C liegen, auch wenn die Temperaturen im Norden des Landes bis in Gefrierpunktnähe oder darunter fallen. Die Luftfeuchtigkeit ist das ganze Jahr über sehr gering. Die Luft an der Rotmeerküste ist so trocken, daß die Ausrüstung zwischen zwei Tauchgängen selbst im Winter trocknet.

MEERESLEBEN

Tauchen in Jordanien ist gleichbedeutend mit Korallen. An anderen Stellen im nördlichen Golf von Akaba mag man eine reichere Fischfauna und bessere Sicht finden, aber Zustand

Links: *Eine Gruppe Taucher drängt sich in ein Schlauchboot, um zu einem Tauchgebiet zu fahren.*
Oben: *Anemonenfische werden wegen ihrer Zeichnung auch Clownfische genannt.*

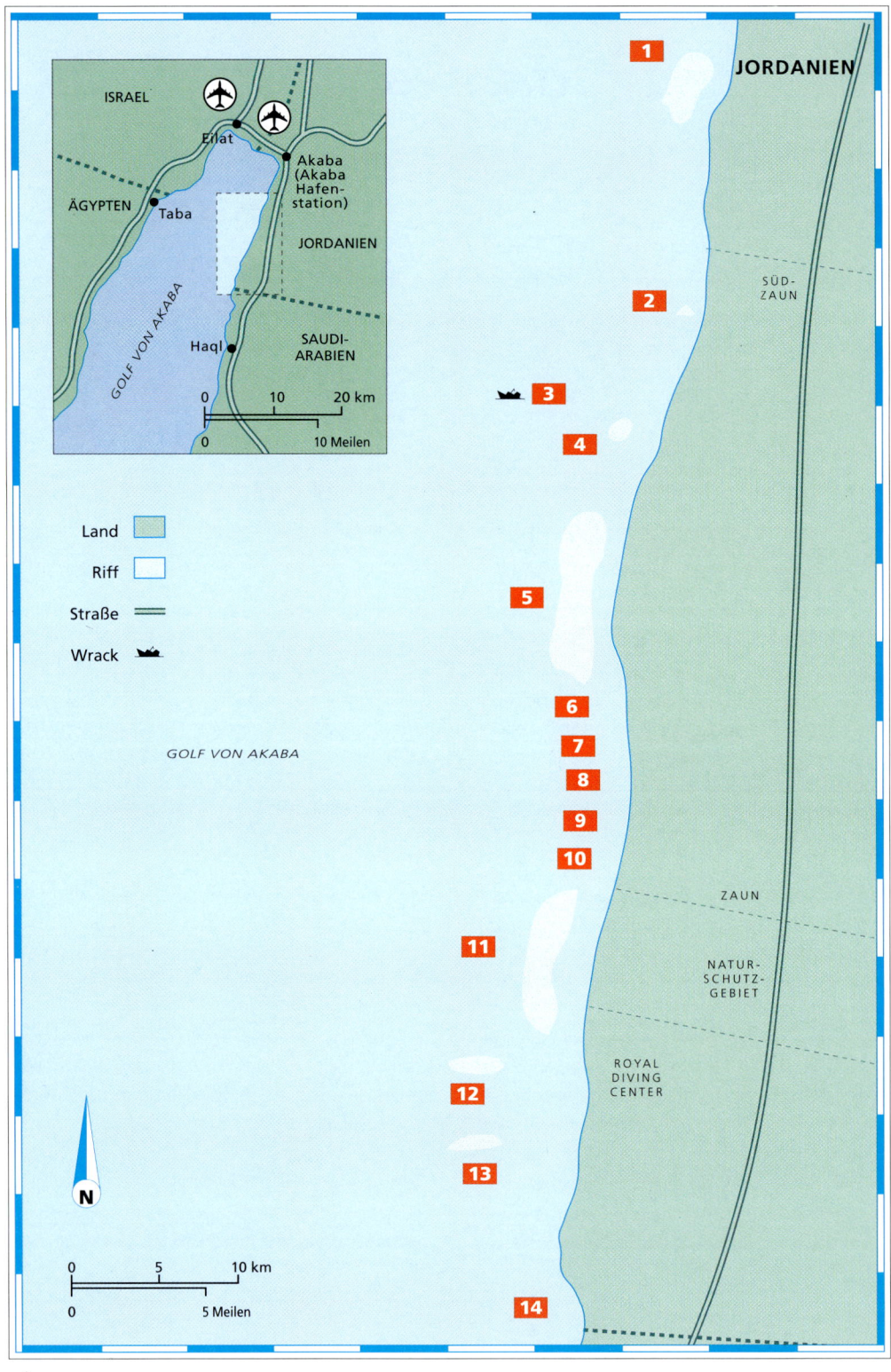

ISRAEL

Eilat

ÄGYPTEN   Taba

Akaba
(Akaba
Hafen-
station)

JORDANIEN

GOLF VON AKABA

SAUDI-
ARABIEN

Haql

0   10   20 km

0   10 Meilen

Land

Riff

Straße

Wrack

GOLF VON AKABA

JORDANIEN

SÜD-
ZAUN

ZAUN

NATUR-
SCHUTZ-
GEBIET

ROYAL
DIVING
CENTER

1

2

3

4

5

6

7

8

9

10

11

12

13

14

N

0   5   10 km

0   5 Meilen

und Qualität der Korallen in Jordanien sind wirklich unübertroffen. Die herrlichen Korallengärten sind in einem fast perfekten Zustand, und das trotz der geballten Tauchaktivitäten dort. Akaba hat die schweren Beeinträchtigungen der Riffe vermieden, mit denen Eilat und Scharm el-Scheik zu kämpfen haben, und betreibt aktiv Umweltschutz, um seine einzigartigen Meeresschätze für künftige Generationen zu erhalten.

An den Riffen von Akaba herrscht ein fast perfektes Gleichgewicht zwischen Weich- und Steinkorallen, das durch eine überwältigende Artenvielfalt verkörpert wird. Alle Korallen der Gegend sind in Konzentrationen zu finden, die im übrigen Roten Meer ungewöhnlich sind, mit ausgedehnten Weichkorallenfeldern, mächtigen Pfeilern aus hervorragend erhaltenen massiven Poren- und Sternkorallen sowie Formationen aus Blumenkohlkorallen von der Größe eines Einfamilienhauses. Acropora-Tischkorallen und andere sich verzweigende Korallen gibt es im Überfluß, und sich wiegende bunte Bäumchen-Weichkorallen wetteifern mit leicht pulsierenden Pumpkorallen in Teppichen, die weite Riffflächen bedecken. Auch feine Tisch- und Geweihkorallen sieht man häufig, und Schwämme sowie Seeanemonen vervollständigen das farbenfrohe Bild.

Die Fischfauna ist vielfältig, und die jordanischen Riffe sind glänzende Beispiele für die Fülle und das bunte Leben, das unter tropischen Riffischen herrschen kann. Zu den verbreiteten Arten gehören Kaiser- und Falterfische, giftige Feuer- und Skorpionsfische, Papageifische sowie verschiedene Zackenbarsche einschließlich dem überall anzutreffenden Mondflossen-Zackenbarsch. Schwarmfische wie Stachelmakrelen, Schnapper und Füsiliere sind ebenso vertreten wie Muränen.

BEDINGUNGEN

Beim Tauchen im Gebiet von Akaba trifft man kaum auf widrige Bedingungen, bis auf den gelegentlich starken Wind an der Oberfläche. Die Strömungen sind schwach, die Sicht ist im allgemeinen gut, liegt im Durchschnitt bei 20 m, häufig mehr. Die Temperaturen reichen von 26°C und mehr im Sommer bis zu 20°C im eindeutig kühlen Winter. Das mag für Taucher aus dem Norden warm klingen, doch nach mehreren Tauchgängen an einem Wintertag sehnt man sich nach einem anständigen Tauchanzug.

ZUGANG

Für westliche Besucher ist Jordanien mit seinen internationalen Flughäfen in Amman und Akaba leicht zugänglich, die von Europa und anderswo direkt angeflogen werden. Die Landgrenze zu Israel ist inzwischen offen, die Grenzformalitäten sind zwanglos. Viele Besucher nutzen die niedrigeren Charterpreise, fliegen nach Eilat und kommen dann über die

JORDANISCHE KÜCHE

Wie die meisten Länder am nördlichen Roten Meer hat auch Jordanien kulinarisch teil am arabischen Erbe, und viele Gerichte dort sind genauso wie die in Kairo oder Khartum. Einige sind jedoch typisch jordanisch, wie die folgenden.

- **Mansaf** besteht aus Lammfleisch, das in einer Sauce auf Joghurtbasis geschmort und u. a. mit Kurkuma und Kardamon gewürzt wird. Aufgrund der langen Zubereitung wird das Fleisch saftig und zart. Es wird in großen Stücken serviert und läßt sich leicht vom Knochen lösen, so daß Messer und Gabel überflüssig sind.

- **Maklouba** ist ein feines Gericht aus Reis, Fleisch und Gemüsen, die zusammen in einem großen Topf langsam gekocht und dann auf einer Platte serviert werden. Die Zubereitung kann mehrere Stunden dauern. Man greift in den dampfenden Reisberg hinein, in dem die verschiedenen Köstlichkeiten verborgen sind.

- **Bukhari-Reis** ist ein köstliches gelbes Reisgericht ähnlich dem indischen Biryani oder Pullao. Mit Kurkuma oder Safran gewürzter Reis wird langsam zusammen mit Kichererbsen und Zwiebeln gekocht; der Reis kann zu Fleisch oder als Beilage zu anderen Gerichten gereicht werden.

- **Kofta** ist ein Stammgericht aus Fleisch, wird aber anders als das arabische Gegenstück in einer Kasserolle gebacken, oft mit Kartoffeln und Tomaten.

- **Kebab halabi** ist der jordanische Name für das, was die Araber Kofta nennen - am Spieß gegrilltes gewürztes Fleisch.

Grenze nach Akaba, wo sie Ferien machen. Außerdem gibt es Fährverbindungen zwischen Akaba und Nuweiba im ägyptischen Sinai-Gebiet, so daß von Akaba alle Ferienorte am nördlichen Roten Meer schnell und problemlos zu erreichen sind.

TAUCHSCHULEN UND -EINRICHTUNGEN

Akaba hat zahlreiche anerkannte Tauchzentren, die Tauchfahrten und -unterricht anbieten. Alle haben einen erstklassigen Service, gute Ausrüstung, erfahrene Führer und fahren die lokalen Tauchgebiete an. Die meisten sind in Hotels oder Einkaufszentren von Akaba untergebracht und entsprechend leicht zu finden; der Nachteil der zentralen Lage ist allerdings die lange Anfahrt zu den Tauchgebieten. Es gibt jedoch eine Ausnahme - das Royal Diving Centre mit strategischer Lage an der Südküste und direktem Zugang zu einigen ausgezeichneten Tauchgebieten und sehr kurzen Anfahrtszeiten zu den anderen. Das ist fraglos ein Vorteil, dafür muß man den ganzen Tag dort verbringen - nach Akaba ist es für eine Spritztour zwischen zwei Tauchgängen zu weit.

VERHALTENSREGELN BEIM TAUCHEN

In der Region Akaba wird meistens vom Ufer aus getaucht, wobei man mit Kleinbussen von den Tauchschulen zu den Gebieten fährt.

Die jordanischen Bestimmungen verbieten das Tauchen in diesen Gewässern ohne einheimischen Tauchführer - die Zentren von Akaba berücksichtigen das bei ihren Tauchfahrten.

1   PRINCE ABDALLAH REEF

★★★★★★★

Lage: Direkt vor dem staatlichen Zeltplatz an der Südküste Akabas.
Zugang: Mit dem Kleinbus ab Tauchschule, dann Einstieg vom Ufer aus - von einigen Tauchzentren auch Boot möglich.
Bedingungen: Etwas Wind und Wellen; auf Seeigel achten.
Durchschnittliche Tiefe: 15 m.
Maximale Tiefe: 30 m und mehr.
Durchschnittliche Sicht: 20 m.
Die Zeltplatzverwaltung kontrolliert den Zugang zu den Einstiegspunkten, deshalb meiden viele Clubs dieses Gebiet. Schade, denn das Riff erstreckt sich über mehrere hundert Meter und bietet herrlichen, wenn auch nur teilweisen Korallenbewuchs auf Sand. Das Riff weist leichte Schäden auf, möglicherweise vom Erdbeben 1995, ist aber sehr artenreich.

Nach dem flachen Einstieg am Ufer stößt man in 2 bis 3 m Tiefe auf mehrere kleine Rinnen, durch die man in tieferes Wasser gelangt. Dieses Gebiet eignet sich gut zum Schnorcheln. Jenseits der Rinnen fällt das Riff allmählich bis auf maximal 30 m ab, wobei es viel zu sehen gibt.

Auf dem Riff kann man Dutzende weißer Muränen beobachten, ferner Drückerfische, Meerbarben, Zackenbarsche, Kaiser-, Skorpions- und Feuerfische, außerdem zahlreiche Lippfischarten, darunter Vogel-Lippfische, Schachbrett- und Clown-Junker. Falterfische, Riffbarsche,

Anemonenfische und verschiedene Fahnenbarsche runden das Spektrum ab. Auf dem Sand sieht man des öfteren einige Blaupunkt-Stechrochen.

2 BLACK ROCK

★★★★★★★

Lage: Am Südrand des staatlichen Zeltplatzes an der Küste von Akaba.
Zugang: Mit dem Kleinbus ab Tauchschule, dann Einstieg vom Ufer aus - von einigen Tauchzentren auch Boot möglich.
Bedingungen: Denken Sie daran, daß die Küstenlinie innerhalb der Grenzen des Zeltplatzes liegt; Sie müssen u. U. weit bis zum Ausstiegspunkt schwimmen.
Durchschnittliche Tiefe: 18 m.
Maximale Tiefe: 30 m.
Durchschnittliche Sicht: 20 m.
Ein Sand- und Schutthang am Einstieg führt zu einer Tauchboje direkt gegenüber dem Grenzzaun; von dort kommt man nach einer Rechtswendung zum Riff. Wenn man nach Norden schwimmt, stößt man im Flachwasser auf große Pfeiler und Turmformationen - das Riff ist stark konturiert und steiler als die der meisten anderen Gebiete hier.

Das Riff besteht aus den verschiedensten Stein- und Weichkorallen. Leichte Schäden sind sichtbar, vielleicht vom Erdbeben 1995, und im Küstenbereich liegt etwas Schutt, eine Folge des Zeltplatzes am Ufer. Dennoch ist das Riff gesund und reizvoll, mit zahlreichen Blumenkohlkorallen, Bäumchen-Weichkorallen, Pumpkorallen und anderen Weichkorallen, Schwämmen, Seeanemonen sowie einigen sehr schönen Geweihkorallen.

Die Wahrscheinlichkeit, ein oder zwei Meeresschildkröten zu sehen, ist nicht schlecht. Reichlich vertreten sind Kaiserfische, Schnapper, Leierschwanz- und andere Zackenbarsche, kleine Drückerfische, Lipp-, Papagei-, Feuer- und Skorpionsfische; Kofferfische sieht man genauso häufig wie einige Kugelfischarten, Segelflossen-Doktorfische und Falterfische.

3 SHIPWRECK

★★★★

Lage: 4 km nördlich vom Royal Diving Centre an der Küste Akabas.
Zugang: Mit dem Kleinbus ab Tauchschule in Akaba, dann Einstieg vom Ufer aus - von einigen Tauchzentren auch Boot möglich.
Bedingungen: Etwas Wind und Wellen möglich; beim Einstieg auf Seeigel achten.
Durchschnittliche Tiefe: 20 m.
Maximale Tiefe: 30 m.
Durchschnittliche Sicht: 20 m.

JORDANIENS MARINE PEACE PARK

Im Gefolge des wachsenden Umweltbewußtseins, das auch das Rote Meer erreicht hat, hat Jordanien vor kurzem ein ehrgeiziges Meeresschutzprojekt in Angriff genommen - den Marine Peace Park.

Der Park wurde aus dem Geist internationaler Zusammenarbeit nach Abschluß des historischen jordanisch-israelischen Friedensvertrages geboren. Man hofft, daß das Projekt am Ende den gesamten Golf von Akaba umfaßt und alle Länder der Region in einer multinationalen ökologischen Anstrengung vereint.

Die Finanzierung des Vorhabens ist ebenfalls international - neben der jordanischen Regierung beteiligen sich auch internationale Gremien wie USAID an der Initiative.

Die erste Maßnahme bestand darin, für sichere Liegeplätze in bestimmten Tauchgebieten der Gegend zu sorgen - die Arbeit begann im Winter 1995-96, wobei man das gleiche moderne Verankerungssystem benutzte, das sich beim Bojenprojekt der HEPCA in Hurghada so sehr bewährt hat. Auch neue Umweltschutz-Richtlinien werden erlassen, die den Bestand der herrlichen Riffe Akabas sichern sollen.

Zwei Juwelen-Zackenbarsche (Cephalopholis miniatus) gehen zum Kampf in Stellung.

Das Wrack eines Tankers, der 1985 eigens für die heimischen Taucher versenkt wurde. Das Schiff ist etwa 80 m lang und liegt in 30 m Tiefe auf der Backbordseite auf dem sandigen Grund.

Das Wrack ist durch eine Tauchboje markiert und liegt etwa 50 m vor der Küste am Fuß eines seegrasbewachsenen Sandhangs. Auf der meerwärtigen Seite bieten Deck, Aufbauten und Frachtbereich die interessantesten Tauchmöglichkeiten; man kann in die großen Tanks hineinschwimmen und auch in die Aufbauten vordringen, wovon die Tauchschulen jedoch abraten. Der Blick von Norden ist besonders imposant: Das Heck ragt mitsamt der Schraube dramatisch vom Boden auf. Am Bugende liegen die Überreste des Rettungsbootes auf dem Grund. Das Wrack weist guten Korallenbewuchs auf, darunter einige sehr schöne Bäumchen-Weichkorallen.

Das Gebiet hat einen reichen Fischbestand mit Kaiser-, Lipp-, Drücker- und Trompetenfischen, Kofferfischen, großen Schnappern und Zackenbarschen. Stachelmakrelen und Barrakudas kommen regelmäßig aus den tieferen Gewässern.

4 HUSSEIN REEF
★★★★★★★

Lage: 3,8 km nördlich vom Royal Diving Centre.
Zugang: Mit dem Kleinbus ab Tauchschule in Akaba, dann Einstieg von Ufer aus - von einigen Tauchzentren auch Boot möglich.
Bedingungen: Etwas Wind und Wellen können den Einstieg erschweren.
Durchschnittliche Tiefe: 18 m.
Maximale Tiefe: 20 m.
Durchschnittliche Sicht: 20 m.
Liegt direkt südlich des Wracks (Nr. 3); ein farbenprächtiges Riff, das leicht abfällt, ausgeprägt ist und in 20 bis 25 m Tiefe einige steilere Abschnitte aufweist. Auf dem sanftgewellten Riff stehen einige große Pfeiler und große Korallenstöcke. In Küstennähe bietet das Flachwasser gute Schnorchelmöglichkeiten.

Das Gebiet weist überall herrliche Korallen auf. Auch der Fischbestand ist hervorragend: zahlreiche Feuerfische, weiße Muränen, Kaiserfische, Zacken- und Klippenbarsche, Koffer-, Kugel-, Trompeten- und Skorpionsfische, Seenadeln und Eidechsenfische. Anemonenfische verteidigen ihr Revier, und Stachelmakrelen huschen silbernen Blitzen gleich durch das Riff.

5 GORGONIAN I
★★★★★★★★★

Lage: 3,2 km nördlich vom Royal Diving Centre.

Zugang: Mit dem Kleinbus ab Tauchschule in Akaba, dann Einstieg vom Ufer aus - von einigen Tauchzentren auch Boot möglich.
Bedingungen: Etwas starker Wind und Wellen an der Oberfläche möglich.
Durchschnittliche Tiefe: 20 m.
Maximale Tiefe: 30 m und mehr.
Durchschnittliche Sicht: 20 m.
Ein sanft abfallendes Riff, das sehr weit und bis auf 30 m Tiefe und mehr ins Meer hinausgeht.

Der Korallenbewuchs ist ausgezeichnet - alles gedeiht hier im Überfluß und üppiger Konzentration. Dies ist sicher eines der schönsten Korallengebiete im Golf von Akaba. Auch die Fischfauna ist überwältigend - Feuer-, Skorpions- und Kaiserfische, Zackenbarsche, Papagei- und Falterfische setzen vielfarbige Akzente, und Meeresschildkröten, vor allem Echte Karettschildkröten, suchen das Riff auf.

Gorgonian I ist ein unvergeßliches Erlebnis.

6 GORGONIAN II
★★★★★★★

Lage: 3 km nördlich vom Royal Diving Centre.
Zugang: Mit dem Kleinbus ab Tauchschule in Akaba, dann Einstieg vom Ufer aus - von einigen Tauchzentren auch Boot möglich.
Bedingungen: Wind und Wellen an der Oberfläche möglich.
Durchschnittliche Tiefe: 18 m.
Maximale Tiefe: 40 m und mehr.
Durchschnittliche Sicht: 20 m.
Das Gebiet liegt direkt südlich von Gorgonian I (Nr. 5), dem es in vielem ähnelt - auch hier bietet das leicht abfallende Riff die verschiedensten Korallen und einen artenreichen Bestand an Riffischen.

Die Hornkorallen, die dem Gebiet den Namen gaben, befinden sich im tieferen Nordbereich des Riffs;

Oben: *Der Bärtige Drachenkopf ist zwischen Felsen und Korallen praktisch nicht zu erkennen.*
Unten: *Fahnenbarsche im Schwarm über einer Steinkoralle.*

weitere Korallenattraktionen sind einige mächtige Pfeiler und andere Formationen verschiedener Steinkorallen. Acropora-Tischkorallen, Stern-, Poren-, Platten- und Blumenkohlkorallen, alles ist vertreten, dazu einige schöne Abschnitte mit Weichkorallen.

Der Fischbestand hat einige Überraschungen zu bieten, darunter mindestens eine große Gelbmaulmuräne, einige Weiße Bandmuränen, interessante kleine Seenadeln sowie viele weitere kleine Riffarten.

7 NEW CANYON
★★★★★★

Lage: 2,7 km nördlich vom Royal Diving Centre.
Zugang: Mit dem Kleinbus ab Tauchschule in Akaba, dann Einstieg vom Ufer aus; von einigen Zentren auch Boot möglich.
Bedingungen: Wind und Wellen an der Oberfläche können den Zugang erschweren.
Durchschnittliche Tiefe: 18 m.
Maximale Tiefe: 40 m und mehr.
Durchschnittliche Sicht: 20 m.
Das Gebiet am Südrand von Gorgonian II (Nr. 6) liegt auf einem ganz leicht abfallenden Riff, das stellenweise fast eben ist. Das Riff erreicht erst nach mehreren hundert Metern 30 m Tiefe und mehr, es ist also eine lange Strecke zu schwimmen. Der Canyon, nach dem das Gebiet benannt wurde, ist ein breites Tal mit steilen Wänden, dessen Sandboden jäh auf über 40 m abfällt.

Da hier relativ selten getaucht wird, bietet das Riff bessere Korallen als viele Gebiete der Gegend. Es gibt zahlreiche Pfeiler und massive Korallenstöcke, darunter Sternkorallen und Korallen der Gattung Goniopora; Platten-, Pilz- und Blumenkohlkorallen sind ebenfalls weit verbreitet, außerdem sind große Flächen dicht mit Weichkorallen bedeckt. Die Fischfauna kann spärlich sein, doch es gibt ein paar Attraktionen; Dutzende großer Skorpions- und Feuerfische sowie viele Eidechsenfische sind hier zu Hause.

8 CANYON
★★★★★

Lage: 2,4 km nördlich vom Royal Diving Centre.
Zugang: Mit dem Kleinbus ab Tauchschule in Akaba, dann Einstieg vom Ufer aus; von einigen Tauchzentren auch Boot möglich.
Bedingungen: Etwas Wind und Wellen möglich.
Durchschnittliche Tiefe: 25 m.
Maximale Tiefe: 40 m und mehr.
Durchschnittliche Sicht: 20 m.
Das Gebiet beginnt auf einem Riffabhang, der sich leicht bis zu einem Steilabfall etwa 60 m vor der Küste neigt.

Hinter dem Steilabfall geht eine Riffwand hinunter bis zu einem ebenen Plateau in 40 m Tiefe. Das ganze Riff wird von dem Canyon gespalten, einer großen Schlucht mit steilen Wänden, die vom Flachwasser rechtwinklig zur Küste ins offene Meer jenseits des Steilabfalls läuft.

An der Riffkante und am Abhang findet man die üblichen Riffarten, während aus dem offenen Meer Stachelmakrelen und Schwärme von Doktorfischen kommen. Das Gebiet weist einen guten Korallenbewuchs auf.

9 BLUE CORAL
★★★★★

Lage: 1,6 km nördlich vom Royal Diving Centre.
Zugang: Mit dem Kleinbus ab Tauchschule in Akaba, dann Einstieg vom Ufer aus; von einigen Zentren auch Boot möglich.
Bedingungen: Etwas Wind und Wellen.
Durchschnittliche Tiefe: 20 m.
Maximale Tiefe: 40 m und mehr.
Durchschnittliche Sicht: 20 m.
Das Gebiet, benannt nach einer blaugetönten Filigrankoralle, liegt südlich vom Canyon (Nr. 8) mitten in der Bucht. Es ist ein etwa 30 m breites geneigtes Riff, das zu beiden Seiten von tiefer liegenden Sandflächen begrenzt wird. Das Riff reicht bis in über 40 m Tiefe, aber schon im flacheren Bereich zwischen 15 und 25 m gibt es viel zu sehen. Der Bewuchs mit Stein- und Weichkorallen ist wie üblich hervorragend, darunter zahlreiche inkrustierende, verzweigte Arten wie Blumenkohl- und Plattenkorallen. Der Fischbestand mit Papageifischen, Zackenbarschen, Kaiser-, Falter- und Lippfischen sowie vielen anderen Riffarten ist recht gut. Es wimmelt von Fahnenbarschen, und des öfteren sieht man Blaupunkt-Stechrochen und Schnepfenmesserfische.

10 MOON VALLEY
★★★★★

Lage: Etwa 700 m nördlich vom Royal Diving Centre.
Zugang: Mit dem Kleinbus ab Tauchschule in Akaba, dann Einstieg von Ufer aus; von einigen Zentren auch Boot möglich.
Bedingungen: Etwas Wind und Wellen können den Einstieg erschweren.
Durchschnittliche Tiefe: 20 m.
Maximale Tiefe: 30 m und mehr.
Durchschnittliche Sicht: 20 m.
Das Gebiet direkt nördlich vor dem Zaun des Naturschutzgebietes ist ein sanft abfallender Riffabhang mit rechtwinklig zur Küste verlaufenden Furchen. Das Riff ist mit Sandwadis oder Tälern durchsetzt und weist stellenweise schönen Korallenbewuchs auf. Sowohl

Stein- als auch Weichkorallen sind gut vertreten.

Das Wachstum im Flachwasserbereich leidet unter einigen Schäden und Abfall, aber die tieferen Bereiche sind in gutem Zustand.

Der Fischbestand ist groß; zu den Riffbewohnern gehören Schwärme von Stachelmakrelen, Füsiliere, Schnapper, Juwelen- und andere Zackenbarsche, Kaiser- und Trompetenfische, viele Muränen, Koffer-, Kugel- und Igelfische sowie verschiedene Lippfische, Fahnenbarsche und Nixenzwergbarsche, außerdem Dutzende von Feuerfischen.

11 LONG SWIM
★★★★★★★

Lage: 700 m langer Streifen zwischen Moon Valley (Nr. 10) und Royal Diving Centre.
Zugang: Mit Kleinbus ab Tauchschule Akaba, dann Einstieg vom Ufer aus; von einigen Zentren auch Boot möglich.
Bedingungen: Ökonomischer Luftverbrauch und sorgfältige Tiefenübersicht sind wichtig.
Durchschnittliche Tiefe: 12 m.
Maximale Tiefe: 30 m und mehr.
Durchschnittliche Sicht: 20 m.

Das Gebiet liegt auf dem flachen Teil des Riffs, das sich zwischen Moon Valley (Nr. 10) und der Mole des Royal Diving Centre auf über 700 m Länge erstreckt. Es ist deshalb nur für Taucher mit sehr gutem Luftverbrauch oder ausdauernde Schnorchler geeignet. Das Gebiet verläuft vor der Küste eines eingezäunten Naturschutzgebiets, der Ein-/Ausstieg ist daher nur beim Moon Valley im Norden oder der Mole im Süden möglich.

Das nördliche Riff ist etwas ungleichmäßig bedeckt; zum Süden hin wird der Korallenbewuchs dichter und teilweise sehr üppig.

Es gibt einige sandige Bereiche und breite, kahle Täler. Das Riff fällt bis in über 30 m Tiefe ab, aber wegen des begrenzten Luftvorrats und der Gebietsausdehnung sollte man auf keinen Fall so tief tauchen - die meisten Taucher gehen auf maximal 12 m Tiefe.

Ein Seegrasfeld markiert das Ende des Gebiets; dort findet man die Verankerung einer Tauchboje, die gleichzeitig die Mole anzeigt.

Die Korallen dieses Gebiets sind in hervorragendem Zustand, was wohl dem Naturschutzgebiet zu verdanken ist. Selbst der nur stellenweise bewachsene Bereich im Norden weist schöne, gesunde Korallen auf; der üppigere südliche Teil ist außergewöhnlich.

Auch der Fischbestand ist arten- und zahlreich, mit Papagei-, Kugel-, Koffer- und Feuerfischen, zahlreichen Muränen, Grundeln, Seenadeln, Zackenbarschen, Kaiser- und Falterfischen sowie Schwärmen von Füsilieren und Schnappern. Auf den Korallenblöcken im ganzen Gebiet sieht man Nacktschnecken.

12 AQUARIUM
★★★★★★★

Lage: Das nördliche Hausriff beim Royal Diving Centre.
Zugang: Einstieg von der Mole am Royal Diving Centre.
Bedingungen: Vorsicht beim Einstieg an der Mole; das Wasser ist eventuell zu flach, wenn man Übergewicht oder negativen Auftrieb hat.
Durchschnittliche Tiefe: 20 m.
Maximale Tiefe: 37 m.
Durchschnittliche Sicht: 20 m.

Ein ausgesprochen schönes Gebiet für ein Hausriff mit gutem Korallenbewuchs, reicher Fischfauna und einer Bandbreite an Tiefenregionen, so daß für jeden etwas dabei ist, vom Schnorchler bis zum erfahrenen Taucher. Das Riff fällt sanft auf 30 bis 37 m ab.

Der Korallenbestand ist außergewöhnlich artenreich, mit einigen großen Flecken sehr schöner Bäumchen-Weichkorallen, Blumenkohl- und Acropora-Geweihkorallen, dazu zahlreiche Seeanemonen und Schwämme sowie einige Schwarze Korallen in größerer Tiefe.

Es gibt viele Fische zu sehen: Kugelfische, Zackenbarsche, Feuer-, Skorpions- und schöne Kaiserfische, Schnapper, reichlich Süßlippen, Trompetenfische, Seenadeln, Riff- und farbenprächtige Fahnenbarsche sowie Nixenzwergbarsche. Auf dem Sand kann man Blaupunkt- und Schwarzpunkt-Stechrochen und sogar flunderartige Plattfische sehen.

13 THE GARDENS
★★★★★★★

Lage: Direkt südlich der Mole am Royal Diving Centre.
Zugang: Einstieg von der Mole am Ufer.
Bedingungen: Leichte Strömungen, Wind und Wellen können auffrischen.
Durchschnittliche Tiefe: 18 m.
Maximale Tiefe: 25 m.
Durchschnittliche Sicht: 20 m.

Das Gebiet, der Südteil des Hausriffs am Royal Diving Centre (Nr. 12), ist eine leicht abfallende Riffspitze aus markanten Korallenformationen auf sandigem Grund. Der Korallenbestand ist nicht so artenreich wie andernorts. Einiges weist auf Schäden durch das Erdbeben von 1995 hin, aber die meisten Korallenstöcke sind in gutem Zustand. Es gibt viele Bäumchen-Weichkorallen und Pumpkorallen, und auch Steinkorallen sind gut vertreten.

Die Fischfauna bietet neben den an der Küste üblichen Riffischen einige kleinere Attraktionen wie verschiedene Seenadeln, Seepferdchen und interessante Grundeln.

Aufgrund des bequemen Einstiegs vom Ufer aus ist das Gebiet bei Schnorchlern sehr beliebt.

14 SAUDI BORDER

★★★★★★☆☆☆☆

Lage: Etwa 300 m nördlich der jordanisch-saudi-arabischen Grenze.

Zugang: Mit Kleinbus ab Tauchschule Akaba, dann Einstieg vom Ufer aus; von einigen Zentren auch Boot möglich.

Bedingungen: Leichte Strömungen möglich.

Durchschnittliche Tiefe: 20 m.

Maximale Tiefe: 50 m und mehr.

Durchschnittliche Sicht: 20 m.

Dieses Gebiet ist leicht bis steil geneigt und geht vom Flachwasser bis zu einem Sandboden in über 60 m Tiefe. Der küstennahe Bereich bietet guten, wenn auch unregelmäßigen Korallenbewuchs bis in 7 m Tiefe. Danach wird das Riff steiler und der Korallenbewuchs dichter.

Die Korallen sind dicht, in ausgezeichnetem Zustand und sehr ausgewogen zwischen Stein- und Weichkorallen. Die schönsten Korallen wachsen am Steilabfall unterhalb 7 m.

Der Fischbestand ist gut, wenn auch nicht so spektakulär wie die Korallen. Überall sieht man Riffbarsche und Anemonenfische, und es gibt Tausende winziger Fahnenbarsche, kleine Lippfische, Falter-, Koffer-, Igel- und große Kugelfische. Imperator-, Arabische Kaiserfische und andere Kaiserfische sind zu sehen, und häufig stößt man auf große Napoleon-Lippfische.

Dies ist eines der besten Korallengebiete Jordaniens, das man nicht auslassen sollte.

DAS ERDBEBEN AM GOLF VON AKABA

Ende 1995 erschütterte ein starkes Erdbeben das nördliche Rote Meer. Die Schätzungen auf der Richter-Skala schwankten stark, doch das Beben, dessen Epizentrum im Golf von Akaba vor Nuweiba lag, war so stark, daß Gebäude und Straßen im gesamten Norden des Golfs zerstört wurden. Die Druckwellen waren noch in Kairo zu spüren, und Hotels in Eilat wurden stark beschädigt. Akaba und Nuweiba verzeichneten starke Schäden und noch in Scharm el-Scheik gab es Verletzte.

Ein weniger offenkundiges Opfer der Zerstörung war das Ökosystem der Riffe. Korallenschäden traten im gesamten Gebiet auf, wobei es besonders vor der Küste von Akaba zu Erhebungen kam. Glücklicherweise gab es im Gefolge des Bebens keine Tsunamis oder Gezeitenwellen, sonst wären die Schäden womöglich irreparabel gewesen.

Die Steinkorallen traf es am schlimmsten, und mehrere Gebiete verloren wertvolle Formationen. Die Riffe wurden jedoch nur örtlich und generell leicht beschädigt. Die langfristigen Auswirkungen sind schwerer zu beurteilen; einige Riffe werden absterben, aber dank der hervorragenden Voraussetzungen für das Korallenwachstum im Roten Meer stehen die Chancen für ein schnelles Nachwachsen sehr gut.

Ein Papageifisch (Scarus sp.) zieht sich zur Nacht zurück. Er hüllt sich in einen schützenden Schleimkokon, um nicht von nachtaktiven Feinden entdeckt zu werden.

WIE MAN HINKOMMT

Mit dem Flugzeug: Akaba, der jordanische Hafen am Roten Meer, hat einen internationalen Flughafen, der von internationalen Gesellschaften angeflogen wird. Charterflüge aus Europa sind häufig, darüber hinaus gibt es zahlreiche Linienflüge verschiedener Gesellschaften nach Akaba. Man kann auch einen Billigflug nach Eilat direkt jenseits der israelischen Grenze buchen und dann nach Jordanien einreisen, was dank dem jordanisch-israelischen Friedensabkommen möglich ist.

Mit der Fähre: Zwischen Akaba und Nuweiba in Ägypten verkehrt eine Personen- und Fahrzeugfähre, bis in jüngste Zeit die einzige Verbindung zwischen den arabischen Staaten östlich des Jordan und den arabischen Staaten in Nordafrika. Das wird sich mit der Öffnung der jordanisch-israelischen Grenze ändern, aber im Moment ist die Fähre noch das Hauptverkehrsmittel über das Rote Meer und bei jeder Fahrt vollgepackt mit LKWs.

Mit dem Auto: Seit Abschluß des Friedensabkommens zwischen Jordanien und Israel können ausländische Touristen mit dem Wagen über die Grenze zwischen Eilat und Akaba fahren. Es gibt Pläne für eine internationale freie Zone, die Akaba, Eilat und Taba in Ägypten verbindet und ein Minimum an Grenzformalitäten vorsieht; wie sich das entwickelt, muß die Zeit weisen.

WO MAN ABSTEIGEN KANN

Akaba hat mehrere Luxushotels, aber auch zahllose preiswerte Unterkunftsmöglichkeiten. Der Standard ist generell hoch; selbst Mittelklasse-Zimmer haben normalerweise Farbfernsehen, Klimaanlage und sogar Kühlschrank. Zu den Häusern erster Klasse gehören **Aquamarina I, Aquamarina II, Aqaba Gulf, Nairoukh II** und die **Alcazar-Hotels**.

Zahlreiche kleinere Mittelklasse-Hotels liegen im Umkreis des Stadtzentrums; eins davon ist das **Red Sea Hotel**, hinter dem Restaurant Ali Baba und der Patisserie Ata Ali versteckt. Die meisten Zimmer haben hier eigenes Bad und Balkon. Ebenfalls in dieser Kategorie das **Nairoukh I** und **Amira**. Es gibt auch sehr preisgünstige Angebote, einige in der Straße im Zentrum, in der auch das Restaurant Sitt el Sham liegt.

Alcazar Hotel, PO Box 392, Akaba, Jordanien; Tel. 962 3 314 131, Fax 962 3 314 133. **Amira Hotel**, PO Box 383, Akaba, Jordanien; Tel. 962 3 312 840, Fax 962 3 312 559. **Aqaba Gulf Hotel**, PO Box 383, Akaba, Jordanien; Tel. 962 3 316 636, Fax 962 3 318 246. **Aquamarina Hotel I**, PO Box 96, Akaba, Jordanien; Tel. 962 3 316 250, Fax 962 3 314 271. **Aquamarina Hotel II**, PO Box 96, Akaba, Jordanien; Tel. 962 3 315 165, Fax 962 3 315 169.

Nairoukh Hotel I, PO Box 908, Akaba, Jordanien; Tel. 962 3 312 984, Fax 962 3 312 985. **Nairoukh Hotel II**, PO Box 1138, Akaba, Jordanien; Tel. 962 3 312 980, Fax 962 3 312 981. **Red Sea Hotel**, PO Box 65, Akaba, Jordanien; Tel. 962 3 312 156, Fax 962 3 312 156.

WO MAN ESSEN KANN

Das wohl schönste Restaurant in Akaba ist das **Chinese Restaurant**, gleich neben der Grindlays/ANZ Bank die Treppe hoch. Gut essen kann man im **Tikka Chicken** beim Alcazar Hotel und im **Mankal Chicken Tikka** einfach die Straße hoch. Ebenfalls gut ist in dieser Gegend das **Chili House**, ein Burger-Restaurant.

Am Platz hinter dem Red Sea Hotel liegen einige gute jordanische Selbstbedienungsrestaurants: **Sitt el Sham** ist das beste mit jordanischen Tagesgerichten. Von hier den Hügel hinab am Boulevard oberhalb der Moschee gibt es mehrere Eßlokale; zu den besten unter ihnen gehören das **Syrian Restaurant** und **Ali Baba's**, wo man zum Essen ein Glas Bier oder Wein trinken kann. Direkt neben Ali Baba's bietet die Patisserie **Ata Ali** köstliche, kalorienreiche arabische und europäische Konditoreiwaren; man kann bei einer Tasse Tee oder türkischem Kaffee auf der Terrasse sitzen und dem Treiben auf der Straße zusehen.

TAUCHEINRICHTUNGEN

Das ausgezeichnete **Royal Diving Centre** 15 km südlich der Stadt ist der einzige Veranstalter in der Nähe der Tauchgebiete; auf dem geräumigen Gelände gibt es ein komplett eingerichtetes Tauchzentrum, Unterrichtsräume, Swimmingpool, Snackbar und einen der wenigen Strände der Gegend, wo Frauen unbehelligt sonnenbaden können. Das Zentrum mit der englisch-jordanisch gemischten Crew ist angenehm und professionell.

Zwei Zentren befinden sich in einem Hotel: das **Aquamarina** im gleichnamigen Hotel und das **Seastar** im Alcazar Hotel. Das vierte Zentrum ist **Red Sea Diving**, unabhängig und im Erdgeschoß eines großen Einkaufszentrums an der Promenade im Stadtzentrum gelegen.

Aquamarina Diving Centre, PO Box 96, Akaba, Jordanien; Tel. 962 3 316 250, Fax 962 3 314 271. 1 Tauchgang: 16,8 JD, 2 Tauchgänge: 33,6 JD. Komplettausrüstung 16,2 JD. Open Water-Kurs 276 JD. Brevets: PADI. **Royal Diving Centre**, PO Box 21, Akaba, Jordanien; Tel. 962 3 317 035, Fax 962 3 317 097. Die Preise könnten 1997/98 um 10 Prozent steigen. 1 Tauchgang: 10 JD, 2 Tauchgänge: 17 JD. Komplettausrüstung: 5 JD pro Tauchgang. Open Water-Kurs 200 JD plus 15 JD für Zertifikat. Brevets: PADI, BSAC, CMAS. **Seastar Diving Centre**, Alcazar Hotel, PO Box 392, Akaba, Jordanien; Tel. 962 3 314 131, Fax 962 3 314 133. Hat sich um PADI-5-Sterne-Kurse beworben. Preise sind für zwei oder mehr Tauchgänge billiger, ebenso bei eigener Ausrüstung. 1 Tauchgang: 28 JD, 2 Tauchgänge 56 JD mit kompletter Ausrüstung. Komplettausrüstung: 15 US-$. Open Water-Kurs 375 US-$. Brevets: PADI. **Red Sea Diving Centre**, PO Box 1791, Akaba, Jordanien; Tel. 962 3 322 323, Fax 962 3 318 969. 1 Tauchgang: 15 JD. 2 Tauchgänge: 24 JD. Komplettausrüstung: 16 JD. Open Water-Kurs 350 US-$. Brevets: PADI.

FILMENTWICKLUNG

In der Stadt gibt es einige Fotolabors und -geschäfte, wo man Filme kaufen kann. Zum Entwickeln der Schnappschüsse reichen die Fotolabors, Dias und alles Wichtige sollte man jedoch zu Hause bearbeiten lassen.

KRANKENHÄUSER

Das **Princess Haya Hospital** auf dem Hügel im Stadtzentrum gehört zu den besten des Landes. Dort befinden sich auch die Dekompressionskammer und das Tauchrettungszentrum.

TAUCHNOTFÄLLE

Akaba hat eines der besten Dekompressionszentren im Nahen Osten. Ein speziell ausgebildetes Ärzteteam betreibt eine Dräger-**Dekompressionskammer** für sechs Personen; eine tragbare Kammer für eine Person mit Andockeinrichtung kann zum Transport von Patienten zur Hauptkammer verwendet werden. Das Krankenhaus ist unter der Telefonnummer 314 111 zu erreichen.

LOKALE BESONDERHEITEN

In Akaba kann man ausspannen und die Atmosphäre genießen, sonst gibt es nicht viel zu tun. Eine Möglichkeit ist das kleine **Stadtmuseum** an der Seeseite südlich vom Stadtzentrum. Nebenan liegt eine eindrucksvolle, teilweise restaurierte **Festung aus dem 14. Jahrhundert** mit massiven, eisenbeschlagenen Toren und dem haschemitischen Wappen im Stein darüber. Die Stadt hat außerdem eine **archäologische Stätte** mit Ruinen aus dem 7. Jahrhundert und früher aufzuweisen.

Vor einigen der größeren Hotels gibt es **Strände**, wo Frauen ohne Rücksicht auf Kleidungsvorschriften sonnenbaden können. Der Strand beim **Royal Diving Centre** südlich der Stadt eignet sich weit besser, weil er abgelegen ist und strenge Eingangskontrollen Belästigungen ausschließen.

Weiter außerhalb von Akaba gibt es zwei größere Attraktionen: **Petra**, die zweitausend Jahre alte, von den Nabatäern gebaute Felsenstadt und der überragende Wüstencañon **Wadi Rum**.

SAUDI-ARABIEN

Saudi-Arabien ist wirklich eines der letzten noch unerschlossenen Gebiete für Taucher - nur wenige Taucher aus dem Westen haben es bisher geschafft, hier zu tauchen, trotz teilweise großer Anstrengungen. Der Reiz, an fast unberührten, noch kaum erschlossenen Riffen weitab vom Trubel der Touristenorte am westlichen Roten Meer zu tauchen, ist unbestreitbar vorhanden: Leider sind die Hürden fast unüberwindbar (s. u. Visa).

Mit der bei weitem längsten Küste am Roten Meer - über 79 Prozent der Ostküste - besitzt Saudi-Arabien einen Schatz an Tauchmöglichkeiten. Zwischen der jordanischen Grenze im Norden des Golfs von Akaba und der jemenitischen im Süden liegen wahrscheinlich so viele Riffe in saudiarabischen Gewässern, wie im ganzen übrigen Roten Meer. Das organisierte Tauchen erfolgt überwiegend im Gebiet um Dschidda, wo zahlreiche Ausländer leben, doch gibt es riesige Küstenstriche, die noch zu erschließen sind, genau wie zahllose Fleckenriffe und Inseln. Die Riffe sollen im gesamten Land hervorragend sein, fast ohne Schäden durch Industrie oder Bauwirtschaft, und natürlich auch ohne Einwirkungen durch übermäßiges Tauchen.

Bei einer derartig langen Küste schwankt die Wasserqualität natürlich etwas. Generell bieten die nördlichen Riffe eine ähnlich gute Sicht wie die an der Küste gegenüber, während die Sicht nach Süden hin zunehmend schlechter wird. Küstennahe Riffe weisen in weiten Teilen der Region trübes und sedimentreiches Wasser auf; am besten tauchen kann man an der meerwärts liegenden Seite der Riffe sowie an küstenfernen Flecken- und Saumriffen, wo die trüben Bedingungen der Küste fehlen.

Seit die Erdöldollars rollen, wird in Saudi-Arabien kaum kommerziell gefischt. Lokal wird in geringerem Umfang mit Angeln und kleinen Netzen gefischt. Das ist ein glücklicher Umstand, denn so können die Taucher ungestört große Bestände an Riff- und pelagischen Fischen beobachten; seit die Erdölpreise sinken, hat die saudiarabische Regierung jedoch damit begonnen, ihre Küstenressourcen zu erforschen, womit ein intensiverer Fischfang wieder in den Bereich des Möglichen rückt. Bedenklich ist auch, daß angeblich das Fischen mit Sprengstoff um sich greift, vermutlich durch ausländische Arbeiter aus Südostasien, wo diese Technik weit verbreitet ist.

Links: *Stein- und Weichkorallen kämpfen um Licht und Platz.*
Oben: *Gelbsattel-Meerbarben (Parupeneus cyclostomus) auf der Suche nach Nahrung.*

MEERESLEBEN

Die Fischfauna ähnelt der an der Westküste des Roten Meeres: Alle bekannten Riffische sind vertreten - Riffbarsche, Lipp-, Papagei-, Doktor-, Drücker-, Kaiser- und Falterfische. Auch pelagische Fische kommen in beträchtlicher Zahl vor: Stachelmakrelen, Thunfische, Spanische Makrelen und Barrakudas; viele dieser Arten haben in saudiarabischen Gewässern stattliche Laichgründe. Das Gebiet beherbergt auch mehrere Haiarten, sowohl Riff- als auch Hochseehaie; die südlichen Haibestände sind jedoch durch jemenitische Haifischer bedroht worden, die auch im Dahlak-Archipel vor Eritrea fischen.

Die saudiarabische Küste weist die gleichen Korallenarten wie die Westküste auf; zu den besonders gut vertretenen Arten gehören Acropora-Korallen in verschiedenen Wachstums-formen, Porenkorallen, die Gattungen Stylophora und Pocillopora sowie einige Weichkoral-len, darunter Dendronephthya und Vertreter der Familie Xeniidae. Am dichtesten soll der Bewuchs in der Nordhälfte des Landes sein; die Riffqualität nimmt zum stärker sediment-belasteten Süden hin ab.

Da es keinen Tauchtourismus gibt, sind die Tauchgebiete Saudi-Arabiens relativ uner-forscht. Vor allem die abgelegeneren Gebiete werden sehr selten betaucht, da die meisten Tauchveranstalter im Raum Dschidda sitzen und die ausländischen Wochenendtaucher be-treuen. Zu den bedeutenden saudiarabischen Riffen gehören das Saumriff Jezirat Ruweijil vor Al Humaideh im Golf von Akaba, die Inseln Sanafir und Barquan in der Straße von Tiran, die Wejh Bank an der Nordküste zwischen Wejh und Qalib, und die Riffe von Dschidda wie Schib al-Kebir, Abu Faramish, Mismari Reef und Abu Madafi. Es gibt noch sehr viele andere Riffe in saudiarabischen Gewässern, die darauf warten, von Sporttauchern erforscht zu werden, und der Reiz, hier zu tauchen, besteht zu einem großen Teil darin, daß man noch unberührte Gebiete entdecken kann.

BEDINGUNGEN

Die Wassertemperaturen reichen von 20°C und weniger im Golf von Akaba im Winter bis über 35°C an der Südküste im Sommer. Dazu passen Lufttemperaturen von 10°C und weniger an der Küste im Winter bis zu horrenden 50°C im Sommer.

VISA

Die eigentliche, unverrückbare Hürde für Ausländer, die die phantastischen Riffe des Landes besuchen möchten, ist die saudiarabische Regierung, die keinen ausländischen Tourismus im Land will. Wer nach Saudi-Arabien einreisen möchte, muß entweder ein Moslem auf Pilgerfahrt sein (und dann kann man nur die heiligen Stätten besuchen), ein Arbeitsvisum und einen Vertrag für Arbeit im Land haben, oder ein 72-Stunden-Transitvisum für die Fahrt von einem bestimmten Einreisepunkt zu einem bestimmten Ausreisepunkt besitzen (und wehe dem, der vom direkten Weg zwischen diesen beiden Punkten abweicht). Ein Transitvisum läßt einem im übrigen kaum Zeit zum Tauchen, so daß mit anderen Worten nur derjenige in Saudi-Arabien tauchen kann, der dort arbeitet.

Für alle Visa braucht man einen saudiarabischen Bürgen. Alleinstehende Frauen dürfen mit Transitvisum nicht einreisen, verheiratete Frauen nur in Begleitung ihres Ehemannes. Ar-beitsvisa müssen von Ihrem Arbeitgeber in Ihrem Namen beantragt werden und werden nicht automatisch erteilt, nicht einmal bei Vorliegen eines festen Vertrages.

MENSCHEN UND KULTUR

Saudi-Arabien ist ein sehr traditionelles Land. Die hier von den Wahhabiten praktizierte Form des Islam gilt selbst bei erzkonservativen Moslems als die strengste, und im Land wird kein anderer Glaube anerkannt. Nichtmoslems können keine saudiarabischen Staatsbürger werden und dürfen viele Teile des Landes nicht betreten, u. a. sämtliche Moscheen und das gesamte Gebiet um die heilige Stadt Mekka.

BESTIMMUNGEN ÜBER FRAUEN

Der Kontakt zwischen Männern und Frauen sowie öffentliche Betätigungen von Frauen unterliegen strengen Richtlinien, und die Landesgesetze sorgen dafür, daß es nicht zu Verstößen kommt. Ausländer erhalten keine Sondergenehmigungen. Westliche Besucher beiderlei Geschlechts müssen sich in Fragen der Kleidung und des Verhaltens den saudiarabischen Normen fügen.

Paare, die öffentlich zusammen auftreten, können aufgefordert werden, sich als verheiratet auszuweisen. Es ist Männern und Frauen streng verboten, gemeinsam zu schwimmen, was selbstverständlich auch für das Tauchen gilt.

Eine besondere religiöse Polizei, die Matawwa, achtet auf Einhaltung der islamischen Moralvorstellungen. Sie ist der öffentliche Richter über das, was schicklich ist. Kleidungsvorschriften werden häufig gewaltsam durchgesetzt, was so weit gehen kann, daß Frauen mit nackten Armen oder Beinen geschlagen oder die unbekleideten Körperstellen angesprüht werden.

Frauen, die trotzdem tauchen wollen (und es gibt Frauen, die regelmäßig tauchen), müssen größte Vorsicht walten lassen, um rechtliche Schwierigkeiten zu vermeiden. Die Matawwa hat, wie man weiß, ein besonderes Auge auf Taucher.

TAUCHSCHULEN UND -EINRICHTUNGEN

Dschidda hat mehrere Tauchschulen und Ausbildungseinrichtungen. Es gibt einige PADI-Ausbilder und regelmäßige Kurse für Einheimische und Ausländer. Die Tauchzentren organisieren ziemlich regelmäßig Fahrten zu den Riffen von Dschidda und gelegentlich auch darüber hinaus.

Arabische Doktorfische (Acanthurus sohal) sind im Flachwasser der Saumriffe weit verbreitet.

KÜSTENTAUCHEN IN DSCHIDDA (Gebiete Nr. 1-3)

In Dschidda ist in den letzten Jahren so viel gebaut worden, daß die Plätze für das Küstentauchen knapp werden. Die meisten tauchen inzwischen von Privatstränden aus, wo man Eintritt für die Nutzung der Anlage zahlt. Leider hat es im Norden von Dschidda einige Erschließungen und Baggerarbeiten gegeben, was die Sicht beeinträchtigt hat. Die Lage hat sich jedoch in letzter Zeit wieder gebessert.

Die im folgenden beschriebenen Plätze wurden als sehr gute Tauchgebiete ausgewählt. Taucher müssen eine Genehmigung des saudiarabischen Ministeriums für Landwirtschaft und Fischerei haben (vgl. S. 59), die Gesetze befolgen und Rücksicht auf die örtlichen Sitten nehmen. Man muß sich darüber im klaren sein, daß Taucher bei den Gebieten Nr. 1 und 2 Aufsehen erregen, da es öffentliche Plätze und beliebte Ausflugsorte der Einheimischen sind.

1 DSCHIDDA, SCHWAIBA
★★★★

Lage: Richtung Makkah fahren und nach rechts auf die normale Umgehungsstraße nach Taif. Nach 500 m erneut nach rechts Richtung Jizan. Auf dieser Straße etwa 40 km bis zu einem Kontrollpunkt der Polizei. Nach dem Kontrollpunkt rechts auf eine Straße einbiegen, an der große Stahlmasten stehen. Dieser Straße bis zur Entsalzungsanlage folgen, dann südlich über das Wüstenstück zum Strand, der ein paar Kilometer nach Süden bis zu einer Station der Küstenwache läuft.
Zugang: Mit dem Auto; Geländewagen erforderlich.
Bedingungen: Am besten frühmorgens, bevor der auflandige Wind einsetzt und das Meer aufrauht.
Maximale Tiefe: 45 m nach dem zweiten Steilabfall.
Durchschnittliche Tiefe: Erstes Plateau 15-25 m. Sandboden mit einigen Korallenstöcken und Pfeilern.
Durchschnittliche Sicht: 15-20 m.
In Schwaiba kann man gut zelten und sehr gut nachts tauchen. Vor dem Tauchen immer die Küstenwache informieren und die Papiere vorlegen. Ist alles in Ordnung, ist die Küstenwache kooperativ, und man erlebt herrliche Stunden.

2 DSCHIDDA, WHEAT-SHEAVES MONUMENT, AL-CORNICHE ROAD
★★★

Lage: An der Corniche Road, 2 km nördlich vom Sheraton und Al-Bilad Hotel.
Zugang: Mit dem Auto. Parkmöglichkeiten sind vorhanden.
Bedingungen: Wie überall vor Dschidda sind die Bedingungen frühmorgens am besten, bevor der auflandige Wind einsetzt. Der Wind bringt Dünung, schlechte Sicht und Küstenströmungen (letztere sind selten so stark, daß man nicht dagegen anschwimmen könnte, und nicht

gefährlich).
Maximale Tiefe: 45 m.
Durchschnittliche Tiefe: 15-20 m auf dem ersten Plateau.
Durchschnittliche Sicht: 20 m.
Vor dem Tauchen informiert man am besten die Küstenwache, damit später keine Probleme auftauchen. Das Gebiet hat einige interessante Höhlen. Die ständige Strömung versorgt die prächtigen Korallen und Filtrierer mit Nährstoffen. Seit dem Bau der Corniche Road ist in diesem Gebiet kaum noch gebaut worden, so daß sich das Meeresleben gut erholt hat. Auf Fischer achten.

3 DSCHIDDA, AL-NAKHEEL BEACH
★★

Lage: An der Küste nördlich von Obhor Creek, 200 m hinter der Tankstelle. Auf dem Mittelstreifen der Straße steht ein Hinweisschild.
Zugang: Mit dem Auto. Die Strandanlage bietet reichlich Parkmöglichkeiten.
Bedingungen: An der Küste von Dschidda taucht man immer am besten frühmorgens. Nachmittags erschwert die Dünung den Ausstieg über das Riff. Außerdem ist der Strand um diese Zeit oft überlaufen.
Maximale Tiefe: 45 m.
Durchschnittliche Tiefe: 15-25 m auf dem ersten Plateau.
Durchschnittliche Sicht: 20 m und mehr.
An diesem Küstenstreifen gibt es viele private Strandkomplexe. Al-Nakheel ist einer der preiswertesten und bietet verschiedene Einrichtungen, wie einen Tauchshop, der Ausrüstung verleiht und Flaschen füllt, einen Laden, ein Restaurant, einen Swimmingpool, Sonnenliegen, Umkleidekabinen und eine Mole, die bis auf 30 m an das Riff reicht. Der Strand ist angenehm. Der Eintritt kostet werktags 30 S. Rl., am Wochenende 50 S. Rl. Hier wird gern nachts getaucht; die Anlage ist bis spätabends geöffnet.

TAUCHEN VOM BOOT IN DSCHIDDA (Gebiete Nr. 4-6)
Die meisten guten Tauchgebiete von Dschidda liegen im offenen Meer und sind nur per Boot zu erreichen. Der Anfänger kommt ebenso auf seine Kosten wie der erfahrene Taucher, außerdem gibt es vor Dschidda viele interessante Wracks zu erkunden.

Diese Gebiete im offenen Meer sind weitgehend unbelastet und den Kapitänen der Tauchboote bestens bekannt, die fast alle vom Jachthafen Andalus Playa starten. Tauchboote für Gruppen jeder Größe können über die angegebenen Tauchshops oder direkt im Hafen gemietet werden. Für Einzeltaucher besteht Mitfahrgelegenheit.

Tagesfahrten kosten etwa 225 S. Rl. inklusive Essen und Erfrischungen, 500 S. Rl. für Fahrten über Nacht.

4 DSCHIDDA, TOWER REEF SÜDSPITZE

★★★★

Lage: 33 km westlich der Mündung des Obhur Creek, Dschidda.

Zugang: Das Gebiet ist nur mit dem Boot erreichbar.

Bedingungen: Morgens ist es meistens ziemlich ruhig, nachmittags wird der Wind stärker.

Maximale Tiefe: Der zweite Steilabfall fällt bis auf 50 m ab. Dahinter liegt ein kleiner Korallengarten mit regem Meeresleben und Schwarzen Korallen an der Wand.

Durchschnittliche Tiefe: 12-15 m, ein großes Plateau direkt an der Südspitze des Riffs.

Durchschnittliche Sicht: 20 m.

Eines der klassischen Tauchgebiete vor Dschidda. Die Nordströmungen schließen das Riff ein. Das vielfältige Meeresleben bietet große Korallenbauten und eine reiche Fischfauna, von Fahnenbarschen bis zu großen Raubfischen, die aus dem Süden kommen.

5 DSCHIDDA, TOWER REEF NORDSPITZE

★★★★

Lage: 33 km westlich der Mündung des Obhur Creek, Dschidda. Der Steuerkurs am Kompaß beträgt ab Mündung exakt 270°.

Zugang: Das Gebiet ist nur mit dem Boot erreichbar.

Bedingungen: Der vorherrschende Wind kommt aus Nordwest und frischt nachmittags auf. Man kann nur an der Ostseite des Riffs ankern. Man taucht/schnorchelt durch die Passage zwischen einem kleineren Korallenstock im Norden und dem Hauptriff zur Außenseite des Riffs. Achten Sie nachmittags und bei schlechtem Wetter auf die Strömung.

Maximale Tiefe: 35-40 m.

Durchschnittliche Tiefe: 18-25 m.

Durchschnittliche Sicht: 20 m.

Dieses Tauchgebiet hat einiges zu bieten: ein reiches Meeresleben, großartige Fotomotive, ein Wrack und Haie. Ein großer Pfeiler in der Mitte des Kanals ist total mit Korallen bedeckt. Wenn Sie zur Westseite des Riffs kommen, schwimmen Sie nordwärts, dort liegt ein griechischer Lastkahn, die Stephanos.

6 DSCHIDDA, ABOU FARAMISH

★★★★★

Lage: Diese beiden Riffe liegen 53 km nordwestlich des Obhur Creek in Dschidda. Man muß früh aufbrechen, um dort zu sein, bevor der Wind aufkommt. Man nimmt Kurs 270° zum Tower Reef und dann 290° bis zu den beiden Riffen.

Zugang: Das Gebiet ist nur mit dem Boot erreichbar.

Bedingungen: Das Wasser ist die meiste Zeit ruhig.

Maximale Tiefe: 25 m.

Durchschnittliche Tiefe: 15-20 m.

Durchschnittliche Sicht: 20 m.

Für Taucher aus Dschidda eines der Gebiete „hinten am Horizont". Es ist bekannt für prächtige Korallenriffe und freundliche Haie. Die Sicht ist meistens gut, das Wasser an schönen Tagen glasklar. Man kann alles finden, von Röhrenaalen bis zu Schwarzen Korallen, sogar ein Wrack.

7 YANBU, BARRACUDA BEACH, NÖRDLICH DER EINBUCHTUNG

★★★

Lage: Bei Nord 24° 08.80' und Ost 37° 31.45'. Von Yanbu nach Norden fahren, am Flughafen vorbei und bei der nächsten Tankstelle nach links von der geteerten Straße abbiegen. Etwa 2 km einem Feldweg folgen, an einem Mangrovensumpf vorbei, bis man, 500 m auseinander, zwei kleine Betonblocks sieht, dann durch die Lücke, bis man an ein altes Asphaltstraßensystem kommt. Barracuda Beach liegt am Ende der dritten von Ost nach West laufenden Teerstraße.

Zugang: 30 Minuten mit einem Geländewagen.

Bedingungen: Morgens ist es am besten, da das Meer nachmittags rauh wird.

Maximale Tiefe: 42 m.

Durchschnittliche Tiefe: Das erste Plateau befindet sich in 18 m Tiefe.

Durchschnittliche Sicht: 20 m.

Eines der beliebtesten Tauchgebiete im Raum Yanbu mit leichtem Zugang vom Strand. Große Ansammlungen von Barrakudas, Stachelmakrelen, Thun- und Seglerfischen suchen dieses Riff auf.

8 SÜDSPITZE DER WEDJ BANK, MASHABI ISLAND

★★★★★

Lage: Südlich der Mashabi (Masaihb) Island.

Zugang: Nur mit gut ausgerüstetem hochseetüchtigen Boot und der Genehmigung der Behörden, die Küste entlangzufahren.

Bedingungen: Westwinden und dem Meer ausgesetzt. Besuch am besten bei gutem Wetter.

Maximale Tiefe: 25 m.

Durchschnittliche Tiefe: 10-12 m.

Die gesamte Wedj Bank ist das einzige aus Korallen bestehende Barriereriff im Roten Meer und damit für jeden Tauchbegeisterten hochinteressant. Die Farbenpracht im Wasser und am Riff sowie die Vielfalt der Fische und großen Jäger machen die Südspitze der Bank zu einem der Spitzentauchgebiete im Roten Meer.

9 SHI'B AMMAR, NORDTEIL DER FARASAN BANKS

★★★★★

Lage: Südsüdwestlich des Dorfes Al-Lith, an der Nordspitze der Farasan Bank.

Zugang: Nur mit hochseetüchtigem Boot und einer Genehmigung der Behörden.

Bedingungen: In der Lagune kann man bei jedem Wetter sicher ankern und tauchen.

Maximale Tiefe: 27 m.

Durchschnittliche Tiefe: 14-17 m.

Durchschnittliche Sicht: 15 m.

Aufgrund der vielfältigen Meeresfauna und -flora ein Spitzentauchgebiet, auch weil es bei jedem Wetter besucht und betaucht werden kann. Die Südspitze der Lagune ist das beste Gebiet zum Tauchen. Nachttauchen in

der Lagune ist ein außergewöhnliches Erlebnis.

10 JEBEL AL-TAIR, SÜDTEIL DES ROTEN MEERES

★★★★★

Lage: Am Südende des Roten Meeres, südwestlich von Dschisan, bei Nord 15°30' und Ost 41°45'.

Zugang: Nur mit gut ausgerüstetem hochseetüchtigen Boot.

Bedingungen: Allgemein ruhiges Wetter. Keine starken Strömungen.

Maximale Tiefe: 32 m.

Durchschnittliche Tiefe: 14-18 m.

Durchschnittliche Sicht: 15 m.

Ein noch unberührtes Riff. Kaum ein Taucher war bisher hier, die Fische sind daher neugierig und nicht scheu. Wir haben Mantas, Stechrochen, Haie, Barrakudas und Röhrenaale gesehen.

Saudi-Arabien

TAUCHEINRICHTUNGEN

DSCHIDDA TAUCHBOOTE
Andalus Playa Marina, Tel. 699 2174, Fax 699 0129. **Red Sea Diver**, Tel. 661 2140, Fax 661 2140. **New Red Sea Divers**, Tel. 660 6368, Fax 660 2064. **Arab Circumnavigator**, Tel. 665 1304, Fax 660 8224.

DSCHIDDA TAUCHSHOPS
Alle hier aufgeführten Tauchshops bieten Ausbildung, Verleih von Ausrüstung und einen Laden. **Red Sea Diver**, Tel. 661 2140, Fax 661 2140. **New Red Sea Divers**, Tel. 660 6368, Fax 660 2064. **Arab Circumnavigator**, Tel. 665 1304, Fax 660 8224. **Al-Khorayef Commercial Co. Ltd.**, Tel. 691 1393, Fax 691 4868. **Desert Divers**, Tel. 660 8537, Fax 647 6776.

JANBO TAUCHSHOPS
Alle hier aufgeführten Tauchshops bieten Ausbildung, Verleih von Ausrüstung und einen Laden. **Red Sea Dive Club**, setzen Sie sich mit Amr Jamjoon in Verbindung, Tel. 04 321 3829. **Holiday Inn Dive Club**, setzen Sie sich mit Hasham Al-Sayed in Verbindung, Tel. 04 322 3767. **Red Sea Dive Shop**, setzen Sie sich mit der Royal Commission in Verbindung, Tel. 04 396 8174.

TAUCHNOTFÄLLE

Die einzige Dekompressionskammer im zentralen und südlichen Bereich des Roten

STAATLICHE ERLAUBNIS FÜR DAS TAUCHEN IN SAUDI-ARABIEN

Die aktuelle Taucherlaubnis für Saudi-Arabien wird vom Ministerium für Landwirtschaft und Fischerei ausgestellt. Um sie zu erhalten, braucht man zuerst eine Anforderung der Zentrale der Küstenwacht bei der Hovercraft-Station an der Corniche Road, südlich der Kreuzung Sari Street.

Dieses Formular muß vollständig ausgefüllt, von Ihrem Unternehmen abgestempelt und dann an die Küstenwacht zurückgeschickt und von ihr abgestempelt werden. Bei der Gelegenheit werden Sie von der Küstenwacht gebeten, eine Erklärung zu unterschreiben, daß Sie unter Wasser keinerlei Schaden anrichten und nichts von dort entfernen. Außerdem verpflichten Sie sich, die Küstenwacht vor dem Tauchen zu verständigen.

Das abgestempelte Antragsformular geht dann mit folgenden Unterlagen an das Ministerium für Landwirtschaft und Fischerei (bei Kilometer 7, Makkah Road):

- Vier Paßbilder
- Fotokopie der Iqama (staatlicher Ausweis für Ausländer)
- Kopie und Original der Tauchbescheinigung (PADI, BSAC etc.)
- Kopie und Original der Bescheinigung für Wandtauchen/ diving wall license (PADI, BSAC etc.)
- Brief Ihres Unternehmens mit der Taucherlaubnis für Sie (muß von der Handelskammer abgestempelt sein)
- Diese Unterlagen müssen dem Ministerium in einer normalen grünen Hängemappe vorgeschriebener Größe eingereicht werden, und die Genehmigung ist meistens am nächsten Tag fertig und kann abgeholt werden.

Meeres befindet sich im GNP Hospital. Es gibt eine Versicherung für die Kammer, die 33 S.Rl. (Saudi Riyal) für das erste Jahr kostet, und 250 S.Rl. für jedes weitere Jahr. Die Gebühr beinhaltet eine kostenlose tauchärztliche Untersuchung. So Versicherte zahlen nur die ersten 1.000 S.Rl. der Behandlung. Die Kammer wird betreut von einem fachkundigen Team unter Leitung von Dr. R.B. Priscott, Spezialist in hyperbarer

und Tauchmedizin. Das Team hat schon viele Fälle von Deko-Unfällen behandelt und ist sehr erfahren in der Diagnose und Behandlung tauchbedingter Verletzungen. Das GNP Hospital liegt in der Prince Sultan Street (1 km südlich der Heraa Street) und ist unter folgender Adresse zu erreichen: GNP Hospital, PO Box 4553, Dschidda 21412, Saudi-Arabien; Tel. 966 2 682 3200, Fax 966 2 683 0289.

ÄGYPTEN

Ägypten weist einige der schönsten Tauchgebiete im Roten Meer auf, von den Korallen-gründen südlich von Sinai bis zur noch unerschlossenen Pracht im tiefen Süden. Bekannte Tauchgebiete wie der Nationalpark Ras Muhammad finden international die meiste Beachtung, aber selbst in den intensiv betauchten Feriengebieten warten immer noch Riffe darauf entdeckt zu werden. Und bei über 1.500 Kilometern Küste, die vor allem den Nordwesten des Roten Meeres umfassen, herrscht sicher kein Mangel an weiteren unberührten Tauchgebieten.

MEERESLEBEN

Egal, an welche Korallenart man denkt, man wird sie fast sicher im ägyptischen Roten Meer finden. Selbst wenn man ein einzelnes Gebiet nimmt, ist die Liste fast endlos. Die Fischfauna ist ebenso phantastisch wie der Korallenbestand, und jeder Tauchgang gleicht einem Besuch im besten Aquarium der Welt.

DIE MENSCHEN

Die Ägypter sind eine Mischung so unterschiedlicher Völker wie der arabischen Beduinen und der Nilafrikaner, mit einer Kultur, die Elemente des Islam, koptischen Christentums und der reichen Tradition eines Dutzends alter mittelmeerischer Reiche vereint. Verwurzelt im fruchtbaren Boden religiösen Glaubens und kultureller Tradition, ist die ägyptische Gesellschaft dennoch im Wandel begriffen, um den Anforderungen der modernen Welt gerecht zu werden. Und allen Ägyptern gemeinsam ist offenbar ein offenes, freundliches Wesen, das so warm ist wie die ägyptische Sonne.

KLIMA

Klimatisch besteht Ägypten aus einem einzigen langen Sommer - mit weniger als 5 cm Niederschlag im Jahr. Blauer Himmel und brütende Sonne sind die ganzjährige Norm. Die Temperaturen können schwanken - von unter 0°C im Winter in der Wüste bis 50°C und mehr

Links: *Die Abendsonne beleuchtet die „Mondlandschaft" der Wüste Sinai.*
Oben: *Der prachtvolle Imperator-Kaiserfisch (Pomacanthus imperator).*

im sommerlichen Südägypten -, aber Wolken sind ein ganz seltener Anblick.

BEDINGUNGEN

Im Wasser setzt sich der nicht endende Sommer fort. Die Temperaturen fallen im Winter bis auf 20°C und liegen im Sommer bei 30°C und mehr. Die Sicht erreicht im Durchschnitt fast überall hervorragende 20 m, mit Spitzen von 30 m und mehr. Die Strömungen sind allgemein gemäßigt, können örtlich jedoch stark werden. Auch die Oberflächenbedingungen sind allgemein angenehm, der Windwechsel im Herbst - ab Ende September - kann jedoch hohe Wellen und Dünung bringen, die den Zugang zu küstenfernen Gebieten erschweren können.

NORDSINAI

Mit Nordsinai wird in diesem Buch die Nordküste des Golfs von Akaba bezeichnet. Weiter nördlich liegt noch eine große Region vom Sinai, die normalerweise als Nordsinai bezeichnet wird, aber sie reicht nicht bis ans Rote Meer. Die Küste vom Nordsinai reicht vom israelischen Grenzposten Taba bis zum Nordteil des Nationalparks Ras Muhammad in Nabeq; sie umfaßt die Städte Dahab und Nuweiba und weist einige der schönsten Tauchgebiete im Golf von Akaba auf. Die Nordküste wird, wie der übrige Sinai, von Beduinenstämmen bewohnt, deren Vorfahren vor Jahrhunderten von der arabischen Halbinsel hierher ausgewandert waren.

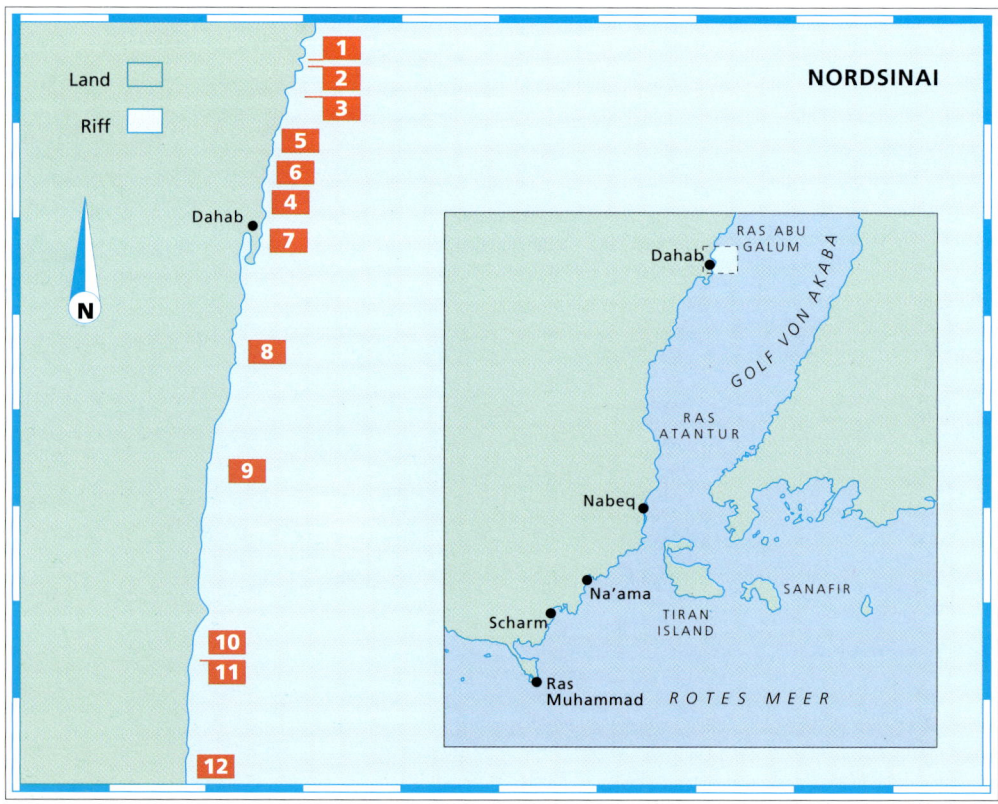

MENSCHEN UND KULTUR

Die Beduinen sprechen ein umgangssprachliches Arabisch und führen ein halbnomadisches Leben; sie werden jedoch zunehmend seßhaft, und der Nordsinai weist mehrere feste Beduinensiedlungen wie die in Dahab und an der Küste bei Nabeq auf. Das Vordringen des Tourismus hat jedoch einen Zustrom ägyptischer Zuwanderer mit sich gebracht, die massiv in die neuen Urlaubsgebiete investiert haben und den Löwenanteil der Jobs in der Tourismusbranche einnehmen.

KLIMA

Der Sinai ist eine unfruchtbare gebirgige Wüste. Die Nordküste folgt dem gleichen Wettermuster wie die übrige Halbinsel, hat kaum Niederschläge, extrem trockenheiße Sommer und Winter mit warmen Tagen und kühleren Abenden, wobei die Temperaturen nachts oft bis in Gefrierpunktnähe fallen.

TAUCHHÖHEPUNKTE

Hier erlebt man eines der unberührtesten Riffe an der ägyptischen Küste ohne den Trubel der erschlosseneren Tauchgebiete des Südens. Üppige Korallengärten und jähe Schluchten ziehen eine dichte Riffauna an, und im kristallklaren Wasser macht das Tauchen noch mehr Spaß.

> ### MINENFELDER
>
> Man vergißt in dieser Region nahöstlicher Friedensabkommen und historischer Handschläge leicht, daß weite Teile der Küste am Roten Meer vor nicht allzu vielen Jahren noch ein Schlachtfeld waren.
>
> In einigen Teilen Ägyptens erinnert noch einiges mit Nachdruck daran, und zwar in Gestalt noch nicht geräumter Minenfelder aus dem 1967er Krieg und davor. Weite Bereiche von Sinai und der Südküste wurden bei den anschließenden Kämpfen, während der Sicherung und Besetzung stark vermint. Leider fehlen die Mittel, diese Todesfallen zu entschärfen, und bei vielen Feldern ist das heute nicht mehr möglich. So waren z. B. die sandigen Mündungen der Wadis bevorzugte Gebiete zum Verlegen von Minen, weil sie ideales Landeterrain für Invasoren sind. Anschließende Überflutungen haben die Minen jedoch von ihren ursprünglichen Plätzen entfernt, so daß sie nicht mehr zu lokalisieren, geschweige denn zu entfernen sind.
>
> Es ist deshalb unerläßlich, in weiten Teilen der ägyptischen Küstenregion nicht von den markierten Straßen abzuweichen. Die meisten Felder sind eingezäunt und mit Warnschildern versehen, aber viele Zäune sind in schlechtem Zustand.

Zusammen mit Delphinen zu schwimmen, ist einer der Höhepunkte beim Tauchen im Roten Meer.

MEERESLEBEN

Die Riffe der Gegend beherbergen eine verwirrende Vielfalt von Riffarten, von großen Napoleon-Lippfischen bis zu winzigen glitzernden Fahnenbarschen. Die Palette der pelagischen Arten ist mehr als beeindruckend. Außerdem suchen Meeresschildkröten und Delphine die Riffe des Nordsinai auf und verleihen jedem Tauchgang den Reiz einer eventuellen Begegnung. Die Riffe selbst sind strahlende Beispiele für tropische Korallen, wie sie sein sollten: Stein- und Weichkorallen in Fülle, darunter herrliche Acropora-Tischkorallen, Stylophora, üppige Porenkorallen, Goniopora, Feuerkorallen, wuchernde Blumenkohlkorallen, dornige Elchgeweihkorallen, anmutige Hornkorallen und pulsierende Pumpkorallen.

BEDINGUNGEN

Die Küste von Nordsinai liegt über weite Strecken des Jahres unter einem stetigen Nordwind, der Wellen aufbaut, die den Zugang zu den Tauchgebieten erschweren können. Zu Winterbeginn können diese auflandigen Winde sehr unangenehm werden, doch selbst bei ganz schlechtem Wetter gibt es noch genügend geschützte Gebiete.

ZUGANG

Der Zugang zu den Tauchgebieten von Nordsinai erfolgt problemlos fast ausschließlich vom Ufer aus, weil Boote bei den vorherrschenden Winden und der schroffen Küste nicht ankern können.

TAUCHSCHULEN UND -EINRICHTUNGEN

Der Nordsinai verfügt über mehrere professionelle Tauchschulen, von denen die meisten in Dahab sitzen, dem wichtigsten Ferienort der Region, einige aber auch in Nuweiba und sogar Taba. Technisch sind sie auf hohem Stand, bieten Unterricht verschiedener Verbände an und beschäftigen mehrsprachige westliche und ägyptische Tauchlehrer. Jeeps und Kombis bringen die Taucher zu den Gebieten, und Ausrüstung kann komplett geliehen werden.

VERHALTENSREGELN BEIM TAUCHEN

Da hier fast nur vom Ufer aus getaucht wird, ist beim Einstieg besondere Vorsicht geboten, nicht nur, um sich nicht selbst zu verletzen, sondern auch aus Rücksicht auf das empfindliche Riff. Bemühen Sie sich, beim Ein- und Ausstieg keinen Schaden am Riffdach anzurichten.

ÄGYPTISCHE KÜCHE

Viele kennen arabisches Essen, das in den letzten Jahren in westlichen Ländern weite Verbreitung gefunden hat. Die ägyptische Küche ist zwar in vielem ähnlich, weist aber doch einige Besonderheiten auf.

- **Aisch** ist Brot - bedeutet eigentlich „Leben", ähnelt dem Fladenbrot und wird auch Khubz genannt. Es wird reichlich und zu allen Mahlzeiten gegessen.
- **Fool** (oder Foul oder Ful) ist das ägyptische Nationalgericht - gekochte Saubohnen, die auf verschiedene Arten serviert werden. Die einfachste Variante sind gekochte Bohnen mit etwas Öl und Zitrone; verfeinert ist es ein köstlich gewürztes Püree, das mit Zwiebeln, Tomaten und sogar Fleisch aufgetischt wird. Es dient als Füllung für Aisch als kleiner Imbiß oder wird getrennt als eigener Gang eines kompletten Essens serviert.
- **Ta'amiya** ist im Westen besser als Falafel bekannt, knusprige Bällchen aus pürierten Kichererbsen, fritiert und oft mit Aisch serviert.
- **Tahina** ist Sesambrei - mit Zitrone und Gewürzen angemacht, wird er als Dip oder für Sandwiches verwendet.
- **Hummus** heißt Kichererbse und kann ganz serviert werden oder mit Tahina und Gewürzen zu einem Brei vermischt.
- **Schawarma** ist die ägyptische Art von Gyros oder Dönerkebab; an einem Spieß gebratenes Fleisch, das in feine Scheiben geschnitten und mit Aisch serviert wird.
- **Kofta** ist Hackfleisch, am Spieß gebraten oder als Bällchen serviert.
- **Kuschari** ist ein Gemisch aus Reis, Makkaroni, Linsen und Tomatensauce, auf das man gebratene Zwiebeln legt.
- **Schorba** ist Suppe; Schorbat 'Addis oder Linsensuppe ist die klassische ägyptische Suppe.
- **Kaffee** heißt Qahwa oder Gahwa und wird türkisch in kleinen Gläsern serviert. Masbout heißt mittelsüß, bidoon Sukr heißt mit Zucker.

1 THE BELLS
★★★★★★★★

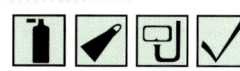

Lage: Einige Kilometer nördlich des Dorfes Dahab, direkt nördlich von Blue Hole (Nr. 2).
Zugang: Mit dem Auto zum Blue Hole, dann ein paar Schritte zum Einstieg am Ufer.
Bedingungen: Trotz geschützter Lage können Wellen den Zugang erschweren.
Durchschnittliche Tiefe: 20 m.
Maximale Tiefe: 50 m und mehr.
Durchschnittliche Sicht: 20 m.
Eine senkrechte Wand mit Überhängen und Spalten, zahlreichen Durchgängen und Höhlen. Zum Blue Hole im Süden hin geht die Wand in einen Steilhang über.

Der Tauchgang beginnt in einem kleinen Einschnitt im Riffdach etwa 100 m nördlich der Blue Hole-Lagune; wenn Sie die maximale Tiefe am Wandabschnitt direkt südlich vom Einstieg erreicht haben, steigen Sie langsam wieder auf und folgen Sie dem Riff südlich bis zur Lippe der Blue Hole-Lagune in etwa 6 m Tiefe oben am Riff. Dort ist auch der Ausstieg. Der Korallenbewuchs der Wand ist zwar nicht überwältigend, doch der Bestand an Platten- und Blumenkohlkorallen sowie an Büschen Schwarzer Korallen und weißer Weichkorallen ist recht gut. Die Fischfauna ist ansehnlich, doch es gibt arten- und zahlreichere Gebiete.

Wie jede Wand ist auch diese mit Vorsicht anzu-gehen; man läßt sich leicht verleiten und taucht tiefer als geplant. Man sollte außerdem daran denken, daß Ein- und Ausstieg nur ein paar hundert Meter auseinander-liegen und man den Ausstieg leicht verfehlt.

2 BLUE HOLE
★★★★★★★

Lage: Ein paar Kilometer nördlich von Dahab.
Zugang: Mit dem Auto von Dahab, dann Einstieg vom Ufer.
Bedingungen: Normalerweise ein leichter und angenehmer Tauchgang, aber der Versuch, weit in das Loch vorzudringen, ist äußerst gefährlich.
Durchschnittliche Tiefe: 20 m.
Maximale Tiefe: 50 m und mehr.
Durchschnittliche Sicht: 20 m.
Ein schönes, wenn auch kein aufregendes Gebiet; be-sonders reizvoll, daß es nicht im blauen Loch selbst liegt, sondern draußen am üppigen Riffhang.

Der Zugang erfolgt durch eine etwa 50 m große Lagune an der Riffspitze. Die Lagune, das „Blaue Loch", das dem Gebiet den Namen gibt, ist eigentlich das obere Ende eines senkrechten Schachtes, der über 300 m tief sein soll. Eine Lippe in etwa 6 m Tiefe führt von der La-

---

STEINFISCHE UND DRACHENKÖPFE

Steinfische (*Synanceia sp.*), die hochgiftigen, hervorragend getarnten Riffbewohner, die von Tauchern mit am meisten gefürchtet werden, kommen an den Riffen im Roten Meer sel-ten vor und sind dann kaum zu erkennen. Die meisten einheimi-schen Taucher meinen mit Steinfisch jedoch die weit weniger giftigen Drachenköpfe (*Scorpaenopsis sp.*), verwandte Arten, die zwar ähnlich aussehen, aber selten die Ursache für tödliche Unfälle sind (ihr Stich kann dennoch enorm schmerzen).

Echte Steinfische sind sehr viel platter als Drachenköpfe; die Augen sind gerade nach oben gerichtet, dazwischen befindet sich eine tiefe Einbuchtung. Drachenköpfe ähneln in der Form eher einem Zackenbarsch; ihre Augen sind, wie bei Steinfischen, von Knochenwülsten umgeben, blicken aber seitwärts, nicht nach oben.

KROKODILSFISCHE

Die Krokodilsfische gehören zweifellos zu den Merkwürdigkei-ten tropischer Riffe. Wenn sie zwischen Korallenflecken auf dem sandigen Grund lauern, sind sie mit ihrer feinen Tarnung und dem platten, langgestreckten Körper fast nicht zu erkennen - oft verraten sie sich nur durch das Blinzeln der Augen.

Im Indo-Pazifik gibt es mehrere Krokodilsfisch-Arten; im Roten Meer ist die verbreitetste Art *Papilloculiceps longiceps*, der Teppich-Krokodilsfisch, der bis zu 70 cm lang wird. Wie alle Krokodilsfische hat er einen seitlich abgeplatteten Körper, zwei Rückenflossen und ein bräunliches Fleckenmuster auf hellerem Grund. Der Kopf weist nach oben gerichtete Augen und knochi-ge Wülste auf; über den Augen hat er fransenähnliche Papillen, darunter einen Dorn. Das breite, hufeisenförmige Maul des Fisches ist von oben gut zu erkennen; er lebt von Krebsen und kleinen Fischen, die er durch blitzschnelles Vorstoßen faßt.

---

gune zum äußeren Riff; tief im Innern des Loches ver-bindet ein gebogener Gang auch die Riffoberfläche mit dem Loch selbst. Der Riffhang weist ziemlich viele Steinkorallen auf - vor allem der Abschnitt südlich der Lagune mit Acropora-, Hirn- und Sternkorallen - und auch einige Weichkorallen.

Die Fischfauna am Außenriff besteht unter anderem aus Drückerfischen, Stachelmakrelen, Nasendoktor-, Pa-pagei- und Kaiserfischen, Zackenbarschen und Doktor-fischen. Die Lagune mit ihren spärlichen Korallen bietet wenig marines Leben.

Aus Sicherheitsgründen wird dringendst davon abge-raten, im Blue hole die Tiefenlimits zu überschreiten.

3 THE CANYON
★★★★★★★

Lage: Einige Kilometer nördlich von Dahab, auf halbem Weg zum Blue Hole (Nr. 2), direkt vor dem Canyon

Tauchzentrum.

Zugang: Mit dem Auto von Dahab, dann Einstieg von Ufer.

Bedingungen: Wind und Wellen können den Einstieg erschweren. Beim Einstieg in den Canyon die üblichen Vorsichtsmaßnahmen ergreifen.

Durchschnittliche Tiefe: 20 m.

Maximale Tiefe: 50 m und mehr.

Durchschnittliche Sicht: 20 m.

Benannt ist das Gebiet nach einer langen, schmalen, sehr schönen Schlucht, die in Nord-Süd-Richtung vom flachen Riff an der Küste bis in etwa 50 m Tiefe draußen auf dem Riffhang läuft. Der Zugang zum Gebiet erfolgt durch eine 3 m tiefe Lagune ein paar Schritte vom Ufer entfernt. Achten Sie auf den baumstammartigen Pfeiler direkt vor dem Laguneneingang - ein guter Orientierungspunkt für den Ausstieg.

Den Eingang zur Schlucht markiert ein großer Korallenstock etwa 10 m vor der Rifffläche in ca. 12 m Tiefe. Eine mannshohe Öffnung darin führt zur oberen Kammer der Schlucht, einem kugelförmigen Gebilde voller Glasbarsche.

Von hier windet sich die Schlucht bis in 50 m Tiefe; fast auf der ganzen Länge kann man durch die schmale Öffnung oben das offene Wasser sehen, die jedoch nirgendwo groß genug ist, um hinauszuschwimmen; das kann man erst in 30 m Tiefe.

Außerhalb der Schlucht weist das Riff guten Korallenbewuchs auf, in der Schlucht selbst kaum.

Zu den zahlreichen Riffbewohnern gehören unter anderem Kugel- und Nasendoktorfische, Schnapper, Zacken- und Fahnenbarsche sowie Kaninchenfische. Vor dem Riff sieht man häufig Stachelmakrelen, die Schlucht bewohnen wie Juwelen funkelnde Schwärme von Glasbarschen.

Nur Taucher mit großer Tiefenerfahrung sollten die Schlucht bis zum Ausgang durchtauchen. Für weniger erfahrene Taucher gibt es auch so genügend zu sehen. Aber selbst erfahrenen Tauchern ist unbedingt davon abzuraten, über den Ausgang in 30 m Tiefe hinauszugehen - diese tiefere Region ist ein weiterer Todesbereich (vgl. nebenstehenden Kasten).

4 LIGHTHOUSE
★★★★★

Lage: Vor dem Leuchtturm, Bucht von Dahab.

Zugang: Mit dem Auto ab Tauchschulen in Dahab, dann Einstieg vom Ufer aus.

Bedingungen: Einfacher geschützter Einstieg, aber selbst in geringer Tiefe leichtes Wogen möglich.

Durchschnittliche Tiefe: 18 m.

Maximale Tiefe: 30 m und mehr.

TIEFTAUCHEN IN DAHAB

Das Blue Hole (Nr. 2) und in geringerem Maß auch The Canyon (Nr. 3) sind für die Tauchveranstalter von Dahab eine Belastung. Beide Gebiete haben einen großen Ruf als echte, technisch anspruchsvolle Tauchgebiete, der in den 70er Jahren aufkam. Sie sind auch verantwortlich für den Tod vieler guter Taucher, die es anderen Kameraden gleichtun wollten und ihre Fähigkeiten überschätzten.

Beide Gebiete sind berühmt für sehr tiefe Abschnitte, die zweifellos beeindruckend sind, aber auch höchst gefährlich. Die Zahl der Toten steht gegenwärtig bei über 40, und jedes Jahr kommen weitere „Dummköpfe" dazu.

Man kann es nicht oft genug wiederholen - so tief zu tauchen ist für alle bis auf einige wenige durchtrainierte, extrem erfahrene Berufstaucher, deren Ausbildung und Erfahrung den Rahmen des normalen Sporttauchens weit überschreiten, selbstmörderisch. Und selbst diese ungewöhnlich erfahrenen Taucher gehen ein hohes Risiko ein, wenn sie diese Passage tauchen - man halte sich vor Augen, daß auch unter den Toten von Dahab viele erfahrene Berufstaucher und Tauchlehrer sind.

Seien Sie nicht töricht: Wenn Sie kein Berufstaucher mit Hunderten von Tauchgängen sind, die sehr viel tiefer als beim Sporttauchen gingen, gleicht das Tauchen in diesen Gebieten einem Sprung ohne Fallschirm aus dem Flugzeug - Sie überleben es vielleicht, müssen aber anschließend Ihren Kopf untersuchen lassen. Wollen Sie dafür sterben, daß einige Sie für einen Draufgänger halten? Werden Sie nicht zum nächsten Fall - tauchen Sie sicher.

Durchschnittliche Sicht: 20 m.

Ein vielseitiges Tauchgebiet für alle Schwierigkeitsgrade. Es liegt direkt vor der Küste am Leuchtturm in der Bucht von Dahab und weist einen Riffhang auf, der sich nach Norden um eine Landspitze erstreckt. Dieser Abschnitt hat zwar ein ausgezeichnetes Profil, macht aber einen etwas traurigen Eindruck. Große Pfeiler ragen von der Spitze auf, reichen bis in 25 m Tiefe und mehr, bevor sie in einige kleinere Korallenblöcke übergehen, die in der Tiefe verschwinden. Das Riff macht dann einem weiten nichtssagenden Sandhang Platz, bevor es eine zweite Korallenwand im Norden erreicht.

Dieser zweite Riffhang ist sehr interessant, mit einer Riffspitze in etwa 4 m, der unteren Grenze bei 20 m, und dahinter nur noch Sand und ein paar Korallenflecken. Eine seichte Lagune mit reicher Fischfauna teilt die Riffspitze am Südrand dieses Riffs, das hier insgesamt gesünder ist als der Südabschnitt.

Beide Riffabschnitte weisen eine Menge sekundäres Wachstum auf - lebende Korallen auf einer Basis aus Korallenskeletten. Stein- wie Weichkorallen sind gut vertreten, vor allem im reicheren Nordabschnitt. Die Fischfauna ist arten-, wenn auch nicht sehr zahlreich, mit großen Trompetenfischen, Lippfischen, Klippenbarschen, Doktor-, Nasendoktor-, Feuer- und Papageifischen.

Rechts: *Ein Langnasen-Büschelbarsch (Oxycirrhites typus) zwischen Hornkorallen.*

Meeresschildkröten und Rochen sind hier des öfteren zu sehen.

Taucher und Schnorchler müssen aufpassen: weil das Gebiet bei Windsurfern so beliebt ist, ist Vorsicht beim Auftauchen und an der Oberfläche geboten.

5 ABU HILAL/SMALL CANYON
★★★★★★★★

Lage: Zwischen Dahab und The Canyon (Nr. 3).
Zugang: Mit dem Auto von Dahab, dann Einstieg vom Ufer aus.
Bedingungen: Wind und Wellen können den Einstieg erschweren.
Durchschnittliche Tiefe: 20 m.
Maximale Tiefe: 50 m und mehr.
Durchschnittliche Sicht: 20 m.
Dieses ausgedehnte Gebiet hat eine küstennahe Riffspitze, die steil auf 10-12 m abfällt. Der Einstieg direkt südlich einer Riffzunge, die als Wellenbrecher fungiert, führt zu einer geschützten, 12 m tiefen Sandlagune. Die Taucher schwimmen von hier über eine Korallenschwelle in etwa 4 m Tiefe, steigen am Hang auf die maximale Tiefe ab, wenden sich nach Norden und tauchen langsam auf.

Die Schlucht, nach der das Gebiet benannt ist, beginnt in über 30 m Tiefe. Sie ist sehr schmal, gewunden und hat kaum Ausstiegsstellen; da der erste Ausstieg erst weit unterhalb 30 m liegt, wird der Rahmen des Sporttauchens erheblich überschritten, und es wird dringend davon abgeraten, in die Schlucht einzusteigen.

Jenseits der Schlucht weist ein Aufstieg den Weg zurück zum Ufer. Zwischen dem Nordrand des Gebiets und der Riffzunge, die den Einstieg schützt, liegt eine zweite große Sandfläche; man schwimmt entweder an der Basis vorbei oder über sie hinweg und kommt wieder zum Einstieg an der Lagune. Die Korallen sind auf dem gesamten Gebiet hervorragend, dicht und artenreich und in ausgezeichnetem Zustand. Die Fischfauna ist genauso vielfältig: Unter den Hunderten von Riffarten sind Nasendoktor- und Lippfische, große Zackenbarsche, Drücker-, Feuer- und große stachelige Kugelfische. Auch Meeresschildkröten sind oft zu sehen.

6 EEL GARDEN
★★★★★★

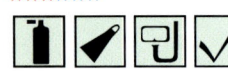

Lage: Vor dem Nordende des Beduinendorfes von Dahab.
Zugang: Mit dem Auto von Dahab, dann Einstieg vom Ufer aus.
Bedingungen: Leichte Brandung kann den Einstieg erschweren; oben am Riff gibt es einige Steinfische.

Durchschnittliche Tiefe: 18 m.
Maximale Tiefe: 30 m und mehr.
Durchschnittliche Sicht: 20 m.
Der Einstieg erfolgt durch eine kleine Lagune, die von der Riffspitze zu einem Ausstiegspunkt auf dem Riff in etwa 7 m Tiefe abfällt. Diese teilweise nur 1,5 m breite Einstiegslagune kann wie ein Trichter wirken, Taucher müssen sich also beim Schwimmen unter Umständen anstrengen. Außerhalb der Lagune führt ein weiter Sandhang hinaus nach links (Norden), wo es förmlich von Röhrenaalen wimmelt. Jenseits des Sandes liegt eine Riffwand, an deren Fuß in 18 bis 20 m Tiefe sich einige Korallenstöcke auf dem Sandboden befinden; südlich des Sandes geht das Riff weiter, mit schönem Korallenbewuchs, aber keinem Ausstiegspunkt bis zum Leuchtturm. An beiden Riffabschnitten gibt es ausgezeichneten Korallenbewuchs mit Stein- und Weichkorallen wie Acropora-, Geweih-, Platten- und Blumenkohlkorallen, Elefantenohrschwämmen, Bäumchen-Weichkorallen und Pumpkorallen. Auch Seeanemonen sind gut vertreten. Neben Röhrenaalen weist das Gebiet zahllose kleine Muränen, Feuerfische, Blauklingen-Nasendoktorfische, Riff- und Fahnenbarsche, Papageifische, Zackenbarsche, Mondflossen-Zackenbarsche und Grundeln auf.

7 THE ISLANDS
★★★★★★★★★

Lage: An der Küste von Dabah, beim Hotel Lagona.
Zugang: Mit dem Auto von Dabah, dann Einstieg vom Ufer aus.
Bedingungen: Bei Ebbe muß man u. U. ein längeres Stück über das Riff laufen.
Durchschnittliche Tiefe: 12 m.
Maximale Tiefe: 16 m.
Durchschnittliche Sicht: 20 m.
Das Gebiet ist eine Ansammlung von Korallenpfeilern und Fleckenriffen an einer geschützten Stelle der Küste von Dabah - ein Labyrinth aus Spitzen, Tälern, Korridoren, Sandflächen, Becken, Vertiefungen und Korallenpfeilern.

Dieses vielgestaltige Stück Meer ist dicht mit wirklich ursprünglichen Korallen bedeckt - das Riff leuchtet wie ein Juwel. Vielfalt, Zustand und Dichte sind unglaublich - wahrscheinlich der schönste und besterhaltene Korallenbestand im Sinai-Gebiet. Alle nur denkbaren Steinkorallen sind vorhanden, dazu die verschiedensten Weichkorallen.

So überwältigend die Korallen sind, die Fischfauna steht in nichts nach - Riesenschwärme Barrakudas, Schnapper, Doktor- und Nashorndoktorfische wetteifern mit buntschillernden Riffarten. Meerbrassen, Kaiserfische, große Drückerfische, Kaninchenfische, Vogel-Lippfische und hundert andere Arten runden das Bild ab, das gekrönt wird von einer gelegentlichen Meeresschildkröte.

Ein Schmuckstück ist ein sandiges Amphitheater mitten am Riff, wo sich in Schwärmen junge Barrakudas sammeln und einem silbrigen Tornado gleich umherwirbeln.

8 THE CAVES
★★★★★★★

Lage: An der Küste 5 km südlich des südlichen Militärkontrollpunktes Dabah.
Zugang: Mit dem Auto von Dabah, dann Einstieg vom Ufer aus.
Bedingungen: Ein- und Ausstieg können unangenehm sein, vor allem bei starker Brandung.
Durchschnittliche Tiefe: 20 m.
Maximale Tiefe: 50 m und mehr.
Durchschnittliche Sicht: 20 m.
Das Gebiet gründet sich auf eine große, vorn offene Höhle, die das Riffdach in Ufernähe stark unterhöhlt. Ein kleiner halbkreisförmiger Windschutz am Weg markiert den Einstieg.

Man wirft sich beim Einstieg einfach von der Riffkante oben an der Kammer ins tiefe Wasser. Starke Wellen an der Oberfläche machen es oft ratsam, die Flossen erst im Wasser anzuziehen, um in der Brandung nicht das Gleichgewicht zu verlieren. Beim Aussteigen muß man die Wellen genau beobachten und sich vom Schwell auf die Riffkante tragen lassen.

Im Wasser liegt die Höhle direkt unter einem. Den unterhöhlten Abschnitt kann man von beiden Seiten des Sandhügels erreichen; rechts (Süden) führt ein markanter flacher Riffabschnitt mit vielen Rinnen und Brandungshohlkehlen zum geneigten Haupttriff, während im Norden ein stark unterhöhlter Abschnitt der Höhle seitlich hinunter zum Sandhügel und der nördlichen Fortsetzung des Riffhangs führt. Die Riffabschnitte sind genauso interessant wie die Höhle, mit gutem Stein- und Weichkorallenbewuchs sowie vielen Riff- und Schwarmfischen. Die Taucher müssen selbst entscheiden, ob sie sich den Ein-/Ausstieg zutrauen.

9 GABR EL BINT
★★★★★★

Lage: An der Küste südlich von Dabah, einige Kilometer hinter The Caves (Nr. 8).
Zugang: Von Dabah 10 Min. mit dem Auto, dann eine Stunde mit dem Kamel.
Bedingungen: Das Gebiet wird durch den Buchtarm gegen die Nordbrandung geschützt.
Durchschnittliche Tiefe: 20 m.
Maximale Tiefe: 50 m und mehr.
Durchschnittliche Sicht: 20 m.
Einen Teil des Reizes macht schon die ungewöhnliche

Der Glasaugenbarsch (Heteropriacanthus cruentatus) schwebt nachts unmittelbar über dem Riff.

Anreise aus - mit dem Kamel die unwegsame Küste zwischen Dabah und Nabeq entlang bis nördlich von Scharm el-Scheik. Eine mit moderner Tauchausrüstung beladene Kamelkarawane ist ein unvergeßlicher Anblick.

Das Gebiet ist eine Steilwand, die um die Nordspitze einer Bucht läuft. Die Wand folgt dem Küstenverlauf und fällt auf über 50 m ab. Die Wand beginnt in der Bucht zwischen 8 und 20 m, darüber führt eine leichtgeneigte Riffspitze mit Sandflächen und Acropora-Korallen zur Küste. Nördlich vor der Spitze verbreitert sich der obere Riffhang und bietet einen regelrechten Weichkorallenwald, der das Riff stellenweise überwuchert, sowie zahlreiche riesige Hornkorallen im 2-3m-Bereich. Direkt hinter der Spitze liegt in Küstennähe eine große, mit Korallenblöcken durchsetzte Sandlagune, von wo aus man wunderbar Rochen und viele große Krokodilsfische beobachten kann. Es gibt zahllose Stein- und Weichkorallenformationen, die meisten Fischarten sind dagegen nur spärlich vertreten.

Es ist eines der ungewöhnlichsten und lohnendsten Gebiete an der Sinai-Küste. Das Nesima Diving Centre (vgl. S. 71) führt regelmäßig Fahrten durch.

🔟 END OF THE ROAD REEF
★★★★★☆☆☆☆

Lage: Am äußersten Ende der Küstenstraße nach Nabeq nördlich von Scharm el-Scheik.
Zugang: Mit dem Geländewagen von Scharm el-Scheik.
Bedingungen: Der Einstieg an der Riffspitze kann gefährlich werden, vor allem bei Wind und Wellen.
Durchschnittliche Tiefe: 20 m.
Maximale Tiefe: 60 m und mehr.
Durchschnittliche Sicht: 30 m.

Auflandige Winde erschweren den Ein-/Ausstieg, bei dem sich selbst erfahrene Taucher oft verletzen. Eine ernste Verletzung kann in einer so abgelegenen Gegend lebensgefährlich werden.

Das Tauchgebiet liegt an einer untergetauchten „Insel" 10-15 m vor der Küste, ihre Spitze etwa 3 m unter der Oberfläche; an der Südseite zieht eine tiefe Schlucht bis in über 65 m, ein schmaler Sandkanal, dessen Boden in 10 m liegt, trennt das Riff vom Ufer. Der Kanal verbreitert sich nördlich vom Riff zu einem sandigen Plateau, die Ostseite des Riffs ist dagegen eine bis auf über 50 m steil abfallende Wand.

Der Korallenbewuchs ist überall ausgezeichnet, die Artenvielfalt hoch. Alle Korallen sind dicht und üppig und in einem phänomenalen Zustand. Der Fischbestand ist ähnlich hervorragend, alle üblichen Rifffische sind reichlich vertreten. Das Gebiet weist auch einen der artenreichsten Lippfischbestände des Sinai auf.

Achtung: Wie schon mehrfach erwähnt gibt es leider auch nördlich von Scharm el-Scheik ausgedehnte Minenfelder - weichen Sie auf der Fahrt unter gar keinen Umständen von der Straße ab.

🔟1 OVER THE HILL (RAS ATANTUR BAY)
★★★★★★★☆☆

Lage: 23 km nördlich des Beduinendorfes an der Küstenstraße nach Nabeq. Etwa 1,6 km südlich von End of the Road (Nr. 10).
Zugang: Mit dem Geländewagen von Scharm el-Scheik, dann Einstieg vom Ufer über das obere Riff.
Bedingungen: Zugang ist schwierig, wie bei Nr. 10.
Durchschnittliche Tiefe: 20 m.
Maximale Tiefe: 60 m und mehr.
Durchschnittliche Sicht: 30 m und mehr.

Ein reiches, guterhaltenes Gebiet mit arten- und zahlreichem Fischbestand sowie Korallen. Es liegt mitten in einer kleinen Bucht direkt hinter den Klippen von Ras Atantur auf einer kleinen Riffzunge, die in die Bucht ragt. Das Riff hat ein stark geneigtes Profil und ist von steilen Sandhängen umgeben.

Diese Hänge sind mit Korallenstöcken übersät, und auch das Riff selbst weist alle Korallenarten in unglaublicher Dichte auf. Hier gibt es wahrscheinlich die schönsten Steinkorallen der ganzen Gegend.

Achtung: In dieser Gegend nicht die markierten Straßen verlassen - Gefahr durch Landminen.

🔟2 NABEQ
★★★★★★☆☆

Lage: Etwa 20 km nördlich von Scharm el-Scheik.
Zugang: Mit dem Auto von Scharm el-Scheik, dann Einstieg vom Ufer aus.
Bedingungen: Leicht und geschützt, jedoch langer Marsch durch seichtes Wasser bis zum Einstiegspunkt erforderlich.
Durchschnittliche Tiefe: 10 m.
Maximale Tiefe: 18 m.
Durchschnittliche Sicht: 15 m.

Das Gebiet besteht aus zahlreichen Korallenblöcken und Pfeilern im Flachwasser vor der Küste von Nabeq. Es ist verwinkelt und labyrinthisch und hat zwischen den Korallenblöcken viel Platz zum Erkunden.

Die mit Seegras überwachsenen Blöcke, Stöcke und Pfeiler auf dem ebenen Sandboden reichen von 1 m kleinen Klötzen bis zu Kolossen, die bis unter die Oberfläche ragen. Diese aus den verschiedensten Stein- und Weichkorallen bestehenden Blöcke beherbergen eine ebensolche Vielfalt an Rifffischen. Stachelmakrelen, Zackenbarsche, Drücker- und Kaninchenfische und zahllose andere Arten sind anzutreffen. Auch Meeresschildkröten suchen das Riff regelmäßig auf.

Achtung: Nicht die offiziellen Straßen verlassen!

WIE MAN HINKOMMT

Mit dem Flugzeug: Die Einreise nach Nordsinai ist ziemlich einfach - dank einem internationalen Flughafen in Scharm el-Scheik und direkt hinter der israelischen Grenze in Eilat hat man reichlich Auswahlmöglichkeiten. Von beiden Flughäfen braucht man mit dem Taxi etwa 1½ Stunden nach Dahab; die Abfertigung an der ägyptisch-israelischen Grenze ist zwar vereinfacht worden, kostet aber ca. 45 Minuten zusätzlich. Innerhalb Ägyptens verkehren Luxusbusse von Kairo und anderen Städten im Westen.

In Dahab besteht wenig Transportbedarf; man kommt überall gut zu Fuß hin, und die Tauchzentren am Ort arrangieren die Fahrt zu den Tauchgebieten. Taxis bringen Sie zu anderen Gebieten an der Sinai-Küste.

WO MAN ABSTEIGEN KANN

Dahab, ursprünglich ein Beduinendorf mit ein paar Hütten für Rucksacktouristen, ist zu einem regulären Feriendorf mit luxuriösen Einrichtungen geworden; die Stadt hat ihren alten, alternativen Charakter bewahrt, und viele Unterkünfte der Gegend sind noch auf einen jüngeren, preisbewußten Markt eingestellt. Die Stadt ist voller „Lager" mit einfachen Bungalows mit relativ einheitlichem Standard - unter anderem **Mohammed Aly, Dolphin** und **Lighthouse**. Ein nettes, sauberes, preiswertes Hotel in der Stadtmitte ist das **Stacosa**. Es wird von einem Italiener geleitet und hat den besten Kaffee der Stadt, dazu eine angenehme Atmosphäre. Zur obersten Kategorie gehören das **Helnan** und **PLM Azur**, beide etwas außerhalb der Stadt.

Helnan Dahab Hotel, Dahab, Sinai, Ägypten; Tel. 20 62 640 425, Fax 20 62 640 428. **Novotel/Pullman Azur Village**, Dahab, Sinai, Ägypten; Tel. 20 62 640 301, Fax 20 62 640 305. **Stacosa Hotel**, Dahab, Sinai, Ägypten; Tel. 20 62 640 366.

WO MAN ESSEN KANN

Die Küche in Dahab ist nicht die abwechslungsreichste - wie die Unterkünfte bieten die Restaurants häufig ähnliche Gerichte zu ähnlichen, sehr niedrigen Preisen. Es gibt Dutzende davon am Strand, die Meeresfrüchte, Kebab und eine eigenartige westliche Küche bieten. Eine leuchtende Ausnahme in diesem Einerlei ist das hervorragende Restaurant des **Nesima Tauchclubs**, wo phantasievoll gekocht wird.

TAUCHEINRICHTUNGEN

Dahab hat einige Tauchzentren, von der einfachen Nachfüllstation bis zum speziellen Feriendorf. Aus der Menge heraus ragt das Nesima Diving Centre, ein angenehmer und professioneller Betrieb mit internationalen Mitarbeitern und sämtlichen Einrichtungen,

dazu einem sehr guten Restaurant und einer Bar. **INMO** ist ein Shop, der bei den Tauchern ebenfalls einen guten Ruf genießt.

Adventure Dive Club, PO Box 11, Dahab, Sinai, Ägypten; Tel. 20 62 640 301, Fax 20 62 640 301. Sondertarife für Vieltaucher, Ausrüstungsverleih/Tauchprogramme. 1 Tauchgang 30 US-$, 2 Tauchgänge 35 US-$. Komplettausrüstung 35 US-$. Open Water-Kurs 250 US-$ plus 30 $ Zertifikatsgebühr. Brevets: PADI. **Canyon Resort**, PO Box 27, Dahab, Sinai, Ägypten; Tel. 20 62 640 256, Fax 20 62 640 256. Sondertarife für Tauchgänge im Paket, Ausrüstungsverleih/Tauchprogramme. 1 Tauchgang 20 US-$, 2 Tauchgänge 40 US-$. Komplettausrüstung 35 US-$. Open Water-Kurs 280 US-$. Brevets: PADI. **Fantasea Dive Club**, PO Box 9, Dahab, Sinai, Ägypten; Tel. 20 62 640 043, Fax 20 62 640 043. Pauschalangebote für Tauchgänge im Paket. 1 Tauchgang 25 US-$, 2 Tauchgänge 40 US-$. Komplettausrüstung 35 US-$ (mit Flaschen). Open Water-Kurs 250 US-$. Brevets: PADI. **INMO Divers Home**, PO Box 15, Dahab, Sinai, Ägypten; Tel. 20 62 640 370, Fax 20 62 640 372. Sondertarife für Leihausrüstung/Tauchprogramme, Tauchgänge im Paket, Pauschalangebote für Tauchen/Unterkunft. 1 Tauchgang 25 US-$, 2 Tauchgänge 45 US-$. Komplettausrüstung 23 US-$. Open Water-Kurs 300 US-$. Brevets: PADI. **Nesima Diving Centre**, PO Box 24, Dahab, Sinai, Ägypten; Tel. 20 62 640 320, Fax 20 62 640 321. Sondertarife für Tauchgänge im Paket, Leihausrüstung/Tauchprogramme. 1 Tauchgang 25 US-$, 2 Tauchgänge 45 US-$. Komplettausrüstung 30 US-$. Open Water-Kurs 250 US-$ plus 30 $ Zertifikatsgebühr. Brevets: PADI. **Sinai Dive Club**, Novotel/Pullman Azur Village, Dahab, Sinai, Ägypten; Tel. 20 62 640 465, Fax 20 62 640 465. Gruppenrabatt möglich. 1 Tauchgang 35 US-$, 2 Tauchgänge 55 US-$. Komplettausrüstung 35 US-$. Open Water-Kurs 280 US-$. Brevets: PADI.

FILMENTWICKLUNG

Die Filme läßt man am besten zu Hause oder in einem der größeren Orte wie Scharm el-Scheik entwickeln.

KRANKENHÄUSER

Einem Krankenhaus westlicher Prägung am nächsten kommt die Notaufnahme in Scharm el-Scheik, Tel. 62 600 150.

Ansonsten kann man schwere Fälle in die ausgezeichneten Einrichtungen jenseits der Grenze in Eilat bringen.

TAUCHNOTFÄLLE

Die nächsten Einrichtungen befinden sich in Scharm el-Scheik oder Eilat, Tel. 62 600 922

KATHARINENKLOSTER

Das Kloster liegt in 1.570 m Höhe am Talende im Schatten des Berges Sinai (wo Moses von Gott die Zehn Gebote empfangen haben soll). Das griechisch-orthodoxe Kloster wurde 527 von Kaiser Justinian gegründet, der 552 auch die Katharinenkirche bauen ließ. Die Kirche steht nahe der Stelle, wo Moses dem brennenden Dornbusch begegnet sein soll, und dort erinnert eine schlichte Kapelle an das Ereignis. Innen ist die Katharinenkirche reich mit Bildern, Marmor und Schnitzereien geschmückt, fast alles aus dem 18. Jahrhundert. Das eindrucksvolle Grab der Heiligen Katharina, das ihren Schädel enthält, steht im Allerheiligsten der Kirche.

Heute wird das Kloster von 15 Mönchen betrieben, und die Touristen können aus diesem Grund nicht auf dem ganzen Gelände herumlaufen. Wenn man jedoch im voraus schreibt und um die Erlaubnis bittet, bekommt man vielleicht eine Sondergenehmigung und kann die Schätze in der Bibliothek und dem Museum besichtigen. Die Gartenanlagen enthalten Oliven-, Kirsch-, Aprikosen- und Pflaumenbäume und sind wirklich einen Besuch wert.

oder 62 600 923; Achtung: die Straße nach Scharm el-Scheik führt über einen sehr hohen Paß und ist demzufolge für den Transport von Opfern gefährlich, die vermutlich an Dekompressionssymptomen leiden.

LOKALE BESONDERHEITEN

Vielen Besuchern Dahabs scheint es zu genügen, ihre Zeit mit einer Zigarette am Strand zu verbringen, aber es bieten sich eine Menge anderer Möglichkeiten. Für Reitfreunde gibt es **Pferdehöfe**, und die Beduinen arrangieren **Kamelausritte**, vom halbstündigen Ritt um den Ort bis zu mehrtägigen Touren nach **Ras Abu Gulum** oder zu den **Wadis** im Landesinnern. Safaris mit dem Jeep folgen ähnlichen Spuren und nehmen Sehenswürdigkeiten wie den prächtigen Canyon bei **Nuweiba** oder die **Oase Ain Khudra** mit.

Zu den nahen Sehenswürdigkeiten an der Küste gehört die alte **Kreuzfahrerburg** auf der Insel Pharaoun, die der arabische Held Salah-ad-Din im 12. Jahrhundert von ihren christlichen Erbauern eroberte.

Weiter bietet sich eine Fahrt zum **Katharinenkloster** an.

Dahab ist zudem international als Paradies für **Windsurfer** bekannt.

SÜDSINAI

Die Südspitze der Sinai-Halbinsel, Heimat des berühmten Ras Muhammad Nationalparks, lockt die Taucher der ganzen Welt seit Jahrzehnten. Jahr für Jahr besuchen die Tauch-begeisterten die zahllosen Spitzengebiete aufs neue. Und trotz des gewaltigen Tauchtouris-mus bietet die Gegend immer noch einige praktisch unentdeckte Schätze.

Südsinai bedeutet hier die südlichste Spitze der Halbinsel von Scharm el-Scheik bis zum Westrand des Ras Muhammad Nationalparks. Neben den vielen küstennahen Tauchgebieten bietet die Gegend auch die Straße von Tiran mit ihrer herrlichen Riffkette. Im Landesinnern verfügt die Region Südsinai über einige außergewöhnliche Wüstengebiete, deren zerklüftete Mondlandschaften einen gespenstisch schönen Hintergrund für die Strände und Klippen der Sinai-Küste bilden. Der Urlaubsort Scharm el-Scheik ist das touristische Zentrum der Region und Ausgangspunkt für die meisten Sinai-Besucher.

MENSCHEN UND KULTUR

Der Sinai war bis in jüngste Zeit das Reich der Beduinen, eines Nomadenvolkes, dessen Ursprung auf der arabischen Halbinsel liegt und dessen typische Lebensart und Erscheinungs-bild seit Jahrtausenden unverändert sind. Neuere Entwicklungen, insbesondere der stark wachsende Tourismus, haben den Zustrom anderer Volksgruppen angeregt, vor allem von Ägyptern aus Kairo und dem Niltal. Diese Neuankömmlinge haben den Tourismus im Süd-sinai zu großen Teilen aufgebaut und sind deshalb zur Ziel-scheibe gewisser Ressentiments geworden. Viele Beduinen fühlen sich in ihrer Heimat beiseite geschoben und halten es für ungerecht, daß der neue Wohlstand in erster Linie diesen Neuankömmlingen zugute kommt.

KLIMA

Das für den Sinai typische Wetter sind trockenheiße Som-mer und kühle, trockene Winter. Die Höchstwerte im Sommer liegen bei 40°C und mehr, die Tiefsttemperaturen im Winter können in der Wüste im Dezember und Januar in Gefrierpunktnähe sinken, erreichen an der Küste jedoch gemäßigtere Tageswerte von 20°C und mehr. Regen fällt kaum oder nie, sonniger Himmel ist sommers wie winters die Norm.

MEERESLEBEN

Die Riffe beherbergen vom winzigen glitzernden Fahnen-barsch bis zum 1,5 m großen Büffelkopf-Papageifisch die gesamte Palette der Riffische. Zu gewissen Jahreszeiten bestimmen Haie das Bild: Grau- und Hammerhaie sowie Schwarz- und Weißspitzen-Riffhaie kreuzen vor der Küste, und auch andere Meeresbewohner wie Echte Karettschild-kröten und sogar Delphine sind oft zu sehen. Auch Wirbellose wie Kraken und Sepien sind häufig.

Der Südsinai ist berühmt für seine prächtigen Steinkoral-lenwände, bietet in seinen zahllosen Riffen jedoch auch

IN DER WÜSTE SCHLAFEN

An der Küste des Roten Meeres gibt es zahllose Möglichkeiten unterzukom-men - von der einfachen Hütte bis zum Luxushotel. Bei dieser Auswahl klingt es fast komisch, wenn man freiwillig die Nacht am Lagerfeuer in einem Flecken Sandwüste verbringt, weitab von den Annehmlichkeiten der Touri-stenzentren. Doch für viele Einheimi-sche und Besucher ist gerade das eine der größten Attraktionen der Gegend.

Campen in der Wüste heißt nicht unbedingt, primitiv zu leben. Man kann wählen, von der Wanderung durch ein Wadi mit eigenem Schlaf-sack bis zur klimatisierten Fünfsterne-Tour, einschließlich 5-Gänge-Menü und kulturellem Unterhaltungspro-gramm. Die örtlichen Reisebüros arran-gieren alles. Noch besser ist, wenn Ein-heimische Sie einladen, einen Abend mit ihnen auszugehen.

Wie immer Sie sich entscheiden, eine Nacht unter dem unermeßlichen, sternenübersäten Wüstenhimmel inmitten absoluter Ruhe ist ein Erleb-nis, das Sie sich nicht entgehen lassen sollten. Wenn sich die Chance bietet, versuchen Sie es mit einer Nacht im „Millionen-Sterne-Hotel", wie die Ein-heimischen es treffend nennen.

unzählige Weichkorallen. Mit Riffprofilen, die von der überhängenden Wand bis zum sich sanft wiegenden Korallenfeld reichen, gleicht das Gebiet einem lebenden Lehrbuch über tropische Korallen.

BEDINGUNGEN

Dank der großen Tiefe und Steilwände im südlichen Golf von Akaba hat die Sinai-Küste die meiste Zeit bewundernswert klares Wasser. Die Sicht liegt bei 20 bis 30 m und sinkt nur saisonal während der Algen- oder Planktonblüte. Die Wassertemperaturen liegen zwischen maximal 28-29°C im Sommer und gut 20°C im Winter. Im Sommer muß man nicht unbedingt einen Tauchanzug tragen, wenngleich man nach mehreren Tauchgängen auch im wärmsten Wasser fröstelt; im Winter empfiehlt sich ein 5 bis 7 mm starker Tauchanzug mit Kopfhaube.

> ### UNTERKUNFT IN SCHARM
>
> Scharm el-Scheik erlebt eine stürmische Entwicklung, aber trotzdem sind preiswertere Hotelbetten Mangelware; die jüngsten Neubauten waren fast ausschließlich teure Hotels. Wer keine so dicke Brieftasche hat, muß unter nur drei oder vier Hotels und Pensionen wählen.
>
> Eine Möglichkeit, das zu vermeiden, ist die, zu Hause eine pauschale Tauchreise zu buchen - beim Reisebüro zahlt man für die Unterkunft letztlich weit weniger als wenn man selbst bucht. Im übrigen ist Zelten noch kostenlos, und wer länger bleiben möchte, sollte eine Ferienwohnung für einen Monat oder mehr mieten (mit einer eigenen Küche wird auch das Essen sehr viel billiger).

ZUGANG

Bis auf wenige Ausnahmen erfolgt das organisierte Tauchen in Südsinai vom Boot aus, so daß der Zugang sich auf das simple Über-Bord-Springen reduziert. Die Fahrten sehen im allgemeinen zwei Tauchgänge pro Tag vor, zwischen denen an Bord warm gegessen wird. Viele Gebiete sind auch vom Ufer aus zugänglich, so daß der komplett ausgerüstete, erfahrene Taucher mit entsprechender Fahrgelegenheit dem Massenbetrieb ausweichen kann.

TAUCHSCHULEN UND -EINRICHTUNGEN

Scharm el-Scheik verfügt über zahlreiche Tauchschulen mit internationalem Standard. Ausrüstung, Einrichtungen und Ausbildungsstand sind generell ausgezeichnet, und die große Konkurrenz zwingt zu hohen Standards und vernünftigen Preisen.

VERHALTENSREGELN BEIM TAUCHEN

Wer neu eintrifft, wird vor dem ersten Tauchgang eventuell zu einem „check dive" gebeten. Diese Vorsichtsmaßnahme dient Ihrer eigenen Sicherheit und dem Schutz der empfindlichen Lebensgemeinschaften in den Riffen. Der verantwortungsvolle Taucher sollte dies als bescheidenen Preis betrachten, den er für den Besuch dieser Naturschätze zahlt.

Man sollte auch wissen, daß die hiesigen Tauchschulen jeden Taucher sperren, der bei einem Tauchgang Korallen zerstört.

1 JACKSON REEF

Lage: Das nördlichste von vier Riffen in der Straße von Tiran.
Zugang: Mit dem Boot von Scharm el-Scheik oder anderen Häfen.
Bedingungen: Bei allen Gebieten von Tiran muß mit starken Strömungen gerechnet werden.

Durchschnittliche Tiefe: 20 m.
Maximale Tiefe: 40 m und mehr.
Durchschnittliche Sicht: 20 m.
Am Nordrand des Riffs liegt das Wrack eines gestrandeten Frachters, dessen Rumpf größtenteils verschrottet wurde, so daß nur noch ein Skelett übriggeblieben ist. Am Südende des Riffs befindet sich ein fester Liegeplatz; dort beginnen die Tauchgänge, im allgemeinen nach Norden an der Ostseite des Riffs entlang.

Die Strömung kommt meistens von Norden und wird

umso stärker, je näher man der Spitze an der Ostseite kommt. Für die meisten Taucher wird das der nördlichste Punkt sein, an dem sie wieder nach Süden umkehren. Starke Schwimmer mit ökonomischem Luftverbrauch und Strömungserfahrung können die Spitze umrunden, hinter der die Strömung nachläßt, und am Nordrand des Riffs weiterschwimmen. Man sollte das jedoch vorher mit dem Tauchführer absprechen und sehr vorsichtig sein, da hier schon Taucher abgetrieben worden sind.

Die Steilwände von Jackson Reef gehören zu den besten vor der Sinai-Halbinsel; das in der Strömung liegende Riff ist dicht mit Stein- und Weichkorallen bewachsen, wobei üppige Horn-, Peitschen- und Schwarze Korallen sowie lebhafte Weichkorallen besondere Akzente setzen.

Die Fischfauna ist hervorragend, was nicht überrascht. Die starke Strömung sorgt für ausreichend Nährstoffe; Strömung und Profil locken pelagische Fische aus dem offenen Meer an, so daß man hier Barrakudas und Stachelmakrelen in großen Schwärmen und auch größere Raubfische einschließlich einiger Haiarten sieht. Die kleineren Riffarten, von denen diese pelagischen Besucher leben, sind massenhaft vertreten.

VERHALTEN VON HAIEN

Wer viel im Roten Meer taucht, wird mit Sicherheit Haien begegnen. Viele Taucher elektrisiert diese Vorstellung, für andere ist der Gedanke, im selben Wasser zu schwimmen wie ein Hai, jedoch entsetzlich.

Haie sind nicht die Meeresungeheuer, als die sie oft hingestellt werden. Es sind einfach große Fische, deren Verhalten nicht gefährlicher als das aller anderen großen Raubfische ist, sobald man es versteht.

Alles in allem sind Haie nicht so gefährlich wie Hunde, und ihr Verhalten ist genauso leicht zu verstehen. Mit ganz wenigen Ausnahmen greifen Haie nur aus zwei Gründen an - wenn sie sich verteidigen oder fressen. Menschen, vor allem Taucher, haben keine Ähnlichkeit mit der natürlichen Beute der Haie. Wenn Sie also keine Abwehrmechanismen beim Hai auslösen, sind Sie in ihrer Gegenwart sicher.

Wenn ein Hai sich bedroht fühlt oder sein Territorium verteidigt, signalisiert er das durch eindeutiges Verhalten wie übertriebene Schwimmbewegungen, extremes seitwärtiges Verdrehen und Schwanzschlagen. Wenn ein Hai sich so verhält, bewahren Sie Ruhe, bleiben Sie beim Riff oder auf dem Boden, und warten Sie, bis der Hai sich beruhigt und verschwindet, was er fast sicher tut, sobald Sie sich still verhalten.

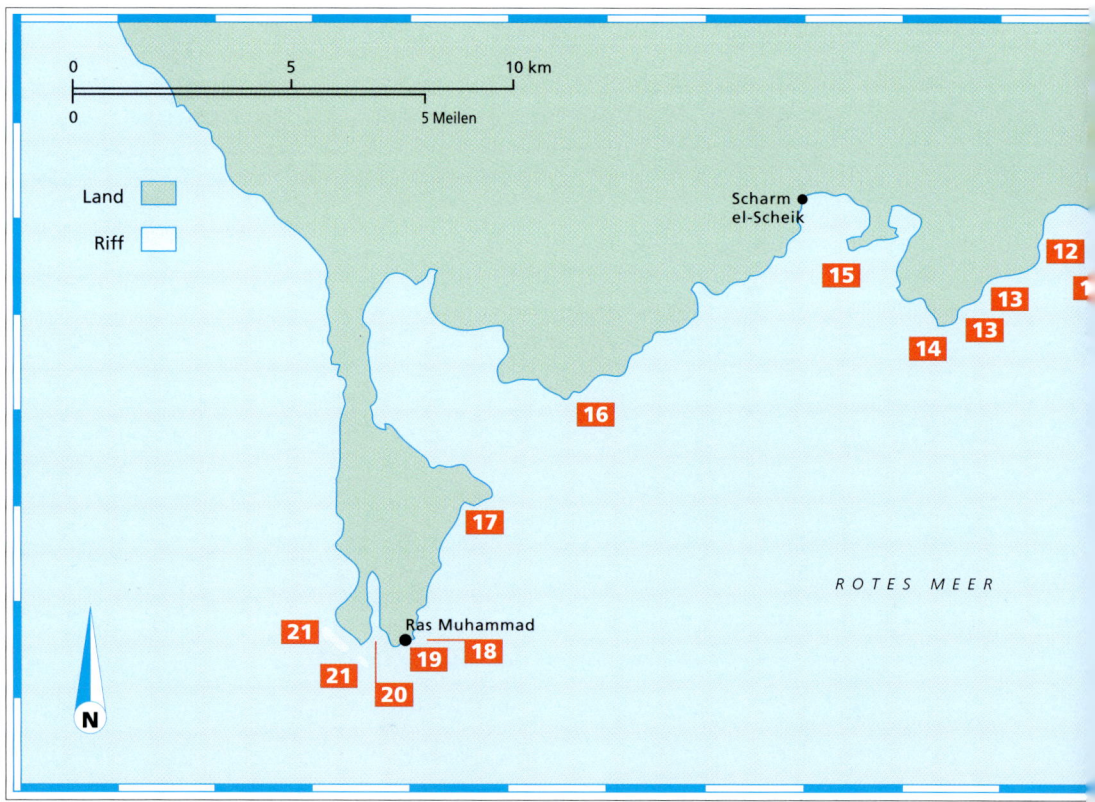

2 WOODHOUSE REEF
★★★★★★

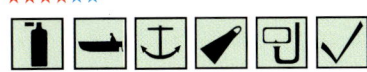

Lage: Das zweite Riff von Norden in der Kette in der Straße von Tiran.

Zugang: Mit dem Boot von Scharm el-Scheik, der Naama Bay oder anderen Häfen.

Bedingungen: Starke Strömungen möglich.

Durchschnittliche Tiefe: 15 m.

Maximale Tiefe: 40 m und mehr.

Durchschnittliche Sicht: 20 m.

Woodhouse, ein langgestrecktes schmales Riff zwischen Jackson und Gordon Reef, verläuft von Nordost nach Südwest. Vom seichten Dach fällt das Riff an allen Seiten steil ab, zwar nicht senkrecht, aber steil mit zunehmender Tendenz ab 25 m.

Normalerweise bedeutet Woodhouse Strömungstauchen an der Ostseite des Riffs. Die Strömung ist meistens gemäßigt, kann bei bestimmten Mondphasen jedoch zunehmen, vor allem beim Nordkanal zwischen Woodhouse und Jackson. Hier muß man darauf achten, daß man nicht um die Spitze gezogen wird, da man sonst vom Riff in die Schiffahrtsstraße getrieben werden kann.

Der Korallenbewuchs ist überall am Riff hervorragend. Bei 20 m gibt es einige sandige Stellen. Viele Arten sind vertreten, aber aufgrund der geschützten Lage des Riffs abseits der Hauptströmung beeinträchtigt eine gewisse Sedimentation die Korallen.

An pelagischen Fischen sieht man unter anderem große Thunfische und Schwärme von Stachelmakrelen. Auch Füsiliere, Schnapper, Doktor- und Nasendoktorfische schwärmen neben tausenden anderer Riffische hier.

3 THOMAS REEF
★★★★★★★

Lage: Das zweite Riff von Süden in der Kette in der Straße von Tiran.

Zugang: Mit dem Boot von Scharm el-Scheik, der Naama Bay oder anderen Häfen.

Bedingungen: Starke Strömung möglich.

Durchschnittliche Tiefe: 20 m.

Maximale Tiefe: 50 m.

Durchschnittliche Sicht: 20 m.

Das Gebiet liegt auf einem steilen Riffhang mit einigen Plateaus und einer Steilschlucht an der Südseite des Riffs. Es ist das kleinste der vier Tiran-Riffe und aufgrund seiner Lage starken Strömungen ausgesetzt.

Der obere Riffabschnitt ist ein Farbenmeer und weist

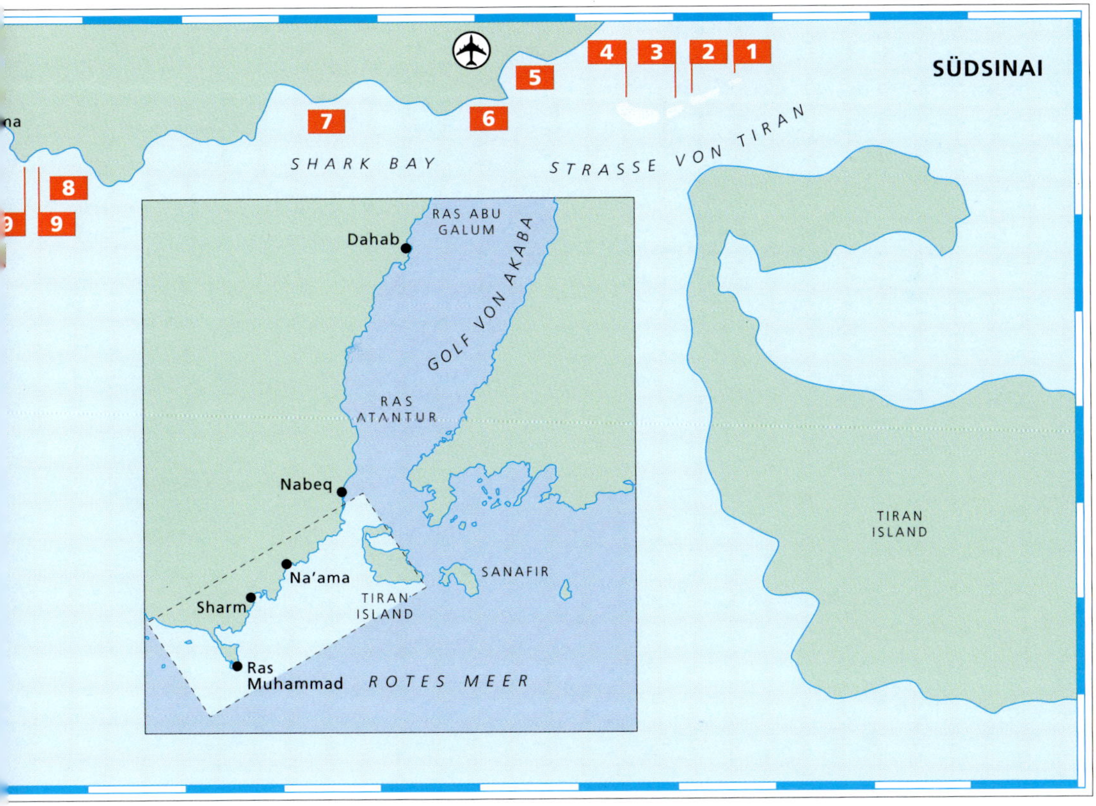

einen der schönsten Korallenbestände der Region auf. Dichte Dendronephthya-Felder in allen erdenklichen Farben breiten sich über das Riff, dazu Geweihkorallen, Stylophora-Arten, einige Acropora-Tischkorallen und zahlreiche andere Steinkorallen.

Auch die Fischfauna ist reichhaltig, wobei die Konzentration im Flachwasser am größten ist. Mondflossen- und andere Zackenbarsche erreichen stattliche Größen, und um das Riff versammeln sich verschiedene Arten von Kaninchen- und Lippfischen zusammen mit Kugel- und Kofferfischen.

Der einzige Grund, hier tiefer als 20 m zu tauchen, ist die Schlucht, deren Erkundung jedoch nur sehr erfahrenen Tauchern vorbehalten ist.

4 GORDON REEF

★★★☆☆☆☆

Lage: Das südlichste Riff in der Straße von Tiran.
Zugang: Mit dem Boot von Scharm el-Scheik, der Naama Bay oder anderen Häfen.
Bedingungen: Wie bei allen Riffen in einer Meerenge sind Strömungen möglich.
Durchschnittliche Tiefe: 15 m.
Maximale Tiefe: 35 m und mehr.
Durchschnittliche Sicht: 20 m.

Wie Jackson im Norden bietet auch dieses Riff ein großes Frachterwrack; am Südende des Riffs warnt ein Leuchtturm die Schiffe. Ganz in der Nähe befindet sich ein fester Liegeplatz.

Das Gebiet besteht aus einem breiten, ovalen, abfallenden Fleckenriff, das sich von der runden flachen Riffspitze nach Süden und Osten ausdehnt, wie der schräge Rand einer Baseballmütze. Das Riff hat unregelmäßige Bereiche, Sandflächen und üppige Korallengärten. In der Mitte des Riffhanges senkt sich ein „Hai-Amphitheater" bis auf 24 m, auf dessen Sandboden verschiedene Hai-Arten ruhen.

Der Korallenbestand ist vielfältig, darunter zahlreiche Geweihkorallen. Die Korallen sind in gutem Zustand, stehen dicht und zeigen oft eine bemerkenswerte Artenvielfalt.

Die Fischfauna in der Straße von Tiran ist nicht die mannigfaltigste, doch es gibt einige Überraschungen wie eine Muräne, deren Körper so dick wie die Taille einer schlanken Taucherin ist. Drückerfische sieht man im Überfluß, die Schwärme der Doktorfische und Stachelmakrelen sind dagegen bescheidener; Kaiser-, Papagei- und kleine Lippfische sind gut vertreten. Häufig stößt man auf große Napoleon-Lippfische.

Der Riffhang eignet sich auch für noch relativ unerfahrene Taucher, die erfahreneren kommen bei den

Haien im Amphitheater auf ihre Kosten.

5 RAS NASRANI

★★★★☆☆☆

Lage: Westlicher Festlandspunkt am Südende der Straße von Tiran.
Zugang: Vom Ufer aus oder mit dem Boot von Scharm el-Scheik, der Naama Bay oder anderen Häfen.
Bedingungen: Starke Strömung möglich - Neulinge aufpassen.
Durchschnittliche Tiefe: 20 m.
Maximale Tiefe: 40 m und mehr.
Durchschnittliche Sicht: 20 m.

Eine abfallende Wand an der Spitze von Ras Nasrani (arabisch für christliche Spitze). Das Profil wechselt von sehr steil bis leicht geneigt - der steilste Wandabschnitt liegt südlich der Spitze, während das Riff nach Norden hin ebener wird. In Küstennähe folgt eine flache Miniwand der Kante der Riffspitze.

Das Riff ist gut mit Stein- und Weichkorallen bewachsen, weist viele massige Korallenblöcke auf, einige schöne Geweihkorallen und eine gute Ansammlung farbenprächtiger Weichkorallen. Der Fischbestand ist außergewöhnlich und bietet eine riesige Palette an Riff- und Schwarmfischen. Muränen verbergen sich in Spalten, Füsiliere, Stachelmakrelen, Doktorfische und Barrakudas umschwärmen das Riff, und Seenadeln glitzern an der Oberfläche. Meeresschildkröten sind häufig zu sehen.

Rechts: *Taucher im Gegenlicht am Paradise-Riff (Nr. 13).*

6 WHITE KNIGHTS

Lage: Direkt südlich von Ras Nasrani (Nr. 5).

Zugang: Mit dem Boot von Scharm el-Scheik, der Naama Bay oder anderen Häfen.

Bedingungen: Einige tiefere Abschnitte erfordern Vorsicht.

Durchschnittliche Tiefe: 15 m.

Maximale Tiefe: 35 m und mehr.

Durchschnittliche Sicht: 20 m.

Dieses Gebiet in der Bucht zwischen Ras Nasrani und dem Norden bietet viel Interessantes. Vom küstennahen Bootsliegeplatz läuft eine tiefe Schlucht hinaus, während im Norden Sand- und Korallenflecken zu einem weiten Sandhang führen, der von Röhrenaalen besiedelt ist. Im Süden lockt ein Holzwrack.

Die meisten Tauchgänge beginnen am Eingang zur Schlucht, einer schmalen Öffnung, die von einer küstennahen Sandfläche hinunterführt. Die enge, sandige Schlucht fällt steil ab, unter mehreren Überhängen und zwei Durchgängen hindurch, einer in 15 m Tiefe, während der zweite, nur erfahrenen Tauchern vorbehaltene hinaus zur Riffwand in 35 m führt.

Wenn man die Schlucht verläßt, kann man sich rechts nach Süden halten und kommt am Riff entlang

---

NAPOLEON-LIPPFISCH

Einer der größten und eindrucksvollsten Fische, denen man im Roten Meer begegnen kann, ist der Napoleon-Lippfisch, *Cheilinus undulatus*. Der Fisch entwickelt, wenn er ausgewachsen ist, an der Stirn einen ausgeprägten Höcker oder Auswuchs, der im Umriß an die Form von Napoleons Mütze erinnert.

Anders als beim Büffelkopf-Papageifisch, der mit seinem ebenfalls höckerbewehrten Kopf Korallenbrocken abbricht, die er dann frißt, gibt es bisher keine Erklärung für den Höcker der Napoleon-Lippfisch. Wie alle *Cheilinus*-Arten ernähren sich Napoleon-Lippfische hauptsächlich von Weichtieren und kleinen Wirbellosen, die sie mit ihren wulstigen, fleischigen Lippen abweiden. Daneben fressen sie offenbar auch Kofferfische und sogar die giftige Dornenkrone.

Ausgewachsene Napoleon-Lippfische können bis zu 230 cm lang werden und ein Gewicht von 190 kg erreichen. Ihre gedrungene Gestalt läßt sie noch massiver erscheinen; eine hautnahe Begegnung mit einem ausgewachsenen Napoleon-Lippfisch wird wohl kaum ein Taucher vergessen. Die Fische sind zwar von Natur aus argwöhnisch, aber auch neugierig, und dort, wo Fütterungen durchgeführt werden, kommen Napoleon-Lippfische den Tauchern bei der Suche nach kleinen Happen bisweilen aufregend nahe.

Süßlippen (Plectorhynchus sp.) suchen überwiegend in Höhlen oder Wracks Schutz.

zum Wrack, oder links, wo man über den Riffhang zu den Röhrenaalen und einigen schönen Flecken im Flachwasser gelangt.

Schwimmt man südwärts und steigt langsam auf, stößt man auf dichte Korallenbestände, darunter Stern- und Blumenkohlkorallen, Geweih- und Acropora-Tischkorallen sowie verschiedene Weichkorallenarten. In etwa 14 m Tiefe, 10 Minuten von der Schlucht entfernt, entdeckt man kieloben ein hölzernes Wrack - die Noos 1, ein Tauchboot, das 1994 gesunken ist.

7 SHARK BAY
★★★★★★

Lage: An der Küste der Shark Bay, südlich von Ras Nasrani (Nr. 5).
Zugang: Vom Ufer aus, oder mit dem Boot von Scharm el-Scheik, der Naama Bay oder anderen Häfen.
Bedingungen: Leichter Einstieg vom Ufer aus, aber auf Boote achten.
Durchschnittliche Tiefe: 20 m.
Maximale Tiefe: 60 m und mehr.
Durchschnittliche Sicht: 20 m.
Ein abfallendes Riff direkt vor dem Shark Bay Camp and Dive Centre, das von einer großen Sandfläche mit der Mole und dem Bootsbereich des Clubs geteilt wird. Im Süden fällt das Riff leicht ab und hat guten Korallenbewuchs; nördlich der Mole ist Flachwasser, in dem man schön schnorcheln kann.

Direkt vor dem Einstieg am Ufer durchschneidet eine Schlucht das Riff; ihre Mündung liegt am Fuß der Riffwand und bildet den Südrand des Sandhangs. Der Sandboden der Schlucht fällt rasch über 60 m ab - aufpassen, daß man nicht zu tief taucht.

Wenn man die Schlucht verläßt, kann man das leicht abfallende Riff im Süden langsam aufsteigend erkunden, bevor man wieder nach Norden umkehrt. Dieser Abschnitt weist dichte Stein- und Weichkorallen auf. Die Fischfauna ist vielfältig und interessant: Kaiser- und Papageifische, Zackenbarsche, Lippfische und Muränen gehören zu den Attraktionen des Riffs, und auf dem sandigen Hang am Einstieg liegen Rochen und Plattfische.

8 FAR GARDEN
★★★★★★

Lage: An der Küste zwischen Shark Bay und Naama Bay.
Zugang: Mit dem Boot von Scharm el-Scheik, der Naama Bay oder anderen Häfen.
Bedingungen: Im allgemeinen ruhig und unbeschwert.
Durchschnittliche Tiefe: 18 m.

Maximale Tiefe: 30 m und mehr.
Durchschnittliche Sicht: 20 m.
Ein gartenähnliches Riff mit farbenprächtigen Korallen, das von Nordwest nach Südost läuft; der Nordwestteil ist stark geneigt und hat an der Spitze einen Steilabfall, der Südwestteil ist dagegen weniger steil. Pfeiler und Blöcke lockern das Riff auf; oben an ihnen und im küstennahen Flachwasser kann man gut schnorcheln.

Die Korallen sind auf kleine Flecken konzentriert, auf denen Dutzende von Arten gedeihen, von Geweihkorallen bis zu zarten Dendronephthya-Arten.

Die Fischfauna ist vielfältig, mit zahlreichen Lippfischen - vor allem Napoleons -, großen Papageifischen und Zackenbarschen. Büschelbarsche, Skorpionsfische, Fahnen- und Riffbarsche sowie zahlreiche Drückerfischarten bewohnen das Riff, und auf den vielen Sandflächen kann man Meerbarben, Eidechsen- und Krokodilsfische entdecken.

9 NEAR GARDEN
★★★★★

Lage: Direkt südlich von Far Garden (Nr. 8), im Norden von der Naama Bay.
Zugang: Mit dem Boot von Scharm el-Scheik, der Naama Bay oder anderen Häfen.
Bedingungen: Wie bei Far Garden, mit widrigen Bedingungen ist nicht zu rechnen.
Durchschnittliche Tiefe: 15 m.
Maximale Tiefe: 30 m und mehr.
Durchschnittliche Sicht: 20 m.
Das Gebiet beginnt an einer küstennahen Miniwand, die vom Riffdach auf etwa 15 m abfällt. Von dort neigt sich das Riff leicht und gleichmäßig bis in 25 m, wo es deutlich steiler wird. Zahlreiche Pfeiler, Blöcke und Korallenstöcke übersäen das Riff und beherbergen bunte kleine Riffische. Größere Riffische sind ebenfalls vertreten, genau wie Blaupunkt-Stechrochen, die gutgetarnt auf dem Sand liegen.

Das nicht sehr anspruchsvolle Profil und die zahlreichen Sandflächen machen das Riff zu einem idealen Gebiet für Anfänger, und die seichte Riffspitze sowie die obere Miniwand eignen sich wunderbar zum Schnorcheln. Fortgeschrittene Taucher kommen am tieferen Riffhang auf ihre Kosten.

10 TOWER
★★★★★★

Lage: Direkt südlich der Naama Bay an der Küste.
Zugang: Einstieg vom Ufer aus oder mit dem Boot von

Scharm el-Scheik, der Naama Bay oder anderen Häfen.
Bedingungen: Der Einstieg vom Ufer kann bei Ebbe unangenehm sein.
Durchschnittliche Tiefe: 20 m.
Maximale Tiefe: 40 m und mehr.
Durchschnittliche Sicht: 20 m.
Das Gebiet, nach einem turmähnlichen Felsen am Ufer benannt, liegt direkt unterhalb des Tower Feriendorfs.

Beim Ein-/Ausstieg vor allem bei Ebbe sollte man sich eine Abkürzung merken; auf halbem Weg über die Riffkante, direkt bei den Stufen, liegt unter Wasser ein kleiner Höhleneinstieg - er öffnet sich zu einem Durchgang, der hinaus ins offene Wasser führt und die mühsame Kraxelei über die Riffkante wesentlich verkürzt.

Am interessantesten ist das Riff im oberen Bereich, mit Ausnahme der Schlucht, die auf 40 m abfällt. Bei 20 bis 25 m sind die Korallen ausgezeichnet und artenreich. Vor allem die Weichkorallen wachsen üppig. Im Flachwasserbereich trifft man fast alle Fische, die man sich denken kann; Riffhaie suchen die tieferen Riffregionen auf.

Vor allem Tauchgänge am Morgen sind sehr schön, wenn die Sonnenstrahlen bis hinunter in die Schlucht und zu den tieferen Riffhängen reichen.

11 PINKY'S WALL
★★★★☆☆☆☆☆

Lage: An der Küste zwischen Tower (Nr. 10) und Turtle Bay (Nr. 12).
Zugang: Vom Ufer aus oder mit dem Boot von Scharm el-Scheik, der Naama Bay oder anderen Häfen.
Bedingungen: Der Einstieg vom Ufer ist körperlich anstrengend.
Durchschnittliche Tiefe: 20 m.
Maximale Tiefe: 60 m und mehr.
Durchschnittliche Sicht: 20 m.
Der Einstieg vom Ufer erfordert einen Geländewagen, um auf die Klippe zu kommen, und dann eine ziemlich mühsame Kletterei durch ein schmales Wadi. Dann muß man über die zerklüftete Riffkante durch die Brandung. Also nur etwas für Taucher mit Kondition und Erfahrung in solchen Einstiegen.

Im Wasser ist dann alles beinahe ideal; klare Sicht, eine schöne, in große Tiefe abfallende Wand, die vor allem mit rosa Weichkorallen überwachsen ist.

Herausragendes Merkmal bei diesem Gebiet sind die Korallen, vor allem Weichkorallen wie Dendronephthya. Steinkorallen stehen nicht so dicht wie sonst in der Gegend, aber die Weichkorallen wiegen das wieder auf. Glitzernde Glasbarschschwärme verstecken sich in Nischen und unter Überhängen, und vor dem Riff stehen Schwarmfische. Zahlreich vertreten sind auch Papagei- und Kaninchenfische, Zackenbarsche und Lippfische.

Das Gebiet ist aus mehreren Gründen außergewöhn-

lich: es hat eine Wand, wo normalerweise Riffhänge vorherrschen, es ist eines der wenigen vom Ufer zugänglichen Gebiete und bietet eine der größten Ansammlungen von Weichkorallen an diesem Küstenabschnitt.

12 TURTLE BAY
★★★★☆☆☆

Lage: An der Sinai-Küste zwischen Pinky's Wall (Nr. 11) und Paradise (Nr. 13).
Zugang: Vom Ufer aus oder mit dem Boot von Scharm el-Scheik, der Naama Bay oder anderen Häfen.
Bedingungen: Grundsätzlich leicht, wenngleich der Einstieg vom Ufer bei Ebbe unangenehm sein kann.
Durchschnittliche Tiefe: 30 m.
Maximale Tiefe: 35 m und mehr.
Durchschnittliche Sicht: 20 m.
Ein mittelstark abfallendes Riff, das in Küstennähe von einer auf etwa 10 m abfallenden Wand und einer stellenweise 30 bis 40 m breiten Riffkante begrenzt wird. Die Rifffläche ist mit anstehendem Gestein und Pfeilern übersät und bietet eine Vielfalt an Korallenarten.

Auch die Fischfauna ist mannigfaltig, unter anderem mit vielen seßhaften Riffischen - Skorpionsfischen, Falschen Steinfischen, Büschelbarschen und anderen - sowie den unzähligen frei umherschwimmenden Riffarten.

Beim Einstieg vom Ufer aus kann der lange Weg über das Riffdach anstrengen, vor allem bei Ebbe. Außer bei ganz niedrigem Wasserstand kann man über die Riffkante schwimmen und dabei die Ausrüstung samt aufgeblasener Tarierweste vor sich herschieben.

Wie bei vielen Gebieten an diesem Küstenabschnitt

führt der Weg zum Zugangspunkt am Ufer über ein Netz abschüssiger Jeepspuren. Erkundigen Sie sich im Tauchzentrum nach dem genauen Weg.

13 PARADISE/FIASCO
★★★★★★

Lage: An der Sinai-Küste zwischen Turtle Bay (Nr. 12) und Ras Umm Sid (Nr. 14).
Zugang: Vom Ufer aus oder mit dem Boot von Scharm el-Scheik, der Naama Bay oder anderen Häfen.
Bedingungen: Einige starke Strömungen - gutes Strömungstauchen möglich.
Durchschnittliche Tiefe: 20 m.
Maximale Tiefe: 35 m und mehr.
Durchschnittliche Sicht: 20 m.
Es sind eigentlich zwei Tauchgebiete: Fiasco, das südliche, liegt nördlich der Spitze bei Ras Umm Sid, und Paradise ist die nördliche Fortsetzung desselben Riffs.

Der Paradise-Abschnitt sieht aus wie ein Garten mit abstrakten Steinskulpturen. Nach Süden setzen sich die Pfeiler fort, unterbrochen von einigen sehr schönen Acropora-Tischkorallen. Dicht stehende Weichkorallen und artenreiche Steinkorallen ergänzen sich aufs schönste. Die Korallen sind von außergewöhnlicher Güte.

Bei Strömung kann man hier große Stachelmakrelen und Barrakudas sowie zahllose Riffische sehen. Die sandigen Abschnitte beherbergen Bodenbewohner wie Krokodilsfische und Blaupunkt-Stechrochen.

Erst bei leichter Strömung erwacht das Riff zu vollem Leben, sonst kann es etwas farblos sein. Bei starker Strömung kann man mit einer Flasche vom Nordende von Paradise fast bis zur Spitze von Ras Umm Sid tauchen (Strömungstauchen).

14 RAS UMM SID
★★★★★★

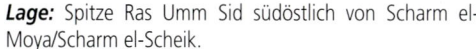

Lage: Spitze Ras Umm Sid südöstlich von Scharm el-Moya/Scharm el-Scheik.
Zugang: Vom Ufer aus oder mit dem Boot von Scharm el-Scheik, der Naama Bay oder anderen Häfen.
Bedingungen: Starke Strömungen möglich; Einstieg vom Ufer aufgrund der großen Riffkante schwierig.
Durchschnittliche Tiefe: 20 m.
Maximale Tiefe: 35 m und mehr.
Durchschnittliche Sicht: 20 m.
Eine Steilwand, die von der Spitze bei Ras Umm Sid bis zur Bucht im Westen reicht. Das Riff folgt dem Küstenverlauf und zeichnet sich durch eingestreute Sand-

> ### SCHWARZE KORALLEN
>
> Die Schwarzen Korallen, die vielfach zu Schmuck verarbeitet werden, sind entfernte Verwandte der Steinkorallen, gehören zur Familie der *Ceriantipatharia* und sind an der feinen, verzweigten Struktur zu erkennen, die kleinen verzweigten Büschen oder nackten Zweigen ähneln. Anders als mancher Taucher vielleicht erwartet, sind lebende Schwarze Korallen keineswegs schwarz; nur das innere hornige Skelett der Koralle ist schwarz, und die geernteten Korallen müssen geschliffen und poliert werden, damit diese Färbung erzielt wird.

flächen, Korallenblöcke und Pfeiler aus.

Zu den Korallenattraktionen gehören Hornkorallen, Acropora-Tischkorallen, Feuerkorallen, dichte Weichkorallen und einige stattliche Korallenbauten. Die Fischfauna ist mehr als annehmbar und bietet zahlreiche Stachelmakrelen, Kaiser- und Papageifische, Picasso- und andere Drückerfische, Goldrand- und Bloch's Doktorfische, Napoleon-Lippfische, Muränen und Feuerfische im Riff sowie Krokodilsfische und Stechrochen auf dem Sand.

15 TEMPLE
★★★★★★

Lage: Westlich von Ras Umm Sid am Eingang zu Scharm el-Moya.
Zugang: Vom Ufer aus oder mit dem Boot von Scharm el-Scheik, der Naama Bay oder anderen Häfen.
Bedingungen: Angenehm und geschützt, einfaches Profil.
Durchschnittliche Tiefe: 15 m.
Maximale Tiefe: 35 m und mehr.
Durchschnittliche Sicht: 20 m.
Ein flaches, geneigtes Riff mit zwei großen und einigen kleineren Pfeilern, die dem Riff Konturen geben. Der größte Pfeiler ist „The Tower" - er wird durch zwei Risse gespalten; durch einen davon kann man hindurchschwimmen. In den zweiten sollte man nicht eindringen, um die Hornkorallen rechts und links nicht zu beschädigen. Alle Pfeiler bergen eine Fülle verschiedenster Rifftiere. Der Korallenbewuchs ist überall gut und so dicht und artenreich, wie sonst kaum in der Gegend. Die Fische sind eine ebenso angenehme Überraschung wie die Korallen und bevölkern artenreich das Riff.

Dieses überraschend reiche und vielfältige Gebiet wird unter den Gebieten der Gegend stark unterschätzt.

16 RAS GHOZLANI
★★★★★★★★★★

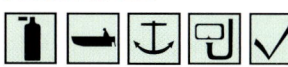

Lage: Am Nordrand des Eingangs von Mersa Bereka, Ras Muhammad.

Zugang: Mit dem Boot von Scharm el-Scheik, der Naama Bay oder anderen Häfen.

Bedingungen: Einfach; einige Strömungen möglich.

Durchschnittliche Tiefe: 18 m.

Maximale Tiefe: 30 m und mehr.

Durchschnittliche Sicht: 20 m.

Das Gebiet liegt am Eingang von Mersa Bereka, der großen seichten Bucht, die Ras Muhammad fast vom Festland trennt. Das Riff folgt dem Küstenverlauf an der Nordspitze der Bucht; eine küstennahe Steilwand geht in etwa 15 m Tiefe in eine geneigte unregelmäßige Riffläche über.

Man kann die Korallen dieses Gebietes gar nicht alle aufzählen - wenn sie im Roten vorkommen, findet man sie hier. Die Fischfauna im gesamten Riff beschert eine wahre Farborgie. Hier findet man wahrscheinlich die schönsten kleinen Riffische der Südküste.

Im Gegensatz zu überlaufenen Gebieten wie Shark Reef (Nr. 21) wird dieses außergewöhnliche Gebiet nicht täglich von ganzen Horden heimgesucht und hat sich so seine Schönheit bewahrt.

17 RAS ZA'ATIR (RAS ATAR)

★★★★★★★

Lage: Ras Muhammad, von Ras Ghozlani (Nr. 16) über die Mündung der Mersa Bereka hinüber.

Zugang: Mit dem Boot von Scharm el Scheik, der Naama Bay oder anderen Häfen.

Bedingungen: Im allgemeinen leicht, die Sicht kann jedoch durch Sedimentation beeinträchtigt werden.

Durchschnittliche Tiefe: 20 m.

Maximale Tiefe: 30 m und mehr.

Durchschnittliche Sicht: 20 m.

Das Riff an dieser Stelle ist ausgeprägter als Ras Ghozlani und hat Spalten und Nischen, die zum Teil kleine Höhlen bilden, in die man hineinschwimmen kann.

Es gibt eine schöne Vielfalt an Stein- und Weichkorallenarten, vor allem Pumpkorallen sind gut vertreten. Der Zustand der Korallen ist generell gut, leidet jedoch unter Versandung, insbesondere im Norden. Die Fischfauna ist ungewöhnlich arten- und zahlreich und übertrifft die von Ras Ghozlani.

Der Fischreichtum macht dieses Gebiet zu einer echten Attraktion und entschädigt reichlich für den etwas matten Zustand der Korallen.

18 JACKFISH ALLEY

★★★★★★

Lage: Ras Muhammad, unmittelbar südlich von Ras Za'atir (Nr. 17).

Zugang: Mit dem Boot von Scharm el-Scheik, der Naama Bay oder anderen Häfen.

Bedingungen: Starke Winde, Wellen und Strömungen möglich, was den Zugang erschwert.

Durchschnittliche Tiefe: 20 m.

Maximale Tiefe: 40 m und mehr.

Durchschnittliche Sicht: 20 m.

Das Gebiet, auch Fisherman's Bank oder Stingray Alley genannt, beginnt an einer Steilwand. Anfangs weist die Wand viele kleine Löcher und Spalten sowie einige „begehbare" Höhlen mit jeweils einem Ein- und Ausgang auf.

Nach Süden hin geht die Wand in ein Sandplateau in etwa 20 m über, das mit Korallenstöcken und anstehendem Gestein übersät ist. Das Plateau verbreitert sich anfangs stark und wird am Südende wieder schmal, wo es einen kleinen Kanal bildet. Ein Stück weiter vor der Wand liegt ein zweites, tieferes Plateau.

Der Korallenbewuchs ist überall gut, die Fischfauna mit vielen Stachelmakrelen und Stechrochen sowie den üblichen Riffischen außergewöhnlich.

19 SHARK OBSERVATORY

★★★★★★★

Lage: Ras Muhammad, unmittelbar südlich von Jackfish Alley (Nr. 18).

Zugang: Vom Ufer aus oder mit dem Boot von Scharm el-Scheik, der Naama Bay oder anderen Häfen.

Bedingungen: Starke Strömungen können problematisch werden, vor allem beim Einstieg am Ufer.

Durchschnittliche Tiefe: 20 m.

Maximale Tiefe: 40 m und mehr.

Durchschnittliche Sicht: 20 m.

Das Gebiet reicht vom Fuß des Observatoriumsfelsens im Norden über die Mündung einer seichten kistenförmigen Bucht bis zum Anfang von Anemone City (Nr. 20) im Süden. Am Ufer gibt es zwei mögliche Einstiegspunkte, einer in der kleinen Bucht, der andere in der kleinen Einbuchtung des Felsens - beide sind auf der Straße zu erreichen.

Das Gebiet besteht aus einer Steilwand, die am Fuß in einen Hang übergeht. Das zerklüftete Profil ist im Nordabschnitt besonders ausgeprägt, wo man Risse, kleine Höhlen und Spalten erkunden kann. Der Korallenbewuchs ist gut, Stein- und Weichkorallen sind arten- und zahlreich vertreten.

Das steile Profil lockt nicht sehr viele kleine Riffarten an, so daß Qualität und Quantität der Fischfauna etwas von den Strömungen und dem pelagischen Leben abhängen, das sie anziehen. Stachelmakrelen, Barrakudas und gelegentlich Grau- oder Schwarzspitzen-Haie beleben die Szene, wenn Strömung herrscht; Schnapper, Doktor- und Nasendoktorfische treten in Schwärmen unterschiedlicher Größe auf, und auch größere Riffische wie Riesenzackenbarsche und Napoleon-Lippfische sind normalerweise zu sehen.

Taucher müssen auf die hier häufigen starken Strömungen achten, und wer am Ufer einsteigt, muß doppelt vorsichtig sein. Jenseits der Nordspitze gibt es am Ufer keinen Ausstiegspunkt - schwimmen Sie nicht über die Spitze hinaus, wenn die Strömung eine Rückkehr zum Ausgangspunkt verhindern könnte.

20 ANEMONE CITY

    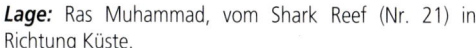

Lage: Ras Muhammad, vom Shark Reef (Nr. 21) in Richtung Küste.
Zugang: Vom Ufer aus oder mit dem Boot von Scharm el-Scheik, der Naama Bay oder anderen Häfen.
Bedingungen: Einige starke und auch leichte abwärtsgerichtete Strömungen; der Einstieg vom Ufer erfordert unter Umständen längeres Waten.
Durchschnittliche Tiefe: 18 m.
Maximale Tiefe: 40 m und mehr.
Durchschnittliche Sicht: 20 m.

Eines der schönsten Gebiete in der Region von Ras Muhammad. Das Riff fällt steil ab und wird von tiefen Buchten zerteilt. Das abschüssige Profil wird von mehreren Plateaus oder großen Sockeln mit dichtbewachsenen Pfeilern und Korallenstöcken unterbrochen. Der Korallenbewuchs ist sehr üppig, vor allem wo das Riff vom Einstieg am Ufer nach rechts in Richtung Shark Reef zieht.

Natürlich gibt es Unmengen Anemonen mit Anemonenfischen. Außerdem wimmelt es von anderen Fischen, vor allem morgens geht es sehr lebhaft zu. Nahe der Oberfläche stehen Barrakudas und Seenadeln geduldig im Wasser.

Der Anmarsch von einem Parkplatz am Rand der Bucht und der Einstieg am Ufer bei Ebbe können recht beschwerlich sein, da Untiefen in der Bucht zu überqueren sind; der einfachste Weg führt bei meerwärts gerichtetem Blick am linken Rand der Bucht entlang.

21 SHARK REEF/JOLANDA REEF

Lage: Die Südspitze der Halbinsel Sinai, am Südende des Nationalparks Ras Muhammad.
Zugang: Vom Ufer aus oder mit dem Boot von Scharm el-Scheik, der Naama Bay oder anderen Häfen.
Bedingungen: Oft sehr starke Strömungen.
Durchschnittliche Tiefe: 20 m.
Maximale Tiefe: 50 m und mehr.
Durchschnittliche Sicht: 20 m.

Wenn ein Taucher an den Sinai denkt, denkt er an Shark Reef und Jolanda. Die beiden Riffe sind der Doppelgipfel eines submarinen Tafelberges vor der Küste von Ras Muhammad, der durch einen flachen Kanal vom Festland getrennt ist.

Shark Reef, die östliche der beiden Spitzen, bietet eine Wand, die an der Nordost- und Ostseite steil bis auf über 50 m abfällt und im weiteren Verlauf des Riffs nach Südwesten Richtung Jolanda in einen Steilhang übergeht. Zwischen den beiden Riffen liegt in 18 bis 20 m ein flacher Sattel; eine zweite flache Stelle befindet sich südlich von Jolanda. Dort liegen auch die Überreste des Frachters Jolanda, der 1986 bei einem Sturm sank und dessen Ladung über das ganze Riff verstreut ist.

Die Korallen sind wunderbar, mit gutem, wenn auch etwas spärlichem Bewuchs an der Wand und dichten Korallengärten auf den flachen Stellen. Große pelagische und Schwarmfische umschwärmen die Riffe zu Tausenden - am eindrucksvollsten ist die Konzentration vor der Wand beim Shark Reef. Im offenen Meer, vor allem vor der Nordostecke von Shark Reef kann man verschiedene große Haie sehen - unter anderem Hammerhaie, Grau- und Schwarzspitzen-Haie. Auf dem Riff tummeln sich hunderte verschidener Riffischarten, Muränen sowie Blau- und Schwarzpunkt-Stechrochen.

Vom Boot aus macht man die beiden Riffe normalerweise als Strömungstauchgang, wobei das Boot die Taucher im Flachwasser hinter Jolanda wieder aufnimmt; damit geht man vielen der hier häufigen Strömungsprobleme aus dem Weg. Man kann auch vom Ufer aus tauchen, bei Anemone City (Nr. 20) einsteigen und über den Kanal zum Shark Reef schwimmen; das sollte man aber nur machen, wenn die Strömung schwach ist - außerdem ist unbedingt darauf zu achten, daß genügend Luft für den Rückweg bleibt. Der Einstieg vom Ufer ist nur starken Schwimmern anzuraten.

Meist paarweise: Rotmeer-Wimpelfische.

WIE MAN HINKOMMT

Mit dem Flugzeug: Der einzige internationale Flughafen auf der Halbinsel Sinai ist der von Scharm el-Scheik, der unbestritten Tourismushauptstadt der Region, die zahlreiche Linien- und Chartergesellschaften anfliegen. Charterflüge von Europa sind meistens sehr günstig und oft billiger als vergleichbare Flüge nach Kairo oder anderen Städten im Mittleren Osten.
Mit dem Bus: Luxusbusse verbinden Scharm el-Scheik mit Kairo und dem übrigen ägyptischen Festland, außerdem gibt es Direktverbindungen nach Israel, Jordanien und anderen Fernzielen. Eine direkte Fährverbindung existiert zwischen Scharm el-Scheik und Hurghada, und die Fähre von Nuweiba nach Akaba ist nur eineinhalb Autostunden von Scharm el-Scheik entfernt.
Taxis sind im Süden des Sinai die teuersten Ägyptens. Eine Fahrt vom Flughafen zur Stadt kostet runde 20 ägypt£ (knapp 7 US-$), und Ortsfahrten etwa von Naama Bay nach Scharm el-Scheik kosten fix 10 ägypt£. Nach westlichen Maßstäben mag das wenig sein, aber verglichen mit den Preisen in der Hauptstadt ist dies das Zehnfache.

WO MAN ABSTEIGEN KANN

In der obersten Kategorie geben internationale Ketten wie **Hilton** und **Mövenpick** den Ton an, wobei lokale Häuser wie das **Ghazala Hotel** den gleichen Luxus bieten, nur ohne Etikett.

In der mittleren bis unteren Klasse schießt das **Sanafir Hotel** den Vogel ab - eines der ersten und immer noch der besten. Das Hotel wurde vergrößert, um der Nachfrage gerecht zu werden, hat aber seinen wohnlichen Charme bewahrt. Mit Restaurants, Bars, Terrassen und sogar einer Disko ist es mit seiner zurückhaltenden islamischen Architektur eine Oase im sonst herrschenden Kommerz von Naama Bay. **The Pigeon House** ist ein weiteres Mittelklasse-Hotel mit gutem Ruf und bei Tauchern beliebt.

Richtig abseits liegt das preiswerte **Shark's Bay** einige Kilometer nördlich von Naama. Das einstige Beduinenlager für Rucksacktouristen ist zu einem geschmackvollen, aber immer noch abgelegenen Bungalowkomplex geworden. Eine einfache Unterkunft, aber mit sauberem Privatstrand und Eß- sowie Aufenthaltsbereich im Beduinenzeltstil.

Ebenfalls preiswert (nach Scharm-Maßstäben) ist **Safetyland** in Scharm el-Scheik. Das Hotel mit ein paar hüttenartigen Bungalows und einigen etwas dunklen, klimatisierten Zimmern wird zwar niemals fünf Sterne bekommen, ist dafür günstig, hat einen Privatstrand, eigenes Restaurant und Bar und bietet weit mehr Annehmlichkeiten als einige Mittelklassehäuser, die doppelt so teuer sind.

Gafy Land, Naama Bay, Scharm el-Scheik, Südsinai, Ägypten; Tel. 20 62 600 210. **Ghazala Hotel**, Naama Bay, Scharm el-Scheik, Südsinai, Ägypten; Tel. 20 62 600 150, Fax 20 62 601 155. **Hilton Fayrouz Resort**, Naama Bay, Scharm el-Scheik, Südsinai, Ägypten; Tel. 20 62 601 141, Fax 20 62 601 043. **Hilton Residence**, Scharm el-Scheik, Südsinai, Ägypten; Tel. 20 62 600 136, Fax 20 62 601 040. **Kanabesh Hotel**, Naama Bay, Scharm el-Scheik, Südsinai, Ägypten; Tel. 20 62 600 184, Fax 20 62 600 185. **Novotel Aquamarine**, Naama Bay, Scharm el-Scheik, Südsinai, Ägypten; Tel. 20 62 600 172, Fax 20 62 600 193. **Pegeon House**, Naama Bay, Scharm el-Scheik, Südsinai, Ägypten; Tel. 20 62 600 996, Fax 20 62 600 995. **Safetyland**, Scharm el-Scheik, Südsinai, Ägypten; Tel. 20 62 600 359. **Sanafir Hotel**, Naama Bay, Scharm el-Scheik, Südsinai, Ägypten; Tel. 20 62 600 197, Fax 20 62 600 196. **Shark's Bay Camp**, Shark Bay, Scharm el-Scheik, Ägypten; Tel. 20 62 600 208.

WO MAN ESSEN KANN

Nirgendwo sonst auf der Halbinsel findet man eine solche Ansammlung an Restaurants wie in Scharm el-Scheik/Naama Bay.

Naama Bay
Naama Bay hat die meisten teuren Restaurants, so das **La Fleur** im Mövenpick Hotel, ein großartiger Ort zum Prassen und Feiern. Im Einkaufszentrum von Naama bietet das **Chinese/Korean** gute koreanische Grillspezialitäten. Im Sanafir Hotel gegenüber befindet sich eine Filiale der guten **Peking Chinese**-Restaurants. **Franco's Pizza** im Ghazala Hotel ist gut; im selben Komplex gibt es ein **japanisches** Restaurant. Gegenüber den beiden letzten auf der anderen Seite der Promenade kann man im **Tam Tam** sehr gut ägyptisch essen; es ist außerdem eines der wenigen Restaurants in Naama ohne Nepppreise.

Scharm el-Scheik
Unbedingt anzuraten ist das ausgezeichnete, unterbewertete Restaurant **Flampe**, wo es sehr gute gegrillte Fleisch- und Fischspezialitäten, Suppen u. a. zum halben Preis aber doppeltem Service wie in vergleichbaren Restaurants in Naama gibt. Das **Sinai Star** ist ein großes scheunenartiges Restaurant, das auf Meeresfrüchte spezialisiert ist; **Suleiman's** die Straße hinunter ist etwas gehobener und bietet ebenfalls frische Fische und Meeresfrüchte, dazu ägyptische Salate, und alles erstaunlich preiswert. Viele große Hotels haben Buffets mit Festpreisen. Den Morgen kann man festlich am Frühstücksbuffet im **Hilton Residence** und im **Mövenpick** beginnen.

Abendunterhaltung bietet die **Pirates Bar** im Fayrouz Hilton, eine Art Seemannsbar mit Importbier vom Faß, die den örtlichen Tauchlehrern als Stammkneipe dient. Für etwas Aktivere ist die Disko **Bus Stop** im Sanafir, die später am Abend öffnet. Ruhigere Möglichkeiten bieten einige Straßencafés und Strandbars an der Promenade.

TAUCHEINRICHTUNGEN

Eine komplette Liste aller Tauchschulen im Südsinai würde ein ganzes Buch füllen. Die folgende Aufzählung ist deshalb keineswegs erschöpfend.

Eines der ältesten und sicher auch nettesten Tauchzentren in Scharm el-Scheik ist der **Camel Dive Club**. Er hat ein freundliches, sehr fachkundiges Management, internationale, bestens ausgebildete, mehrsprachige Mitarbeiter und Tauchlehrer sowie eine herrlich lockere Atmosphäre. Camel bietet alles, was man sich von einem Tauchzentrum nur wünschen kann und ist sehr zu empfehlen.

Sinai Divers ist ebenfalls alteingesessen, sehr professionell und betreibt zusammen mit dem Ghazala Hotel mehrere Tauchkreuzfahrtschiffe. Das angenehme und lockere **Embarak Sharm El Sheik Diving Safari** an der Shark's Bay abseits des Trubels ist ein weiteres ausgezeichnetes und empfehlenswertes Zentrum. Es ist im Besitz von Beduinen, wird von einem sachkundigen, freundlichen, internationalen Team betrieben, bietet Tauchen vom Ufer am eigenen Riff und neben den üblichen lokalen Tauchgebieten Tauchkreuzfahrten von zwei Tagen bis zwei Wochen.

Aqua Marine, Naama Bay, Scharm el-Scheik, Südsinai, Ägypten; Tel. 20 62 600 276, Fax 20 62 601 176. 1 Tauchgang 35 US-$, 2 Tauchgänge 45-55 US-$. Komplettausrüstung: 22 US-$ (16 US-$ für zwei oder mehr Tage). Open Water-Kurse 275 US-$ plus Zertifikatsgebühr. Brevets: PADI. **Camel Dive Club**, Naama Bay, Scharm el-Scheik, Südsinai, Ägypten; Tel. 20 62 600 700, Fax 20 62 600 601. 1 Tauchgang 30 US-$, 2 Tauchgänge 50 US-$. Komplettausrüstung: 20 US-$. Open Water-Kurse 299 US-$ plus Zertifikatsgebühr. Brevets: PADI, SSI. **Colona Dive Club**, Naama Bay, Scharm el-Scheik, Südsinai, Ägypten; Tel. 20 62 600 184, Fax 20 62 600 240. 1 Tauchgang; 2 Tauchgänge 45-55 US-$. Komplettausrüstung: 22 US-$. Open Water-Kurse 270 US-$. **Discover Scuba Resort**, Scharm el-Scheik, Südsinai, Ägypten; Tel. 20 62 600 268, Fax 20 62 770 726. 1 Tauchgang: keine Angaben, 2 Tauchgänge 175 ägypt£. Komplettausrüstung: 90 ägypt£. Open Water-Kurse 1.150 ägypt£. Brevets: PADI. **Embarak Sharm El Sheik Diving Safari**, Shark's Bay, Scharm el-Scheik, Ägypten;

Tel. 62 600942, 62 600943, Fax 62 600944. 1 Tauchgang 28 US-$, 2 Tauchgänge 50 US-$. Komplettausrüstung: 15 US-$/20 US-$ bei privater Ausleihe. Open Water-Kurse 280 US-$. Brevets: PADI. **Oonasdivers**, Naama Bay, Scharm el-Scheik, Südsinai, Ägypten; Tel. 20 62 600 581, Fax 20 62 770 582. Bietet auch Unterkünfte an. 1 Tauchgang: keine Angaben, 2 Tauchgänge 50-55 US-$. Komplettausrüstung: 20 US-$. Open Water-Kurse 270 US-$ plus 30 US-$ Zertifikatsgebühr. Brevets: PADI. **Red Sea Diving Club**, Naama Bay, Scharm el-Scheik, Südsinai, Ägypten; Tel. 20 62 600 343, Fax 20 62 600 342. Rabatt für Pauschalangebote. 1 Tauchgang: keine Angaben, 2 Tauchgänge 45 US-$. Komplettausrüstung: 26,50 US-$. Open Water-Kurse 265 US-$ plus 30 US-$ Zertifikatsgebühr. Brevets: PADI, NAUI, CMAS, SSI. **Sinai Dive Club**, Fayrouz Hilton, Naama Bay, Scharm el-Scheik, Südsinai, Ägypten; Tel. 20 62 600 138, Fax 20 62 601 048. 1 Tauchgang 30 US-$, 2 Tauchgänge 50-55 US-$. Komplettausrüstung: 25 US-$. Open Water-Kurse 335 US-$ plus Zertifikatsgebühr. Brevets: PADI. **Sinai Divers**, Ghazala Hotel, Naama Bay, Scharm el-Scheik, Südsinai, Ägypten; Tel. 20 62 600 697, Fax 20 62 600 158. Hat auch einige Tauchkreuzfahrtschiffe. 1 Tauchgang DM 45, 2 Tauchgänge DM 75-85. Komplettausrüstung: DM 35. Open Water-Kurse DM 475 plus DM 50 Zertifikatsgebühr. Brevets: PADI.

FILMENTWICKLUNG

Mehrere Geschäfte in Scharm el-Scheik verkaufen und entwickeln Filme, außerdem mindestens zwei Spezialgeschäfte für Unterwasserfotos in Naama Bay. Letztere haben auch Ausrüstung zum Kauf und Miete und geben Unterricht in Unterwasserfotografie und Videotechnik.

KRANKENHÄUSER

Einem Krankenhaus westlicher Prägung am nächsten kommt in Scharm el-Scheik das neue Notfallzentrum unter der Leitung von Ärzten, die auch für die Dekompressionskammer und die Einrichtungen für hyperbare Medizin zuständig sind. Die Einrichtung sollte Anfang 1996 einsatzbereit sein und ist komplett für Notfälle ausgestattet. Dieselben Ärzte beraten abends im Ghazala Hotel. Setzen Sie sich wegen Einzelheiten mit der Rezeption des Ghazala in Verbindung, Tel. (62) 600 150, oder dem hyperbarischen Zentrum, Tel. (62) 600 922 oder (62) 600 923.

TAUCHNOTFÄLLE

Scharm el-Scheik hat eine der besten Dekompressionseinrichtungen der Region, die mit Unterstützung der USAID entwickelt wurde und von einem erfahrenen Ärzteteam betreut wird. Die Anlage befindet sich in Scharm el-Scheik, gegenüber dem Marinehafen, Tel. (62) 600 922 oder (62) 600 923, Fax (62) 601 011; die Rezeption im Hilton Residence, Tel. (62) 600 136 kann eventuell auch weiterhelfen, da einer der Ärzte dort wohnt.

LOKALE BESONDERHEITEN

Größter lokaler Anziehungspunkt im Südsinai ist die Wüste. Sehenswürdigkeiten wie **Wadi Kid**, der farbige Canyon, und die Oasen **Ain Khudra** und **Ain Kid** sind alle nur einen Tagesausflug von Scharm entfernt; man kann natürlich eine längere Safari unternehmen und in der Wüste übernachten. Das alte **Katharinenkloster** in den Bergen von Zentralsinai ist von den Küstenorten in wenigen Stunden zu erreichen. 15 Mönche leben dort spartanisch wie vor 1500 Jahren, und die Besucher dürfen die schöne Kapelle und einige bemerkenswerte Altertümer besichtigen.

KÜSTENTAUCHEN IN SCHARM

Trotz der vielen Schiffe, die Taucher zu den Gebieten bei Scharm el-Scheik bringen, und der offenkundigen Vorliebe der meisten Tauchzentren für das Tauchen vom Boot, ist Küstentauchen in den meisten Küstenorten nach wie vor eine durchaus brauchbare Alternative. Tatsächlich war Küstentauchen bis in die jüngste Zeit der einzige Weg, viele Gebiete vor Scharm zu erreichen. Das beste am Küstentauchen ist vielleicht, daß man selbständig planen, dem „Stoßverkehr" auf dem Wasser ausweichen und das Gebiet praktisch für sich allein haben kann.

Die Straßen im Bereich Scharm sind generell sehr gut, Vierradantrieb braucht man selten. Meistens muß man vor dem Küstentauchen allerdings durch sandige Wadis oder über Riffe klettern, aber das gehört einfach dazu.

Das einzige wirkliche Problem für Küstentaucher ist der unglaubliche Bauboom an der Küste - der Straßenverlauf ändert sich von Woche zu Woche, und einige Gebiete werden durch neue Bauvorhaben völlig blockiert.

Wer auf eigene Faust Küstentauchen betreiben will, sollte sich bei einem der örtlichen Tauchzentren informieren.

Viele Besucher kombinieren ihren Besuch im Kloster mit einer Ersteigung des 2285 m hohen **Berges Sinai**.

Die Einfahrt nach Scharm el-Scheik, einem der sichersten Ankerplätze für kleine Boote in Südsinai.

Ägypten setzt sich mehr als alle anderen Länder am Roten Meer für den marinen Umweltschutz ein. Mit der Gründung des Ras Muhammad Nationalparks 1983 ist es der ägyptischen Regierung gelungen, Umweltschutz und nachhaltige Nutzung in ihre Entwicklungsmaßnahmen zu integrieren. Mit dem Schutz der empfindlichen Ressourcen, auf die der Tourismus am Roten Meer angewiesen ist, hat Ägypten anderen Anrainerstaaten den Weg gewiesen, die eigene Umweltmaßnahmen ergreifen.

PARKGRENZEN

Bei seiner Gründung umfaßte der Ras Muhammad Nationalpark die relativ kleine Fläche der Halbinsel Ras Muhammad sowie der Inseln Tiran und Sanafir. Innerhalb der Parkgrenzen wurden das Tauchen und traditionelle Fischen streng überwacht und kontrolliert, was zu einem deutlichen Rückgang der Schäden führte, die an anderen lokalen Riffen vermehrt auftraten. Als sich der Erfolg des Parks herumsprach, kam weiteres Gelände unter seine Kontrolle: die Schaab Mahmud-Riffe im Westen und der Bereich von Ras Muhammad bis Scharm el-Scheik, 1991 dann Ras Nasrani und 1992 die Nordküste. Mit diesen Erweiterungen reicht der Park heute von Schaab Mahmud bis Ras Abu Galum, fast über die halbe Ostküste der Sinaihalbinsel.

UMWELTERZIEHUNG

Im Nationalpark betreibt die Verwaltung ein breites Programm zur Umwelterziehung, Überwachung und Forschung unter Führung des ägyptischen Umweltministeriums. Einige Maßnahmen wie die Seminare für die örtlichen Tauchschulen haben direkten Bezug zur Kontrolle des Sporttauchens, während sich andere Teile des Programms auf die Bedürfnisse der Beduinengemeinden im Park konzentrieren. Die Beduinen leben zum Teil vom Fischfang, aber der steigende Druck durch Bevölkerung und äußere Einflüsse auf die örtlichen Riffe hat die marine Umwelt in vielen anderen Bereichen an den kritischen Punkt gebracht. Die Parkverwaltung hält es für unerläßlich, die

Einheimischen in die Umweltschutzbemühungen einzubeziehen, statt einfach Gesetze und Bestimmungen zu erlassen.

Die Parkverwaltung möchte die lokalen Gemeinden mit Mitteln und Informationen versorgen, damit diese sich aktiv am Schutz der begrenzten natürlichen Ressourcen beteiligen können. Die Beduinen, die in engem Einklang mit der Natur leben, machen begeistert bei diesem neuen Programm mit - vor allem seit diese Politik den unterentwickelten Gebieten Krankenhäuser, Schulen und Sozialpläne beschert.

Heute ist der Nationalpark eine komplexe Organisation, die viele Aktivitäten überwacht, von der Meeresforschung bis zum Betrieb eines Touristenzentrums und Informationsdienstes für Besucher des Parks. Projekte wie eine meeresbiokulturelle Machbarkeitsstudie wollen künftig die Nützlichkeit des Gebietes auf örtliche Gemeinden ausdehnen, während Ranger mit Geländewagen und schnellen Motorbooten die Einhaltung der Schutzbestimmungen im Park überwachen. Es gibt sogar Berichte über eine „geheime" Tauchpolizei - Ranger, die unerkannt an Tauchgängen teilnehmen, um sicherzustellen, daß Tauchschulen und Taucher sich an die Richtlinien des Parks halten.

DIE HEPCA-ORGANISATION

Ras Muhammad ist zwar das Paradestück in Sachen ägyptischer Meeresschutz, doch es gibt auch eine Menge anderer Programme im Gebiet, die ähnlich wirksam sind. Hier ist vor allem die HEPCA zu nennen, die Umweltschutzvereinigung von Hurghada. Sie wurde 1992 von 15 lokalen Tauchschulen gegründet, um gegen die zunehmende Zerstörung der einst unberührten Riffe von Hurghada anzugehen.

Der Raum Hurghada wurde als erster in Ägypten gezielt zu einem Urlaubsziel für Taucher entwickelt, und die Infrastruktur florierte, als die Taucher ins Land strömten. Doch was wie der Traum eines Planers begann, wurde bald zur ökologischen Horrorgeschichte: 350 der 500 Tauchboote im Raum Hurghada ankerten täglich an den Riffen, und der Korallen-schatz von Hurghada zerfiel zu Schutt.

Der Gegenangriff der HEPCA begann mit einem Projekt für Festmachertonnen, um das Ankern an den besonders empfindlichen Rif-fen zu stoppen, und nach intensiven Bemühun-gen hatte man schließlich das Geld beisam-men, ein ganz modernes submarines Anker-system aus den Vereinigten Staaten zu impor-tieren, einschließlich der schweren Hydraulik-ausrüstung für das Verankern.

Zunächst wollte man 60 dauerhafte Fest-machertonnen im Raum Hurghada installieren. Nach einigen Anfangsschwierigkeiten lief das Projekt an, wobei Philip Jones, der technische Berater der HEPCA, der die Hauptlast der Installationsarbeit trug, von einheimischen Tauchern wie Mark Maurice unterstützt wurde, einem Basisleiter der SUBEX.

Stundenlang mühten sich die Freiwilligen mit schwerem Gerät unter Wasser und lernten das Verankern vor Ort. Als das Projekt beendet war, hatten sie mehr Deko-Zeiten angesammelt als die meisten Taucher Tauchstunden in ihrem Logbuch stehen haben, aber die Bojen waren verankert, und Hurghadas miserabler Ruf in Sachen marinem Umweltschutz änderte sich.

Das Bojen-Projekt der HEPCA fand überall große Beachtung - eine kleine kommunale, nichtstaatliche Organisation hatte sich an ein riesiges Problem gewagt und das mit einem Minibudget, lokalen Fachleuten und kommu-naler Einsatzbereitschaft.

EIN FORTWÄHRENDER KAMPF

Aber die HEPCA ruhte nicht auf ihren Lor-beeren aus. Auf der Grundlage des ursprüng-lichen Bojen-Projektes bemühte sich die Organisation um staatliche und internationale Gelder und Unterstützung. Gemeinsam mit USAID entwickelte HEPCA weitere Projekte und umfassende Pläne, an möglichst vielen lokalen Riffen Bojen zu verankern. Man stellte fest, daß weitere 200 Bojen gebraucht wurden, um der fortschreitenden Zerstörung der regio-nalen Meeresumwelt Einhalt zu gebieten. HEPCA ließ sich nicht entmutigen, sicherte die Finanzierung von Ausrüstung und Material

durch USAID und ging daran, die Bojen als Teil der USAID-Umweltinitiative Rotes Meer zu installieren und zu warten.

So gesichert, werden die Riffe und Inseln vor der Küste offiziell „Schutzgebiete", für die die gleichen Bestimmungen wie für den Ras Muhammad Nationalpark gelten. HEPCA hat mit dem ägyptischen Umweltministerium verhandelt, um diese Statusänderung durchzu-setzen, und bei der Entwicklung von Strategien mitgewirkt, die geschützten Gebiete zu ver-walten und zu überwachen.

Als Teil dieses Projektes hat sich die HEPCA auch auf das Gebiet der kommunalen Bildung begeben in der Erkenntnis, daß ökolo-gische Initiativen nur erfolgreich sein können, wenn sie von den Einheimischen unterstützt werden. Seminare und Veröffentlichungen sind Bestandteil dieser Bewußtseinskampagne, die sich nicht nur an Tauchschulen und Boots-unternehmer richtet, sondern auch an einhei-mische Fischer, Hotels und Reisebüros, an Funk-tionäre der Küstenwacht und der Touristen-polizei sowie an die Gemeinde insgesamt. Das Informationsmaterial umfaßt mehrsprachige bebilderte Führer, die die Bestimmungen zum Schutz der neugeschaffenen Meeresgebiete erklären. Ferner sind Dia-Vorführungen, Videos und Vorträge internationaler Fachleute sowie einheimischer Meeresbiologen geplant, um das allgemeine Bewußtsein zu wecken.

EINE ERFOLGSSTORY

Der Weg der HEPCA führte aus bescheidenen Anfängen zu einer immer engeren Zusammen-arbeit mit staatlichen und internationalen Umweltschutzgruppen und ist ein beispielloser Erfolg.

Die Entschlossenheit und Energie ihrer Mitglieder beweisen, daß der stärkste Antrieb für den Umweltschutz aus den Kommunen selbst kommt.

Die HEPCA ist ein leuchtendes Beispiel für die Entwicklung des marinen Umweltschutzes am Roten Meer.

Der VDST und der Förderkreis Sport-tauchen unterstützen diese wichtige Arbeit des Riffschutzes.

VON SCHARM EL-SCHEIK BIS HURGHADA

Das klare, blaue Wasser zwischen Scharm el-Scheik und Hurghada verbirgt einige der größten Überraschungen des Roten Meeres - atemberaubende Riffe und geheimnisvolle Wracks, Erbe des Seehandels, der Jahrtausende hier betrieben wurde. Die Riffe in der Straße von Gubal, dem Tor zum Sueskanal, sind ebenso reich an Geschichte wie an natürlicher Schönheit.

Wir behandeln hier Tauchgebiete in Schaab Mahmud und Schaab Ali, der Straße von Gubal und Hurghada, verstreut über 74 km offenes Meer zwischen der Spitze von Ras Muhammad und dem ägyptischen Festland bei Hurghada. Die Gebiete sind von Scharm el-Scheik und Hurghada zu erreichen: Scharm el-Scheik wurde im vorigen Kapitel behandelt (vgl. S. 84).

MENSCHEN UND KULTUR

Wie die Südküste des Roten Meeres war auch der Raum Hurghada einst nur von Beduinen besiedelt, die über die gesamte Arabische Wüste verstreut lebten. Heute ist es völlig anders, und die vor wenigen Jahrzehnten noch einsamen Strände sind zu Ägyptens größtem Badeurlaubszentrum geworden. Viele Ladenbesitzer, Hotel- und Restaurantangestellte kamen ursprünglich aus dem Touristenzentrum Luxor. Als der Tourismus dort im letzten Jahrzehnt seinen Sättigungspunkt erreichte, zogen viele Unternehmen an der Küste Filialen auf, denen bald eine Woge von Arbeitern folgte.

KLIMA

Gemäßigt durch Seewinde aus dem Golf von Sues und Akaba, sind die Temperaturen im Winter mild, im Sommer dagegen glühend heiß - oft bei 40°C und mehr. Niederschläge sind minimal und beschränken sich auf die Wintermonate. Denken Sie an die aggressive Sonne - bedecken Sie sich und benutzen Sie gute Sonnencreme.

TAUCHATTRAKTIONEN

Einer der Höhepunkte für Taucher sind die guterhaltenen und zugänglichen Wracks, die in großer Zahl am Eingang zum Golf von Sues liegen. Mindestens sechs große Wracks sind von Scharm el-Scheik oder Hurghada leicht zu erreichen. Hier liegen Postdampfer aus dem 19. Jahrhundert, moderne Frachter und alte Handelsschiffe und warten darauf, erkundet zu werden.

MEERESLEBEN

Die lokalen Gegebenheiten - abgelegene Riffe, große Gezeitenbewegungen und das Fehlen intensiven Fischfangs - bieten für Riff- und Schwarmfische ideale Voraussetzungen. Neben der breiten Palette farbenprächtiger Riffarten weist die Gegend einige große pelagische Arten und massive Ansammlungen in Schwärmen lebender Fische auf. Haie, sogar Hammerhaie, sind hier regelmäßig zu sehen, und auch Meeresschildkröten. Hier besteht auch eine der besten Möglichkeiten im nördlichen Roten Meer, in Gesellschaft mit Delphinen zu tauchen.

Die Vielfalt der Korallenarten ist verblüffend, und wenn die gelegentlich rauhe See auch einige Riffe beschädigt, sind die Korallen generell doch in ausgezeichnetem Zustand. Das

Gebiet weist einige ausgedehnte Riffsysteme auf mit verzweigten Acropora-Korallen, riesigen Feldern Blumenkohlkorallen, Pfeilern und Blöcken, die überzogen sind mit Stern- und Porenkorallen sowie sanft sich wiegenden Bäumchen-Weichkorallen.

BEDINGUNGEN

Die jahreszeitlichen Temperaturschwankungen ähneln denen des Südsinai - die Wassertemperaturen liegen zwischen etwa 28°C im Sommer und 19-20°C im Winter. Im Sommer genügt womöglich ein Lycra-Anzug, vor allem, wenn man sonst in kalten Gewässern taucht; im Winter dagegen tragen Einheimische manchmal sogar Trockentauchanzüge! Ein 3-5 mm starker Naßtauchanzug ist für die meiste Zeit des Jahres nicht verkehrt.

Wenn der Winter kommt, ändern sich in der Gegend die vorherrschenden Nordwinde. Lange, von Südwinden getriebene Dünungswellen haben die ganze Länge des Roten Meeres, um sich aufzubauen, und können recht mächtig sein, wenn sie die Straße von Gubal erreichen. Nur selten sind die Bedingungen so schlecht, daß man nicht tauchen kann, aber die Bootsfahrt kann ungemütlich werden, vor allem weil viele Tauchgebiete im offenen Meer liegen. Wer leicht seekrank wird, sollte entsprechend vorsorgen.

ZUGANG

Die meisten Gebiete dieser Region liegen in einiger Entfernung vor der Küste und sind zwar als Tagesausflug von Scharm el-Scheik oder Hurghada möglich, aber es ist sehr viel lohnender, sie im Rahmen einer kurzen Tauchkreuzfahrt zu erleben. Die Tauchschulen in Scharm und Hurghada organisieren kurze Tauchkreuzfahrten von zwei bis zu sieben Tagen.

TAUCHSCHULEN UND -EINRICHTUNGEN

Sowohl Scharm als auch Hurghada haben zahlreiche Tauchschulen - über 20 in Scharm und mehr als 70 in Hurghada. Die meisten sind absolut professionell, haben ausgezeichnete Ausrüstung und Einrichtungen sowie mehrsprachige Mitarbeiter und Lehrer, die nach internationalen Standards ausgebildet sind.

VERHALTENSREGELN BEIM TAUCHEN

Jeder Taucher sollte das Seine zur Erhaltung der Riffe beitragen. Wer von Hurghada aus taucht, möchte das vielleicht mit einem Club, der der HEPCA angeschlossen ist - der Umweltschutzorganisation von Hurghada. Diese Organisation Freiwilliger setzt sich für die Erhaltung der lokalen Riffe ein und hat bereits Gelder für das Verankern dauerhafter Murings in den beliebtesten Gebieten aufgetrieben. (Vgl. S. 86).

AUTOFAHREN IN ÄGYPTEN

In den Haupttauchgebieten Ägyptens ist es ganz einfach und bequem, ein Auto zu leihen, und entsprechend verlockend selbst zu fahren - man ist schnell im Tauchgebiet, braucht keine schweren Ausrüstungssäcke zu schleppen und kann die Umgebung auf eigene Faust erkunden. Man sollte jedoch mit einigen der Probleme vertraut sein, die beim Autofahren in Ägypten auftreten können.

Auf den ersten Blick sieht es so aus, als ob es überhaupt keine Verkehrsregeln gäbe; bei näherem Hinsehen merkt man, daß dem doch nicht so ist, auch wenn die Regeln keinen großen Sinn ergeben.

Die Fahrbahn wird öfter gewechselt als eingehalten - schnellere Wagen überholen normalerweise jederzeit, überall, bei Gegenverkehr oder in unübersichtlichen Kurven. Oft, aber nicht immer wird das durch Hupen oder mit der Lichthupe angezeigt; man erwartet, daß Sie Platz für einscherende Wagen machen.

Mit dem Licht ist es in weiten Teilen Ägyptens etwas Besonderes - viele Autofahrer fahren nachts ohne Licht und blinzeln Sie verärgert an, wenn Sie selbst mit Licht fahren. Es ist üblich, das Abblendlicht abzuschalten, wenn einem ein Wagen entgegenkommt, und den linken Blinker zu betätigen, um die Begrenzung des Wagens anzuzeigen. Wahrscheinlich sind Sie nicht auf diese Gewohnheiten eingestellt; wenn Sie sich nicht daran halten, seien Sie auf wütende Reaktionen anderer Fahrer gefaßt.

ABU NUHAS

8 9 10

SCHARM BIS HURGHADA

GOLF VON SUES

Scharm

TIRAN ISLAND

STRASSE VON GUBAL

1
2
3   4
5   Ras Muhammad

GUBAL ISLANDS

6
7
11   ABU NUHAS
12   SHADWAN ISLAND

ROTES MEER

N

13
14   CARLESS REEF
15

Hurghada

GIFATIN ISLANDS

16

17

18

Land

Riff

Wrack

| 0 | 10 | 20 | 30 Kilometer |
| 0 | | 10 | 20 Meilen |

1 THISTLEGORM

★★★★★

Lage: Unmittelbar nördlich von Shag Rock, vor Schaab Ali südwestlich von Ras Muhammad.

Zugang: Tagesfahrt oder im Rahmen einer Tauchkreuzfahrt von Scharm el-Scheik oder Hurghada.

Bedingungen: Strömung, Wellen und Wind können beträchtlich sein.

Durchschnittliche Tiefe: 24 m.

Maximale Tiefe: 30 m.

Durchschnittliche Sicht: 20 m.

Dieses Wrack genießt bei Tauchern im Roten Meer einen legendären Ruf. Das Gebiet eignet sich bei guten Bedingungen für alle bis auf völlig unerfahrene Taucher, sobald die Bedingungen jedoch schwieriger werden, und das ist regelmäßig der Fall, steigen die Anforderungen. Prüfen Sie Strömung, Wind und Wellen, und entscheiden Sie dann, ob Sie sich dem gewachsen fühlen.

Die Thistlegorm liegt in 30 m Tiefe, der weitgehend intakte vordere Teil sitzt fast aufrecht auf dem Sandboden. Im Mittelteil erfolgte die Explosion, die das Schiff sinken ließ; er ist stark beschädigt. Das Heck mit der gut sichtbaren Schraube enthält die Mannschaftsunterkünfte, das Flugabwehrgeschütz und ein 39-mm-Geschütz an Deck. Backbord liegt in 33 m eine Lokomotive, die beim Untergang vom Deck rutschte.

Die Thistlegorm war ein militärisches Versorgungsschiff und gleicht folglich einem untergegangenen Heereslager. Aber wer etwas mitgehen läßt, muß mit drakonischen Strafen rechnen.

Unter anderem kann man das Bad des Kapitäns besichtigen, wo Röhrenwürmer aus der sandgefüllten Wanne ragen, wie Blumen in einem Blumenkasten. Die Besiedlung mit Fischen und Korallen ist recht gut; man sieht große Stachelmakrelen, Riesenschwärme Schnapper, Wimpelfische und Riesen-Zackenbarsche, und überall schönen Weichkorallenbewuchs.

Der Tauchgang beginnt normalerweise beim Bug, wo Leinen nach unten gespannt werden. Ab- und Aufstieg sollten immer an der Leine erfolgen, damit man nicht von den oft tückischen Strömungen abgetrieben wird.

2 SHAG ROCK

★★★★★★★★

Lage: An der Südspitze des Schaab Ali-Riffkomplexes im Norden der Straße von Gubal.

Zugang: Mit ein- oder mehrtägiger Bootsfahrt von Scharm el-Scheik oder Hurghada.

Bedingungen: Wind, Wellen und Strömung können den Zugang vereiteln.

Durchschnittliche Tiefe: 15 m.

Maximale Tiefe: 25 m.

Durchschnittliche Sicht: 20 m.

Das eiförmige Riff verläuft von Nordwest nach Südost. Die Riffspitze und das Wrack eines Fischerbootes sind durch ein Leuchtfeuer markiert. Das Wrack der Sarah H liegt im küstennahen Flachwasser.

Rings um die nur leicht untergetauchte Riffspitze läuft eine abfallende Riffwand aus verschiedenen Stein- und Weichkorallen. Es gibt zahlreiche Geweihformen und einige sehr schöne Flecken mit Weichkorallen. Der Fischbestand ist zahl- und artenreich mit vielen Schwarm- und pelagischen Fischen. Am besten taucht man an der Ostseite des Riffs.

Das flache Wasser bei der Sarah H kommt den Schnorchlern zugute. Der Heckbereich, der sich wuchtig gegen das einfallende Licht abhebt, ist besonders stimmungsvoll.

3 THE SMALL CRACK

★★★★★★★★

Lage: Auf halbem Weg am Schaab Mahmud-Riffsystem, nordwestlich von Beacon Rock und der Dunraven.

Zugang: Ein- oder mehrtägige Bootsfahrt von Scharm el-Scheik oder Hurghada.

Bedingungen: Gezeitenströmungen, Wind und Wellen können stark werden.

Durchschnittliche Tiefe: 15 m.

Maximale Tiefe: 20 m und mehr.

Durchschnittliche Sicht: 20 m.

Das Gebiet ist ein Riß oder Durchgang im ausgedehnten Schaab Mahmud-Riff, das die Sinai-Küste vom offenen Meer der Straße von Gubal trennt. Es ist einer von zwei schiffbaren Durchlässen in die geschützte Lagune hinter dem Riff und damit ein beliebter Ankerplatz für Tauchkreuzfahrtschiffe.

Das Hauptriff am kleinen Riß läuft von Nordwest nach Südost und ist eine steil bis auf 18 m abfallende Korallenwand, die in einen mit Korallen übersäten Sandhang übergeht. Der Riß teilt das Riff und bildet einen seichten Kanal zur inneren Lagune, der maximal 6 m, durchschnittlich 2-3 m tief ist und etwa 2 m hohe Riffwände aufweist. Der Korallenbewuchs ist überall hervorragend, insbesondere an der äußeren Riffwand. Man findet Stein- und Weichkorallen, wobei die Riffwände besonders viele Steinkorallenarten und außergewöhnliche Weichkorallenformationen aufweisen. Hier trifft man alle im Roten Meer vorkommenden Riffische. Auch pelagische Arten sind häufig, vor allem wenn Strömung herrscht.

Da wohl am häufigsten von einem in der Lagune ankernden Kreuzfahrtschiff getaucht wird, empfiehlt sich, mit einem Außenborder durch den Durchgang zu einem Punkt stromauf der Außenmündung des Durchgangs zu fahren und dann mit der Strömung am Außenriff entlang und durch den Durchgang zurück zur Lagune zu treiben. Das setzt allerdings Flut voraus; bei Ebbe wird es schwieriger, weil die Aufnahme im rauheren Wasser außerhalb des Riffs problematisch sein kann.

4 THE ALTERNATIVES/STINGRAY STATION
★★★★★★★

Lage: Ost-Schaab Mahmud, unmittelbar westlich von Ras Muhammad.
Zugang: Ein- oder mehrtägige Bootsfahrt von Scharm el-Scheik oder Hurghada.
Bedingungen: Einige starke Strömungen, das Gebiet ist jedoch bei fast jedem Wetter geschützt.
Durchschnittliche Tiefe: 18 m.
Maximale Tiefe: 30 m und mehr.
Durchschnittliche Sicht: 20 m.
Der geschützte Platz bietet bei rauher See eine Alternative zu einigen exponierteren Gebieten - daher auch der Name. Die Alternativen sind eine Kette flacher Fleckenriffe, die sich von Schaab Mahmud ostwärts zur Küste von Ras Muhammad ziehen; Stingray Station ist nur ein kleiner Bereich dieser ausgedehnten Kette am Westende.

Die landwärtige Riffseite ist maximal 10 bis 15 m tief, seewärts fallen die Riffe bis auf über 30 m ab. Die isolierten Riffspitzen wechseln mit zahlreichen Sandrinnen und Amphitheatern ab, die viele große Pfeiler und Korallenstöcke aufweisen.

Die Korallen, aus denen diese Riffe bestehen, sind üppig, wobei vor allem die Steinkorallen artenreich vertreten sind. Aber auch die Weichkorallen sind außergewöhnlich - purpurfarbene und gelbe Dendronephthya-Arten und Pumpkorallen wetteifern um Aufmerksamkeit. Die Fischfauna ist reich und sehr konzentriert. Auf den vielen Sandflächen sieht man Blau- und Schwarzpunkt-Stechrochen sowie ansässige Leopardenhaie. Als Dreingabe gibt es kleine Weißspitzen- und Graue Riffhaie, die gelegentlich zu sehen sind.

5 DUNRAVEN WRECK
★★★★★★★★

Lage: Unmittelbar südlich des Leuchtfeuers von Beacon Rock am Südostende von Schaab Mahmud.
Zugang: Ein- oder mehrtägige Bootsfahrt von Scharm el-Scheik oder Hurghada.
Bedingungen: Einige starke Strömungen; Wetter kann den Zugang an der Oberfläche erschweren.
Durchschnittliche Tiefe: 20 m.

Maximale Tiefe: 28 m.
Durchschnittliche Sicht: 20 m.
Hier liegt das Wrack eines Dampfsegelschiffes aus dem 19. Jahrhundert, das 1876 gesunken ist. Es liegt etwa 20 m vor dem Riff beim Beacon Rock, das Heck in etwa 28 m Tiefe, der Bug in etwa 15 m. Das Wrack liegt kieloben auf dem Sandboden und ist in zwei Teile zerbrochen. Die Schraube sitzt noch an ihrem Platz, und die Masten ragen seewärts unter dem Rumpf hervor. Das Schiff ist völlig mit Korallen überwachsen - Weichkorallen bedecken jeden freien Flecken.

Die Schiffsladung ist abgesunken oder aufgelöst, so daß der Rumpf leer und gut zugänglich ist. Der Bugabschnitt ist jedoch ziemlich eng und verwinkelt; es sollten also nur einschlägig erfahrene Taucher eindringen.

Nach dem Besuch des Wracks schwimmt man am Riff entlang zurück zum Liegeplatz. Das Riff ist hier ein eigenständiges Tauchgebiet mit arten- und zahlreichem Korallen- und Fischbestand. Stein- und Weichkorallen sind im Überfluß mit vielen Plattenkorallen und inkrustierten Formen vorhanden.

Die Fischfauna beim Wrack und am Riff ist außergewöhnlich. Höhepunkt des Tauchganges ist vielleicht das Gewimmel der Glasbarsche, die Bug und Heck des Wracks bewohnen und wie ein glitzernder Perlenvorhang vor dem höhlenartigen Inneren wirken.

6 BLUFF POINT
★★★★★★

Lage: Etwa 14 km südwestlich von Shag Rock in der Straße von Gubal.
Zugang: Ein- oder mehrtägige Bootsfahrt von Scharm el-Scheik oder Hurghada.
Bedingungen: Wind, Wellen und Strömung können den Zugang erschweren.
Durchschnittliche Tiefe: 20 m.
Maximale Tiefe: 30 m.
Durchschnittliche Sicht: 20 m.
Das Gebiet am Nordostende der Insel Gubal Seghira ragt wie ein Zeigefinger in die Straße von Gubal. Getaucht wird an der Ostküste der Insel beim Leuchtfeuer, das die Schiffe vor den Klippen warnt.

Das Riff ist eine Steilwand, die gewunden der Küste folgt. Es hat einige klippenartige Abschnitte und ist mit großen und kleinen Höhlen übersät. Der Korallenbewuchs ist sehr gut und bietet eine breite Palette Stein- und Weichkorallen an der Riffläche - besonders reizvoll sind die üppig gedeihenden Dörnchenkorallenbüsche im tieferen Wasser.

Direkt vor dem Leuchtfeuer liegt eine große Höhle;

Oben: *Zwei Masken-Falterfische (Chaetodontidae) kreuzen vor dem Riff.*
Unten: *Das Papageifisch-Männchen ist bunt gefärbt, aber Grün herrscht meistens vor.*

südlich davon knickt das Riff nach innen ab und kommt schließlich zum Wrack eines Lastkahns, wo die Boote die Taucher normalerweise aufnehmen. Zwischen Höhle und Lastkahn herrschen häufig tückische Strömungen, halten Sie sich also dicht an das Riff. Ein zweites Wrack, das Elektrogeräte geladen hatte, liegt einige hundert Meter nördlich des Leuchtfeuers, von Korallen dicht überwuchert. Der Korallenbewuchs ist am gesamten Riff gut, mit schönen Dendronephthya-Flecken und zahlreichen Steinkorallenarten. Fische und andere Meerestiere gibt es hier im Überfluß - das Gebiet ist berühmt für Meeresschildkröten -, und auch Große Tümmler kommen oft hierher. Das Gebiet bietet die übliche breite Palette farbenprächtiger Riffische, außerdem zahlreiche Stachelmakrelen und Füsiliere.

7 UMM USK
★★★★★★★★

Lage: Zwischen den Inseln Gubal und Shadwan im Süden der Straße von Gubal.

Zugang: Ein- oder mehrtägige Bootsfahrt von Scharm el-Scheik oder Hurghada.

Bedingungen: Wind, Wellen und Strömungen können das Tauchen hier erschweren.

Durchschnittliche Tiefe: 18 m.

Maximale Tiefe: 31 m.

Durchschnittliche Sicht: 20 m.

Das Gebiet ist eine halbmondförmige Rifflagune; der Zugang auf der Westseite des Riffs wird teilweise von einem großen elliptischen Fleckenriff versperrt, wo die meisten Tauchgänge erfolgen. Ein Tauchgang erkundet die äußere Riffwand dieses Fleckenriffs und seine Südspitze, ein zweiter konzentriert sich auf das Nordende des Riffs, das nahe Hauptriff und ein kleineres Satellitenriff im Nordwesten.

Das Gebietsprofil ist durchwegs vielfältig mit Steilwandabschnitten, großen Korallenblöcken, Pfeilern und unterhöhlten pilzförmigen Formationen.

Der Korallenbewuchs zeigt die verschiedensten Stein- und Weichkorallen. Die verzweigten Formen sind hier ausgezeichnet - viele Acropora-Varianten in Tisch-, Geweih- und Fächerformen sowie verschiedene andere verzweigte Arten.

Die Fischfauna bietet das übliche Bild farbenprächtiger Riffarten mit zahllosen Papagei-, Lipp-, Kaiser- und Doktorfischen, Schnappern, Füsilieren, Falterfischen und schönen Riesen-Zackenbarschen. Bei Nachttauchgängen stößt man des öfteren auf verschiedene geisterhafte Sepien, eine eindrucksvolle Begegnung wie aus einer anderen Welt. Ebenfalls reizvoll, wenn strenggenommen auch nicht unter der Rubrik Fische zu führen, ist das häufige Auftauchen Großer Tümmler in der Lagune.

8 GIANNIS D
★★★★★

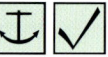

Lage: An der Nordwestecke von Schaab Abu Nuhas, westlich der Carnatic (Nr. 9) und Chrisoula K (Nr. 10).

Zugang: Ein- oder mehrtägige Bootsfahrt von Scharm el-Scheik oder Hurghada.

Bedingungen: An der Rifffläche häufig sehr starke Wellentätigkeit.

Durchschnittliche Tiefe: 18 m.

Maximale Tiefe: 27 m.

Durchschnittliche Sicht: 20 m.

Das Wrack ist eines der Opfer des berüchtigten Nordriffs von Abu Nuhas. Der griechische Frachter sank 1983 und ist seitdem eine der Tauchattraktionen der Gegend.

Der Maschinenraum im Heckteil des Schiffes ist gut erhalten; Brücke und Aufbauten, die bis etwa 8 oder 9 m unter die Wasseroberfläche aufragen, bieten viel Erforschenswertes, und das Innere des Wracks mit seinen Kammern ist äußerst stimmungsvoll.

Das Wrack ist mit verschiedenen schönen Weich- und einigen wenigen Steinkorallen bewachsen. An Fischen gibt es Zackenbarsche, Kaiser- und Feuerfische sowie verschiedene Besucher aus dem offenen Meer wie Stachelmakrelen und gelegentlich ein Barrakuda.

Was die Atmosphäre und die Unbeschwertheit des Tauchens angeht, ist dies ein bemerkenswertes Gebiet, vor allem auch weil ein großer Teil des Wracks in relativ flachem Wasser liegt.

9 CARNATIC

★★★★★

Lage: In der Mitte des Nordriffs von Abu Nuhas, zwischen der Chrisoula K (Nr. 10) und der Giannis D (Nr. 8).

Zugang: Ein- oder mehrtägige Bootsfahrt von Scharm el-Scheik oder Hurghada.

Bedingungen: Wind, Wellen und schwere Brecher machen das Tauchen bei schlechtem Wetter hier unmöglich.

Durchschnittliche Tiefe: 18 m.

Maximale Tiefe: 25 m.

Durchschnittliche Sicht: 20 m.

Dieses Wrack, das mitten vor der berüchtigten Nordseite von Abu Nuhas liegt, gehört zu den faszinierendsten im Roten Meer. Das Schiff liegt auf Backbord auf dem Sand ungefähr parallel zum Riff. Deck und Masten weisen weg vom Riff; der Bug liegt in 18 m Tiefe, das Heck in 24 m. Der Rumpf ist in drei Teile zerbrochen, die alle zugänglich sind. Der Maschinen- und Kesselraum sind besonders interessant, und erwähnenswert ist auch, daß von den 40.000 £ Gold, die das Schiff an Bord hatte, nur 32.000 £ geborgen wurden. Der Korallenbewuchs am Rumpf ist üppig, und große Teile des Schiffes sind völlig mit Weichkorallen bedeckt. Auch Steinkorallen der verschiedensten Arten besiedeln das Wrack und das Riff. Der Bestand an ansässigen Riffischen ist ziemlich dicht und umfaßt unter anderem Zackenbarsche und Feuerfische, während Stachelmakrelen und andere Schwarmfische häufig im offenen Wasser vorbeiziehen.

10 CHRISOULA K

★★★★★★★★★

Lage: An der Nordostecke von Schaab Abu Nuhas, unmittelbar östlich von Umm Usk.

Zugang: Ein- oder mehrtägige Bootsfahrt von Scharm el-Scheik oder Hurghada.

Bedingungen: Starker Wind, Wellen und schlechtes Wetter können den Zugang unmöglich machen.

Durchschnittliche Tiefe: 18 m.

Maximale Tiefe: 25 m.

Durchschnittliche Sicht: 20 m.

Dieses Wrack, für das Abu Nuhas berühmt ist, liegt an der Nordostecke des Riffs. Diese Lage ermöglicht, das Wrack und die geschütztere Ostseite des Riffs mit einem Tauchgang zu erkunden, und bietet außerdem ruhigere

Ein ruhiger Tag ist in der Straße von Gubal eine Seltenheit.

Bedingungen für Schnorchler.

Das Wrack liegt mit dem Bug oben auf dem Riff, der übrige Rumpf hängt schräg am Riff. Der Bugbereich wurde beim Aufprall fast vollständig zerstört, und auf dem Vorderschiff herrscht Chaos, doch zum Heck hin bessert sich der Erhaltungszustand zusehends, und Rumpf sowie Aufbauten sind praktisch unversehrt. In diesem Teil ist vieles zugänglich, nehmen Sie also eine Lampe mit; das Wrack ist jedoch nicht sehr stabil, so daß bei schlechtem Wetter oder sehr starker Strömung vom Eindringen abgeraten werden muß.

Das nach Süden abfallende Riff ist sehr steil, stellenweise klippenartig, mit einer schönen Mischung aus Stein- und Weichkorallen und einer Unzahl von Rissen, Schluchten und Höhlen. Die Fischfauna ist ähnlich reichhaltig mit Riffarten wie Zackenbarschen, Lippfischen, Schnappern und anderen, die mit den pelagischen Arten konkurrieren, die vom ausgeprägten Profil und den starken Strömungen angelockt werden. Stachelmakrelen sind häufig zu sehen, Barrakudas ebenfalls, während Haie gelegentlich auftauchen.

Die Schiffsschraube am Wrack der Sarah H. bei Shag Rock (Nr. 2).

11 SIYUL KEBIRA

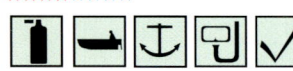

Lage: Unmittelbar südlich von Umm Usk in der südlichen Straße von Gubal.

Zugang: Ein- oder mehrtägige Bootsfahrt von Scharm el-Scheik oder Hurghada.

Bedingungen: Einige äußerst starke Strömungen.

Durchschnittliche Tiefe: 15 m.

Maximale Tiefe: 22 m.

Durchschnittliche Sicht: 20 m.

Das Gebiet erstreckt sich östlich und westlich um die Insel Siyul Kebir. Das Riff hat ein sehr abwechslungsreiches, stark zerfurchtes Profil mit sandigen Rinnen, großen Tälern und Vertiefungen. Es besteht aus sehr dichten Korallenflecken; die Nordseite ist besonders dicht bewachsen, aber auch voll Wind und Wetter ausgesetzt, während die Südseite geschützter ist und gute Schnorchelmöglichkeiten bietet.

Das Gebiet weist üppigen und artenreichen Stein- und Weichkorallenbewuchs auf. Die Fischfauna ist genauso reichhaltig; das Riff lockt häufig pelagische Besucher an und birgt die üblichen Riffarten. Auch Leoparden- und Ammenhaie sind hier schon gesichtet worden.

12 SIYUL SEGHIRA
★★★★★★★★

Lage: Südwestlich von Siyul Kebira in der südlichen Straße von Gubal.
Zugang: Ein- oder mehrtägige Bootsfahrt von Scharm el-Scheik oder Hurghada.
Bedingungen: Strömung, Wind und Wellen können stark sein.
Durchschnittliche Tiefe: 15 m.
Maximale Tiefe: 25 m.
Durchschnittliche Sicht: 20 m.
Das größte Riff der unmittelbaren Umgebung, über 4 km lang.

An der Landzunge liegen einige der besten Tauchgebiete des Riffs; Taucher beginnen oft an der ausgesetzten Nordseite der Landzunge, um sich von der Strömung am Riffhang entlangtreiben zu lassen, und schwimmen um das Ende der Landzunge herum auf die geschützte Südseite, wo sie sich vom Boot aufnehmen lassen.

Nach Süden hin ist das Hauptriff nur 3 m tief, also ideal für Schnorchler. Der Korallenbewuchs ist ziemlich dicht.

Die Landzunge bietet mehr Tiefe und guten Bewuchs bis in 20 oder 25 m. Die Korallen stehen üppig und dicht, eine feine Auswahl an Stein- und Weichkorallen. Auch der Fischbestand ist arten- und zahlreich, und das nahe offene Meer steuert seinen Teil an pelagischen Arten bei.

13 UMM QAMAR
★★★★★★

Lage: 9 km nördlich der Insel Giftun, zwischen Hurghada und Shadwan.
Zugang: Ein- oder mehrtägige Bootsfahrt von Scharm el-Scheik oder Hurghada.
Bedingungen: Wellen und Strömung können das Tauchen beeinträchtigen.
Durchschnittliche Tiefe: 20 m.
Maximale Tiefe: 35 m und mehr.
Durchschnittliche Sicht: 20 m.
Das Gebiet liegt vor der Insel Umm Qamar (arabisch: Mutter des Mondes) am Südende eines sehr großen isolierten Riffs. Getaucht wird vorzugsweise an der Südostseite, wo der vorherrschende Nordwind und die Wellen von der Insel und dem Riff gebrochen werden. Das Gebiet hat eine steil auf über 35 m abfallende, ziemlich stark konturierte Wand mit mehreren großen und kleinen Höhlen - von denen eine, etwa in der Mitte der Ostküste, vollgestopft mit Glasbarschen ist.

Der Korallenbewuchs ist unregelmäßig, das Flach-

wasser weist jedoch einige Weichkorallen auf und das Riff einige schöne Exemplare der meisten Stein- und Weichkorallenarten, wobei besonders die relativ seltene Schwarze Strauchkoralle zu erwähnen ist.

Die Fischfauna ist interessanter als der vergleichsweise begrenzte Korallenbestand, wobei die isolierte Lage des Riffs zahlreiche pelagische Arten anlockt. Haie werden des öfteren gesichtet, ebenso Barrakudas, Stachelmakrelen und Trompetenfische.

14 SHAAB UMM QAMAR
★★★★★★★★

Lage: 2 km südlich der Insel Umm Qamar.
Zugang: Ein- oder mehrtägige Bootsfahrt von Scharm el-Scheik oder Hurghada.
Bedingungen: Oberflächenwetter und Dünung können das Tauchen hier vereiteln.
Durchschnittliche Tiefe: 20 m.
Maximale Tiefe: 35 m.
Durchschnittliche Sicht: 20 m.
Eines der schönsten Gebiete im Raum Hurghada. In etwa 25 m Tiefe liegt ein kleines Wrack. Riff- und pelagische Fische sind arten- und zahlreich vertreten. Das Riff hat eine abfallende Wand mit mehreren Höhlen und Spalten. Der Korallenbewuchs ist recht gut und weist mehrere Arten auf.

Hier sind die Fische die Attraktion, die zum Teil ausgesprochen zutraulich sind - das Ergebnis langer Fütterung. Vor dem Riff setzt sich das bunte Treiben mit riesigen Ansammlungen pelagischer Arten und Schwärmen von Riffischen fort. Auch Haie, die das pralle Leben im Riff anlockt, sind gelegentlich zu sehen.

15 CARLESS (CARELESS) REEF
★★★★★★★★

Lage: 5 km nördlich der Insel Giftun, südlich von Schaab Umm Qamar.
Zugang: Ein- oder mehrtägige Bootsfahrt von Scharm el-Scheik oder Hurghada.
Bedingungen: Exponiertes Riff, das anfällig für schwere See und schlechtes Wetter ist.
Durchschnittliche Tiefe: 20 m.
Maximale Tiefe: 40 m und mehr.
Durchschnittliche Sicht: 20 m.
Dieses isolierte Riff zwischen Schaab Umm Qamar und der Insel Giftun ist unter Tauchern weltberühmt für seine große Population halbzahmer Muränen. Das Wetter erschwert oder vereitelt das Tauchen an dieser exponierten Stelle oft.

Das Riff selbst kreist um zwei Spitzen oder Pfeiler,

die aus dem Wasser ragen. Das Tal zwischen ihnen ist etwa 16 m tief und bietet all denen reichlich Möglichkeiten, die nicht an Tieftauchen interessiert sind. Ein paar Meter östlich des Sattels fällt eine Wand bis auf über 40 m ab, deren ausgeprägtes Profil viele große und kleine Höhlen für den erfahreneren Taucher bietet.

Die Beschaffenheit des Riffs ist vielfältig, und die zahlreichen Stein- und Weichkorallen bilden ein ungemein lebhaftes Umfeld. Neben den berühmten Muränen gibt es unzählige Riffischarten. Dank der isolierten Lage des Riffs und der Wassertiefe kann man wunderbar pelagische Arten beobachten, wobei Haie hier genauso häufig sind wie an anderen Riffen der Gegend. Auch Stachelmakrelen, Thunfische und Barrakudas sind oft zu sehen. Die Hauptattraktion ist selbstverständlich die große Population der Riesen- und anderen Muränen, die zum Teil den vielen Tauchführern zuzuschreiben ist, die die Fische durch regelmäßiges Füttern beinahe gezähmt haben. Die Muränen sind unterschiedlich groß, einige allerdings an der oberen Grenze ihrer Art. Oft bleiben sie außerhalb ihrer Verstecke, wenn Taucher in der Nähe sind.

16 GIFTUN SEGHIR

★★★★★★★★

Lage: Vor der Küste nördlich von Hurghada, südlich von Carless Reef (Nr. 15).
Zugang: Ein- oder mehrtägige Bootsfahrt von Scharm el-Scheik oder Hurghada.
Bedingungen: Starke Winde, Wellen und Strömungen möglich.
Durchschnittliche Tiefe: 20 m.
Maximale Tiefe: 40 m und mehr.
Durchschnittliche Sicht: 20 m.
Diese aufregende Wand liegt an der Ost-/Südseite der kleineren der beiden Giftun-Inseln. Die Ankerplätze an der Südseite der Insel bieten hervorragenden Schutz zum Übernachten oder einfach nur für eine kurze Pause.

Die Ostwand fällt steil und tief ab; sie ist stark konturiert und weist einige schöne Höhlen auf. Sie liegen zum Teil ziemlich tief - ein überwölbter Durchgang in 45 m ist besonders eindrucksvoll, ist jedoch für viele Taucher zu tief. Der flachere Wasserbereich mit maximal 18 m Tiefe an der Südküste ist weniger aufregend.

Das Riff ist gut mit Stein- und Weichkorallen bewachsen. Der steile Wandabschnitt bietet eine einmalige Ansammlung von Hornkorallen, außerdem dichtstehende Peitschen- und Schwarze Korallen. Im Flachwasserbereich des Riffs tummeln sich unzählige kleinere Riffische, während in den blauen Gewässern vor der Wand eindrucksvolle pelagische Arten kreuzen.

17 ERG ABU RAMADA

★★★★★★★★

Lage: Südöstlich vor der Insel Abu Ramada, südlich der Insel Giftun und etwa 12 km südöstlich von Hurghada.
Zugang: Ein- oder mehrtägige Bootsfahrt von Scharm el-Scheik oder Hurghada.
Bedingungen: Starke Strömungen und hohe Dünungswellen möglich.
Durchschnittliche Tiefe: 15 m.
Maximale Tiefe: 18 m.
Durchschnittliche Sicht: 20 m.
Dieses kleine Gebiet auf einer Gruppe Korallenpfeiler direkt vor Abu Ramada bietet eine unglaublich dichte Ansammlung der schönsten Korallen und Riffische.

Die Pfeiler sind dick mit Korallen überzogen, wobei farbenprächtige Weichkorallen vorherrschen, dazu einige Hornkorallen und eine recht gute Auswahl an Steinkorallen. Die Öffnungen und Wände der Höhlen sind oft besonders eindrucksvoll mit ganzen Kolonien der verschiedensten Weichkorallen besetzt.

Die Fischfauna ist phantastisch und bietet einen riesigen Bestand an Riffischen, die auf diesem kleinen Fleck konzentriert zu sein scheinen. Auch Stachelmakrelen und Barrakudas sind häufig anzutreffen.

18 SHAAB ABU RAMADA/THE AQUARIUM

★★★★★★★★★★

Lage: 3 km südlich von Abu Ramada.
Zugang: Ein- oder mehrtägige Bootsfahrt von Scharm el-Scheik oder Hurghada.
Bedingungen: Etwas Strömung und Wellentätigkeit möglich.
Durchschnittliche Tiefe: 12 m.
Maximale Tiefe: 15 m.
Durchschnittliche Sicht: 20 m.
Dieses Gebiet, das über sandigem Grund aus etwa 15 m aufsteigt, liegt noch isolierter als Erg Abu Ramada (Nr. 17) etwa 2 km südlich der Insel Abu Ramada. Es ist relativ seicht und ziemlich eben und von kleineren Korallenstöcken umgeben. Die Fischfauna ist die vielleicht reichhaltigste in diesem Gebiet mit kleineren Riffischen, Stechrochen, Ammen- oder Leopardenhaien, Stachelmakrelen, Barrakudas und Thunfischschwärmen. Zudem besteht immer die Chance, daß ein Grauer oder Weißspitzen-Riffhai auftaucht.

Rechts: *Unglaublich klares Wasser über dem Riff.*
Übernächste Seite: *Eine Gruppe Dreifleck-Preußenfische (Dascyllus trimaculatus).*

WIE MAN HINKOMMT

Die Gebiete dieser Region sind von Scharm el-Scheik oder Hurghada zu erreichen; zur Anreise nach Scharm el-Scheik vergleiche man die Angaben zu Südsinai auf S. 84. Die aufgeführten Gebiete werden von beiden Städten regelmäßig angelaufen.

Mit dem Flugzeug: Der internationale Flughafen Hurghada wird täglich mehrmals von Linien- und Chartergesellschaften angeflogen. Dank dem hohen Touristenaufkommen ist es eines der billigsten Flugziele des Landes. Außerdem gibt es zahlreiche Inlands- und Regionalflüge zu Zielen in Ägypten und dem Mittleren Osten.

Mit der Fähre: Von Scharm el-Scheik verkehren regelmäßig Fähren, eine relativ preiswerte Möglichkeit, Scharm und Hurghada auf einer Fahrt kennenzulernen, allerdings kann die Überfahrt manchmal ziemlich rauh sein und sehr viel länger dauern als die offiziellen vier Stunden.

Mit dem Bus oder Taxi: Es gibt auch viele Busverbindungen nach Hurghada, klimatisierte Busse nach Kairo, Luxor, Scharm und anderen Touristenzentren und ein noch dichteres Netz von Bussen für kleinere Ziele wie die südlichen Küstenstädte. Auf vielen dieser Strecken fahren auch Kleinbusse und Taxis.

In Hurghada herumzukommen ist etwas schwierig - viele Gäste geben schlicht auf und bleiben den ganzen Urlaub in ihrem Feriendorf. Da die Stadt sich auf mehr als 20 Kilometern an der Küste entlangzieht, braucht man außer für die Kurzstrecken eine Fahrgelegenheit. Viele nehmen ein Taxi - bei 15 ägypt£ und mehr für die meisten Fahrten keine billige Lösung. Andere mieten einen Wagen; es gibt mehrere Autovermieter, und wenn man sich zusammentut und die Kosten teilt, kann es relativ preiswert sein. Aber Vorsicht auf den ägyptischen Straßen - der Fahrstil dort ist abenteuerlich.

Am billigsten sind die vielen öffentlichen Kleinbusse, die feste Hauptstrecken fahren. Die Einheimischen helfen Ihnen gerne weiter, und die Kleinbusse sind preiswert - ein Bruchteil dessen, was ein Taxi kostet.

WO MAN ABSTEIGEN KANN

Die vielen Übernachtungsmöglichkeiten in Hurghada reichen vom Luxushotel bis zur Billigunterkunft für Rucksacktouristen. Die teureren Häuser liegen an der Seefront zu beiden Seiten des Zentrums, die weniger noblen Unterkünfte ein paar Meter vom Strand zurück und die billigsten in den Nebenstraßen um das Stadtzentrum. Die meisten Tauchzentren Hurghadas befinden sich unten in großen Hotels - wenn Ihr Geldbeutel mitmacht, können Sie im selben Haus wohnen, in dem die Tauchschule untergebracht ist, und so die morgendliche Anfahrt sparen. Unter den Hunderten von Hotels

können Sie ausprobieren:

Hurghada Inter-Continental, PO Box 36, Hurghada, Ägypten; Tel. 20 65 443 911, Fax 20 65 443 910. **Magawish Tourist Village**, South Coast, Hurghada, Ägypten; Tel. 20 65 442 620, Fax 20 65 442 759. **Three Corners Village**, Ad-Dahar, Hurghada, Ägypten; Tel. 20 65 547 816, Fax 20 65 547 514. **Sheraton Hotel**, Hurghada, Ägypten; Tel. 20 65 442 000, Fax 20 65 442 033. **Jasmin Village**, South Coast, Hurghada, Ägypten; Tel. 20 65 442 442, Fax 20 65 442 441. **El Gezira**, Ad-Dahar, Hurghada, Ägypten; Tel. 20 65 442 708, Fax 20 65 443 708. **Sea Horse Hotel**, Ad-Dahar, Hurghada, Ägypten; Tel. 20 65 443 704. **White House**, gegenüber von La Bambola, Hurghada, Ägypten. **La Bambola Hotel**, Hurghada, Ägypten; Tel. 20 65 442 085.

WO MAN ESSEN KANN

Hurghada ist vollgepackt mit Pizzerias und Fischrestaurants. Alle teureren Hotels und Ferienanlagen haben ein oder mehrere Restaurants; im Zentrum Hurghadas und an den großen Küstenstraßen kann man unter zahllosen Häusern wählen, die *Falafel, Schawarma*, Grillhähnchen und die üblichen Snacks anbieten. Erwähnenswert sind u. a. **Felfela's** in Sigala, eine Kette ägyptischer Restaurants, wo man die einheimische Küche kennenlernen kann; das ausgezeichnete **Chez Pascal**, etwas zum Schlemmen; das Restaurant **Chinese/Korean** vor dem Grand Hotel mit köstlichen Meeresfrüchten und koreanischen Grillspezialitäten. Im Geschäftsviertel ist die **Peanuts** Bar der in Ägypten vielleicht beste Ort für ein Bier in entspannter Atmosphäre.

TAUCHEINRICHTUNGEN

Hurghada quillt vor Tauchshops über - mehr als 70 bei der letzten Zählung! Sie aufzuzählen wäre sinnlos: Wenn die Liste in Druck ginge, wäre ein Viertel der Läden schon wieder geschlossen und 50 neue hinzugekommen. Hier nicht aufgeführte Shops kann man also durchaus aufsuchen; eine Erwähnung bedeutet nicht, daß das genannte Zentrum zu den besten gehört. Ein guter Anfang, vor allem wenn einem an der Meeresumwelt liegt, wären die HEPCA-Zentren (vgl. Liste) - sie haben sich zu umweltfreundlichem Tauchen verpflichtet und sind entsprechend aktiv. Die Preise sind normal, 40-50 US-$ für zwei Tauchgänge vom Boot, Leihausrüstung etwa 20 US-$ und Open Water-Kurse 300-350 US-$, je nach Ausstattung. Informieren Sie sich bei den einzelnen Zentren.

Aqua Centre, Hurghada, Ägypten; Tel. 20 65 443 781, Fax 20 65 443 750. **Divers Lodge**, Inter-Continental, Hurghada, Ägypten; Tel. 20 65 443 911,

Fax 20 65 443 910. **Diving World**, Sheraton Hotel, Hurghada, Ägypten; Tel. 20 65 442 000, Fax 20 65 443 333. **Easy Diver Diving Centre**, Three Corners, Hurghada, Ägypten; Tel. 20 65 548 816, Fax 20 65 547 514. **Emperor Divers**, Princess Club, Hurghada, Ägypten; Tel. 20 65 443 100, Fax 20 65 443 455. **ISIS**, Grand Hotel, Hurghada, Ägypten; Tel. 20 65 443 749, Fax 20 65 443 750. **James & Mac**, Giftun Village, Hurghada, Ägypten; Tel. 20 65 442 665, Fax 20 65 442 666. **Jasmin Diving Centre**, Jasmin Village, Hurghada, Ägypten; Tel. 20 65 442 455, Fax 20 65 442 455. **Nautico**, Sonesta Paradiso, Hurghada, Ägypten; Tel. 20 65 547 935, Fax 20 65 547 933. **Orca Diving Centre**, Hurghada Beach, Hurghada, Ägypten; Tel. 20 65 443 710, Fax 20 65 442 603. **Rudi Kneip**, Red Sea Diving Centre, Hurghada, Ägypten; Tel. 20 65 442 960, Fax 20 65 442 234. **Storm**, Shellgarda, Hurghada, Ägypten; Tel. 20 65 443 120, Fax 20 65 442 860. **Sub Aqua**, El Samaka, Hurghada, Ägypten; Tel. 20 65 442 228, Fax 20 65 442 227. **Subex Hurghada**, Hurghada, Ägypten; Tel. 20 65 547 593, Fax 20 65 547 471. **Subex Paradiso**, Hurghada, Ägypten; Tel. 20 65 547 934, Fax 20 65 547 933.

FILMENTWICKLUNG

In Hurghada gibt es zahlreiche Fotogeschäfte unterschiedlicher Qualität; viele Fotografen lassen ihre Fotos problemlos hier entwickeln, andere warten lieber, bis sie zu Hause sind.

KRANKENHÄUSER

In der Nähe des Shedwan Golden Beach Hotel gibt es ein großes öffentliches Krankenhaus, beim Busbahnhof ein privates. Beide bieten einen Notdienst rund um die Uhr.

TAUCHNOTFÄLLE

Das Magawish Village hat eine Kammer, aber über das Bedienungspersonal gibt es widersprüchliche Äußerungen - im Notfall ist vielleicht das Hyperbaric Medicine Centre in Scharm el-Scheik (vgl. S. 84) am besten.

LOKALE BESONDERHEITEN

Hurghada ist ein Badeort und bietet nicht sehr viele Aktivitäten. Die Strandhotels bieten die üblichen **Wassersportarten** - Windsurfen, Wasserski etc. **Sindbad Submarine** vermittelt Nichttauchern eine Vorstellung von der Unterwasserwelt, **Boote mit Glasboden** ebenfalls.

Etwa 200 Kilometer nördlich von Hurghada liegen die Klöster **St. Anton** und **St. Paul**, eine Möglichkeit für einen Tagesausflug.

Der Golf von Suez, der Nordwestarm des Roten Meeres, ist seit undenklichen Zeiten eine Schlagader für den Seehandel. Schiffe brachten die frühen Handelsgüter zum Nordende des Golfs, wo sie ins ägyptische Hinterland transportiert wurden. Die Vorläufer des heutigen Suezkanals verbanden den Golf schon ab 500 v. Chr. mit dem Nil und beschleunigten so den Handel auf dem Seeweg, der im 15. Jahrhundert vom Indischen Ozean bis ins westliche Mittelmeer und weiter reichte.

Der Bau des modernen Kanals 1869 revolutionierte den Seehandel und ermöglichte den großen Frachtern, direkt von den reichen Handelshäfen Asiens zu den europäischen Marktplätzen zu fahren, ohne den gefährlichen und langen Weg um das Südkap Afrikas nehmen zu müssen. Dieser gewaltige Anstieg des Schiffsverkehrs durch das Rote Meer war der Beginn eines bis heute andauernden Trends. Die Zahl der Wracks belegt, wie stark sich dieser Verkehr entwickelt hat.

Am dichtesten liegen die Wracks im Roten Meer in der Straße von Gubal am Eingang des Golfs von Suez. Hier bewacht ein Labyrinth aus Inseln und Riffen den Durchgang vom offenen Meer in die seichteren Gewässer des Golfs. Niemand weiß, wie viele Schiffe in der langen Geschichte des Handels im Roten Meer hier gesunken sind. Selbst in den 125 Jahren seit dem Bau des Suezkanals sind zahllose Schiffe verlorengegangen.

Die Geschichten der unzähligen Unglücke, die diesen Seeweg säumen, sind faszinierend zu lesen. Für Taucher sind diese Wracks und ihre Geschichten doppelt faszinierend, weil viele in Gewässern liegen, die für Sporttaucher zugänglich und von Tauchzentren aus leicht erreichbar sind.

Im folgenden die Geschichte zweier Wracks und wie man sie findet. Die beiden sind bekannt, aber es gibt viele andere, deren Lage nicht bekannt oder ein gutgehütetes Geheimnis ist. Da der Tauchtourismus in der Region immer weiter zunimmt, wird verstärkt nach Wracks von historischer Bedeutung gesucht. Die Liste wird in den nächsten

Jahren sicher noch länger. Der Reiz und das Geheimnisvolle des Wracktauchens sind ungebrochen, ob man zum ersten Mal an einem neuentdeckten Schiff taucht, oder zum hundertsten Mal an einem altbekannten.

DIE THISTLEGORM

Schaab Ali, ein gewaltiges Riff am Nordrand der Straße von Gubal, birgt eines der faszinierendsten Wracks im Roten Meer, die *Thistlegorm*. Sie ist einer der Höhepunkte für jeden Wracktaucher. Die Geschichte dieses Wracks ist fast so spannend wie der Tauchgang selbst.

Die *Thistlegorm* war ein 9.000-t-Frachter, 1940 auf der Werft in Sunderland bei Thompson & Sons gebaut. Sie war eines der vielen Frachtschiffe, das im Krieg zur Unterstützung der Alliierten requiriert wurde. Bei einer solchen Mission sank sie hier am 6. Oktober 1941.

Mit einer Ladung Kriegsmaterial hatte die *Thistlegorm* die lange, gefährliche Fahrt von England um das Kap der Guten Hoffnung gemacht. Sie transportierte Nachschub für die 8. britische Armee in Nordafrika, von Gewehren über Artilleriegranaten, Motorräder, Jeeps und LKWs bis zu Autoreifen und Panzerketten. Sogar Uniformen und Kampfstiefel waren an Bord.

Am Morgen des 16. Oktober lag die *Thistlegorm* vor Schaab Ali vor Anker. Angeblich wartete sie am Eingang zum Golf, bis der durch deutsche Angriffe geschlossene Kanal wieder geöffnet würde. Nach anderen Berichten war sie damit beschäftigt, die komplizierten Annäherungsvorschriften zu befolgen, die in die Kanalzone einfahrende Schiffe in Kriegszeiten zu beachten hatten.

Auf jeden Fall bot sie ein ideales Ziel, als ein deutscher Fernbomber sie entdeckte. Der Bomber griff um 13.30 Uhr an und lud seine tödliche Fracht mit deutscher Präzision ab: Zwei Bomben trafen den mit Munition beladenen Frachtraum 4 und lösten eine Explosion aus, die den gesamten Heckbereich absprengte. Aufrecht sank das Schiff auf den Sandboden in 28 m Tiefe.

Dort lag die *Thistlegorm* bis 1956, als

Jacques Cousteau sie bei einer seiner frühen Fahrten mit der Calypso entdeckte. Obwohl der Fund so hochkarätig war, geriet seine Lage wieder in Vergessenheit. Erst 1991 ortete man die genaue Lage, und das Sporttauchen an diesem außergewöhnlichen Wrack begann.

DIE CARNATIC

Die *Carnatic* war ein P&O-Postdampfer und mit 230 Passagieren sowie einer Sendung Gold im Wert von damals 40.000 £ unterwegs nach Bombay. In der Nacht zum 13. September 1869 lief das Schiff bei ruhiger See aufgrund eines Navigationsfehlers auf das Riff bei Abu Nuhas. Als der Tag anbrach, war es immer noch ruhig, und nachdem sich der erste Schock gelegt hatte, siegte die britische Kaltschnäuzigkeit. Den Passagieren wurde im feudalen Speisesaal wie üblich das Essen serviert.

Angesichts der weiterhin ruhigen See gab der Kapitän die verhängnisvolle Anordnung, die Passagiere eine weitere Nacht an Bord zu lassen. Die Evakuierung wurde verschoben. Das Leben an Bord ging seinen gewohnten Gang, bis der Rumpf der *Carnatic* um zehn Minuten vor elf Uhr vormittags ohne Vorwarnung zerbrach. 27 Passagiere und Besatzungs-Mitglieder ertranken im anschließen-

den Chaos. Die Überlebenden mußten die Rettungsboote über das seichte Riff schleppen und zur Insel Schadwan rudern, wo es ihnen mit Hilfe offener Feuer und einer Notrakete gelang, die Aufmerksamkeit eines anderen P&O-Schiffes, der *Sumatra*, auf sich zu lenken, die sie in Sicherheit brachte.

Wegen der wertvollen Ladung wurden selbstverständlich aufwendige Bergungsaktionen unternommen. Es war eine der ersten kommerziellen Bergungsaktionen, bei der der neue Helmtauchanzug eingesetzt wurde und Goldbarren im Wert von 32.000 £ aus dem im Flachwasser liegenden Wrack geborgen wurden. Was aus dem restlichen Gold geworden ist, weiß niemand, denn im März 1870 legte sich die *Carnatic* auf die Seite und sank auf den Grund am Riff, wo sie noch heute zu finden ist. Dort lag sie außerhalb der Reichweite der damaligen Tauchgeräte, bis die ersten Sporttaucher mit Atemgerät kamen. Vielleicht befindet sich das Gold immer noch irgendwo im Rumpf, bis irgendeine zufällige Strömung es freilegt.

Auf Lastwagen verladene Motorräder auf dem Wrack der Thistlegorm.

SÜDÄGYPTEN

Nachdem immer mehr Taucher die Gebiete von Nordägypten entdeckten, richtete sich die Aufmerksamkeit zunehmend auf die Tauchgebiete im südlichen Ägypten. Südägypten bietet warme, klare Gewässer und üppige Korallengärten ohne jede Umweltverschmutzung und dazu Hunderte von Kilometern fast unberührter Küste.

Für unsere Zwecke ist Südägypten der Küstenbereich des Roten Meeres von Hurghada bis hinunter zur sudanesischen Grenze. Mit der Arabischen Wüste im Westen ist diese zerklüftete, unfruchtbare Region eines der abgelegensten Gebiete in Ägypten, in der das einzige Anzeichen einer menschlichen Behausung oft ein einsamer Armeeposten Hunderte von Kilometern von der nächsten Stadt entfernt ist. Obwohl das fruchtbare Niltal nur ein paar Autostunden von der Küste entfernt ist, hat man in dieser Region manchmal das Gefühl, als ob sich in den kleinen Städten seit dem Mittelalter nichts geändert hätte.

MENSCHEN UND KULTUR

Traditionell waren die Bewohner der Südküste des Roten Meeres und der Arabischen Wüste fast ausschließlich Beduinen, Nachfahren früher Einwanderer vom Sinai und der Arabischen Halbinsel. Die Einwohner der wenigen Städte und Dörfer der Gegend waren die Ausnahme von der Regel, denn ihre Herkunft spiegelte die geschichtlichen Handelsrouten, auf denen ihr Dasein gründete - Araber, Inder, Ostafrikaner und sogar die alten Römer trieben an dieser Küste Handel. Inzwischen hat sich die Bevölkerung durch den Zustrom von Zuwanderern aus dem Niltal, die auf der Suche nach Arbeit in den neuen Branchen von Industrie und Tourismus hierherkommen, erneut gewandelt.

KLIMA

Die Temperaturen können im Juli und August 45°C erreichen, im Winter in der Wüste nachts aber gelegentlich unter den Gefrierpunkt sinken. Der Niederschlag ist minimal und fällt, wenn überhaupt, dann meistens im Dezember und Januar.

TAUCHATTRAKTIONEN

Tauchen ist hier phantastisch. Fast überall an der Küste findet man erstklassige Tauchgebiete von ursprünglicher Schönheit. Es ist eine Region mit ausgesuchten Korallengärten, Labyrinthen aus Höhlen und Schluchten, Steilabfällen und sanften Hängen, seichten Tummelplätzen und submarinen Tälern.

MEERESLEBEN

Die meisten Riffische sind in großer Zahl vertreten und zeigen wenig von der Scheu, die weiter nördlich üblich ist. Große Schwärme von Schnappern, Doktorfischen, Barraku-

---

HÖHLENTAUCHEN

Die Riffe im Raum Kosseir bieten zahlreiche Schluchten, Höhlen und Tunnelsysteme. Das ist zwar eine ausgezeichnete Gelegenheit zu Erkundungen, man sollte sich jedoch im klaren sein, daß Höhlentauchen etwas Besonderes und potentiell gefährlich ist und sehr vorsichtig angegangen werden sollte. Niemand sollte ohne entsprechende Ausbildung in Höhlen tauchen. Die folgenden Grundregeln machen kleinere Erkundungen etwas sicherer:

- Die Drittelregelung befolgen - beim Vordringen in eine Höhle o. ä. niemals mehr als ein Drittel der Luft verbrauchen, ein Drittel für den Rückweg lassen und ein Drittel für den Notfall.
- Gut austarieren und die Flossen behutsam einsetzen, um keinen Bodensatz aufzuwirbeln und die Sicht nicht zu beeinträchtigen.
- Nicht in eine Höhle oder Tunnel eindringen ohne klaren Weg nach draußen oder ohne genügend Raum, um umzudrehen und zurück zum Eingang zu schwimmen.
- Wenn man feststeckt, ruhig bleiben, langsam atmen, dann behutsam versuchen sich zu befreien (meistens, indem man sich mit den Händen rückwärts schiebt).
- Nie ohne entsprechende Ausbildung fortgeschrittene Techniken nachzuahmen versuchen, etwa die Flasche abnehmen, um sich durch Engpässe zu zwängen.

das, Füsilieren und Stachelmakrelen sind sehr häufig, und solitäre Riffische treten in Zahlen auf, wie an anderen Stellen des Roten Meeres nur Schwarmfische. Zackenbarsche erreichen unglaubliche Größen, in Nischen und Spalten sitzen große Muränen, es wimmelt von farbenprächtigen Kaiserfischen und anderen Arten, und vor der Riffkante patrouillieren Riesen wie Napoleon-Lippfische und Büffelkopf-Papageifische. Auf dem sandigen Grund an der Küste sieht man verschiedene Rochen und auch so seltene Exemplare wie Geigenrochen und Krokodilsfische. Auch Weißspitzen- und Graue Riffhaie, Hammerhaie und sogar die gewaltigen Walhaie kreuzen in diesen Gewässern auf.

Weitere Meeresbewohner der Gegend sind Meeresschildkröten, Riffsepien, Sepien, Kalmare und Kraken - und dies ist auch einer der wenigen Orte weltweit, wo gelegentlich wilde Delphine mit Tauchern spielen. Selbst die so scheuen Dugongs sind schon von Tauchern beobachtet worden.

Die Korallen sind einmalig vielfältig und gesund. Alle Stein- und Weichkorallen sind vertreten; ausgedehnte Riffe weisen jede nur denkbare Zusammensetzung auf: große Felder mit einzelnen Arten wie Dendronephthya oder Acropora-Tischkorallen wechseln mit einem Sammelsurium aus Dutzenden von Arten ab. Mächtige Seefächer und burgartige Pfeiler aus massiven Korallen kommen auf vielen Riffen vor, und überall kann man Teppich-Anemonen und Blasenkorallen finden.

> ### KOSSEIRS „GRÜNE" MOLE
>
> Der Subex/Mövenpick-Komplex in Kosseir ist aus mehreren Gründen erwähnenswert - nicht zuletzt wegen seiner Architektur, die sich wohltuend von den Monstrositäten im Norden abhebt. Die Gebäude sollen sich in die Umwelt einfügen und wurden mit revolutionärer umweltschonender Technik gebaut, Südägyptens erstes umweltfreundliches Touristikprojekt.
>
> Diese Einstellung gilt für das gesamte Vorhaben - auch für die einmalige Mole, wo die Subex-Tauchfahrten beginnen. Angesichts der Aufgabe, umfangreiches Küstentauchen an einem unberührten Riff zu organisieren, mußte Mark Maurice, Erbauer und Manager des Subex-Zentrums, einen Weg finden, daß die Taucher beim Ein- und Ausstieg nicht das Riff beschädigten. Mit Hilfe von Philip Jones, dem HEPCA-Initiator, entwarf und baute Maurice eine völlig neue Mole, die das ausgedehnte Riff bei minimalem Kontakt überquerte; üblicherweise hätte es Betonpfeiler, Auffüllungen und großflächige Zerstörungen gegeben.

BEDINGUNGEN

Die Wassertemperaturen schwanken zwischen 29°C im Sommer und dem unteren zwanziger Bereich im Winter. Wer kaltes Wasser gewohnt ist, begnügt sich vielleicht mit einem Lycra-Anzug oder Shorty, die Einheimischen tauchen jedoch selbst im Sommer mit komplettem Tauchanzug, im Winter mit 7 mm starken Anzügen mit Haube oder gar mit Trockentauchanzug. Vorherrschende Winde bestimmen hier weitgehend die Bedingungen, vor allem weil viel vom Ufer oder einer Hochseejacht aus getaucht wird, wo ein geschützter Zugang oder Ankerplatz unentbehrlich ist. Vom Wind getriebene Wellen können, vor allem im Herbst und Winter, den Zugang zu einigen Gebieten beeinträchtigen, und es empfiehlt sich, den Einstieg durch starke Brandung zu üben.

Die Sicht ist allgemein sehr gut, im Schnitt über 20 m weit. Wie überall in den Tropen können jedoch Planktonblüten oder andere natürliche Ereignisse die Sicht stark reduzieren.

TAUCHSCHULEN UND -EINRICHTUNGEN

Der Zugang zu den Tauchgebieten wird durch die eingeschränkte regionale Infrastruktur begrenzt. Wo es Tauchschulen gibt, fährt man normalerweise mit dem Jeep bis ans Ufer - bei relativ wenigen küstennahen Riffen ist Tauchen vom Boot eigentlich nicht unbedingt nötig. Für abgelegenere Gebiete ist ein hochseetüchtiges Schiff oder eine Safari vom Ufer aus die einzige Möglichkeit; die Logistik und die erforderliche offizielle Genehmigung für viele Gebiete an der Südküste machen individuelle Ausflüge abschreckend schwierig.

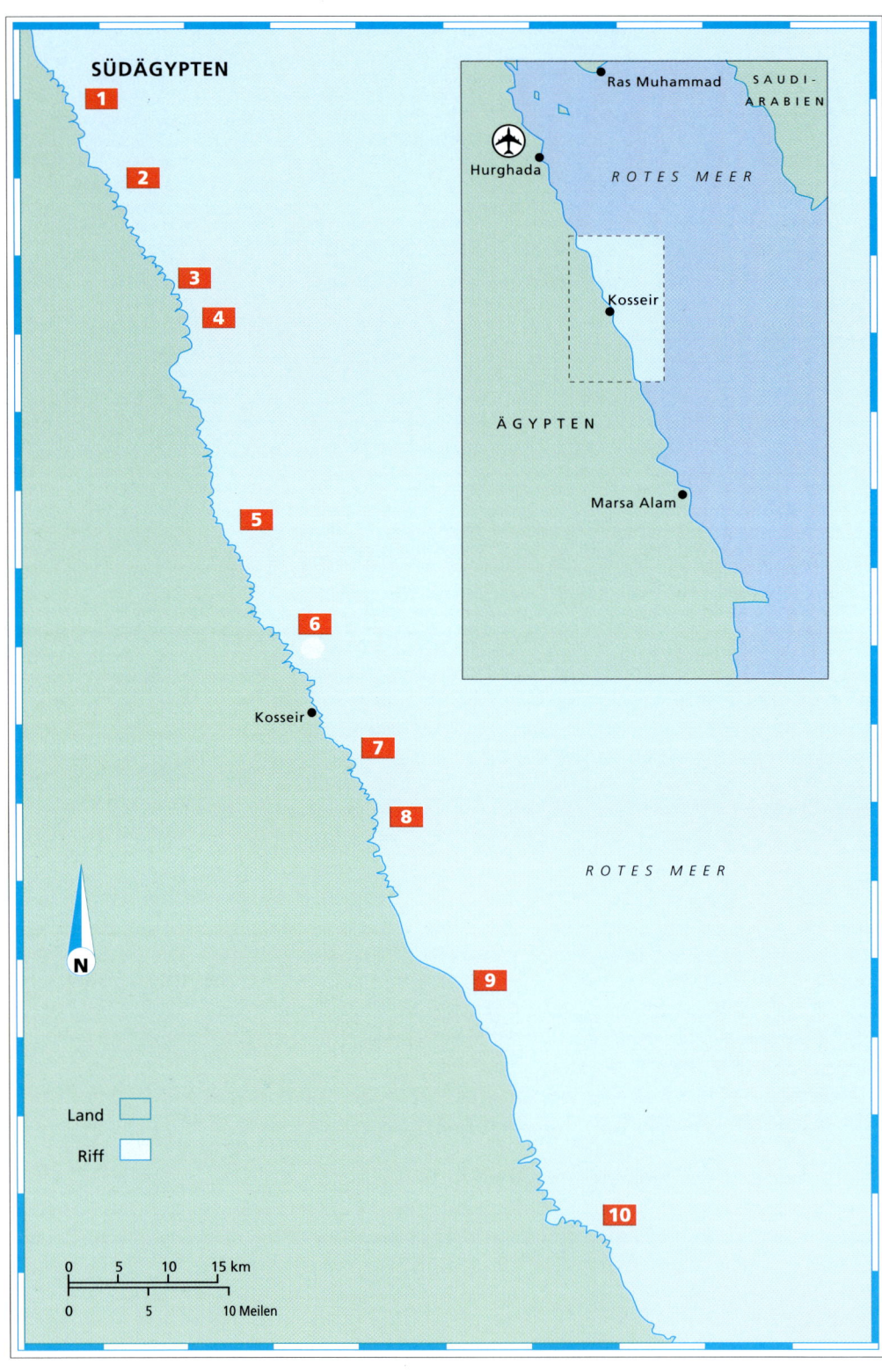

SÜDÄGYPTEN

1

2

3

4

5

6

Kosseir

7

8

N

Land

Riff

ROTES MEER

9

10

0   5   10   15 km

0   5   10 Meilen

Ras Muhammad

SAUDI-
ARABIEN

Hurghada

ROTES MEER

Kosseir

ÄGYPTEN

Marsa Alam

Noch vor einiger Zeit war Hurghada die nächstgelegene Tauchbasis, und Tauchen war hier ein Abenteuer. Inzwischen entstehen neue Tauchzentren an der Küste, in Safaga, Kosseir und weiter südlich. Einige erstklassige Tauchveranstalter arrangieren Tauchgänge an der Südküste, und ihre Zahl steigt mit dem Interesse an der Region. Außerdem verkehren im Sommer einige Tauchkreuzfahrtschiffe vor der Südküste, und auch Boote aus nördlichen Häfen fahren inzwischen Ziele im Süden an.

VERHALTENSREGELN BEIM TAUCHEN

Für Taucher gilt beim Tauchen in der Region „Hände weg". Das heißt gut austarieren und immer darauf achten, daß von der Flossen- bis zur Fingerspitze nichts mit dem Riff in Berührung kommt.

Die meisten Tauchveranstalter bestehen auf einem „Vortauchen", um die Taucher beurteilen zu können. Der verantwortungsvolle Taucher wird dies als Geste gegenüber dem Veranstalter und als notwendige Maßnahme zum Schutz der lokalen Riffe akzeptieren.

1 GREEN HOLE

★★★★★★★★★

Lage: 59 km nördlich von Kosseir an der Küste.
Zugang: Mit dem Jeep von Kosseir, dann Einstieg vom Ufer über das Riff.
Bedingungen: Beim Einstieg wahrscheinlich einige hohe Wellen, selbst an ruhigen Tagen; ablaufendes Wasser kann den Ausstieg erschweren.
Durchschnittliche Tiefe: 20 m.
Maximale Tiefe: 25 m.
Durchschnittliche Sicht: 20 m.

Der Tauchgang beginnt mit einem Abstieg durch ein Loch in der Riffspitze auf etwa 9 m. Vom Grund des Einstiegslochs geht es an zwei mit Weichkorallen überwachsenen Korallenpfeilern vorbei in eine steil abfallende Schlucht, die bis auf 35 m geht und beidseitig von einem sanft abfallenden Riff eingefaßt wird.

Der Korallenbewuchs an der Rifffläche ist hervorragend und es gibt viele Riffische zu sehen. Im offenen Meer werden häufig blaue Adlerrochen gesichtet, und gelegentlich nähern sich neugierige Delphine.

Man taucht am besten durch die Schlucht bis zur maximalen Tiefe, schwimmt dann gemächlich am Riff entlang bis zu einem großen Korallenblock in 20-25 m. Dann dreht man um und steigt langsam auf bis zum Ausstieg durch das Loch im Riff. Die Sicht im Loch und Brandungsbereich oben am Riff kann schlecht sein. Achten Sie auf eine ausreichende Luftreserve für den Fall von Strömungen oder stark ablaufendem Wasser beim Ausstieg.

2 MAKLOUF

★★★★★★★★★

Lage: 48 km nördlich von Kosseir am Roten Meer.
Zugang: Mit dem Jeep ab Kosseir, dann Einstieg vom Ufer über das geschützte Riff.
Bedingungen: Wie bei vielen Gebieten um Kosseir können Wogen und ablaufendes Wasser den Einstieg erschweren, doch das Gebiet ist gut gegen hohe Wellen geschützt.
Durchschnittliche Tiefe: 18 m.
Maximale Tiefe: 40 m und mehr.
Durchschnittliche Sicht: 20 m.

Der Einstieg erfolgt durch eine Schlucht, die zwischen den Korallen der Riffspitze absteigt und sich dann nach Süden zu einer Sandfläche verbreitert, die mit Korallenstöcken übersät ist. Die Sandfläche fällt bis in etwa 40 m ab und wird im Norden und Süden von großen Korallenblöcken unterbrochen.

Der Südteil weist besonders reiche Steinkorallen auf, aber auch Weichkorallen sind gut vertreten. In etwa 15 m gibt es auf einem einzelnen Korallenblock mitten im Sand eine ungewöhnliche rote Seeanemone.

Bei den Korallenblöcken sieht man viele Stachelmakrelen und Füsiliere sowie zahlreiche Schwarmfische wie Fahnen-, Glas- und Riffbarsche. Es wimmelt von Feuerfischen, und auf dem Sand liegen Krokodilsfische und Blaupunkt-Stechrochen, gelegentlich auch ein schlafender Weißspitzen-Riffhai. Auch Adlerrochen tauchen des öfteren hier auf. Stöbern Sie auf dem Rückweg etwas in den vielen Höhlen der Einstiegsschlucht herum. Am Einstiegspunkt zweigt rechts ein kleiner Gang ab. Er steigt auf etwa 1 m an und bietet den einfachsten Ausstieg aus der Schlucht.

3 KILO 37 NORTH
★★★★★★★

Lage: 42 km nördlich von Kosseir (27 km vom Subex Dive Centre).

Zugang: Mit dem Jeep ab Kosseir, dann Einstieg vom Ufer über das weite Riff.

Bedingungen: Starkes ablaufendes Wasser und Küstenströmungen können den Zugang erschweren.

Durchschnittliche Tiefe: 18 m.

Maximale Tiefe: 35 m und mehr.

Durchschnittliche Sicht: 20 m.

Ein abfallendes Küstenriff mit einem ausgedehnten System aus Höhlen und Tunneln, die das Riffdach durchlöchern. Die Riffkante ist hier über 100 m breit; die Schlucht, die den Beginn des Tauchgangs markiert, fällt von der Riffkante auf etwa 15 m ab und geht dann in einen Sandhang über, der bis in über 35 m Tiefe reicht. Auf dem Sand in etwa 30 m, direkt vor dem Schluchtausgang, stehen einige imposante Korallenblöcke.

Rechts vom Schluchtausgang fällt das Riff steil ab und ist stark konturiert. Es weist besonders viele Steinkorallen auf - Acropora-Tischkorallen, verschiedene Geweihkorallen, massive „märchenschloßartige" Gebilde, große Flecken mit Blumenkohlkorallen und viele Platten- und inkrustierte Korallen.

An Fischen sieht man hier Weißspitzen-Riffhaie, in Schwärmen auftretende Füsiliere, Meerbarben und Schnapper, zahlreiche besonders große Zackenbarsche, viele Nasendoktor-, Doktor- und Drückerfische, Fahnenbarsche, Kaiser- und Falterfische sowie eine Menge kleine Seenadeln auf den Korallenblöcken.

Angesichts der vielen kleinen Höhlen sollten die Taucher die Grundregeln des Höhlentauchens beachten.

4 SAFAGA 1/KILO 32 NORTH
★★★★★★★★★

Lage: 38 km nördlich von Kosseir (32 km nördlich vom Subex Dive Centre).

Zugang: Jeep ab Kosseir, dann etwas heikler Einstieg vom Ufer über das Riff.

Bedingungen: Bei Wellengang muß man beim Einstieg durch einen kleinen Einschnitt im Riff über die Brandungszone springen und erst dann die Flossen anziehen.

Durchschnittliche Tiefe: 18 m.

Maximale Tiefe: 35 m und mehr.

Durchschnittliche Sicht: 20 m.

Getaucht wird in einer seichten Bucht nördlich von Kosseir, deren Nordspitze Schutz vor dem vorherrschenden Nordwind und den Wellen bietet. Die Riffwände in

---

der Bucht weisen zahlreiche Höhlen und Durchgänge in 5-6 m auf. Außerhalb der Bucht fällt das Riff bis zu einem Sandboden in rund 25 m ab. Direkt vor der Nordspitze der Bucht strebt ein langer Riffinger bis in etwa 35 m Tiefe.

Steinkorallen herrschen auf dem Riff vor: große Blöcke aus Hirn- und Sternkorallen, viele tisch- und geweihförmige Acropora-Arten und Filigrankorallen sowie verschiedene Weichkorallen sind gut vertreten.

Die Bucht beherbergt die verschiedensten Riffische. Auch Meeresschildkröten sind häufig, und Große Tümmler suchen diesen Küstenstreifen auf.

Die Taucher müssen aufpassen, daß sie sich nicht in den vielen Angelleinen am Nordrand der Bucht verfangen - dort ist ein beliebter lokaler Anglertreff.

5 BEIT GOHA
★★★★★★★★★

Lage: 20 km nördlich von Kosseir, direkt hinter der Station der Küstenwacht und dem verlassenen Dorf.

Zugang: Mit dem Jeep ab Kosseir, dann Einstieg vom Ufer über das Riff.

Bedingungen: Starke Winde und Wellen können den Zugang für die meisten Taucher unmöglich machen.

Durchschnittliche Tiefe: 10 m.

Maximale Tiefe: 30 m.

Durchschnittliche Sicht: 15 m.

Dieser labyrinthische Korallengarten ist nach einem ägyptischen Cartoonhelden benannt, der für seine Kopflosigkeit bekannt ist - selbst Führer verirren sich hier! Nördlich und südlich des Eingangs wechseln ausgesuchte Korallenflecken mit Sand, Schluchten und Tunneln ab. Das Gebiet ist im Schnitt nur etwa 10 m tief, außen am Riff geht es jedoch auf über 30 m hinunter.

Der Korallenbewuchs ist phantastisch. Mischung, Verbreitung und Zustand der Stein- wie Weichkorallen sind außergewöhnlich: Große Pfeiler mit schönen

Oben: *Kaninchenfische (Siganidae) über einem Riff, auf dem sich Fahnenbarsche tummeln.*
Unten: *Eine herrlicher Königs-Seefächer (Lophogorgia sp.)*

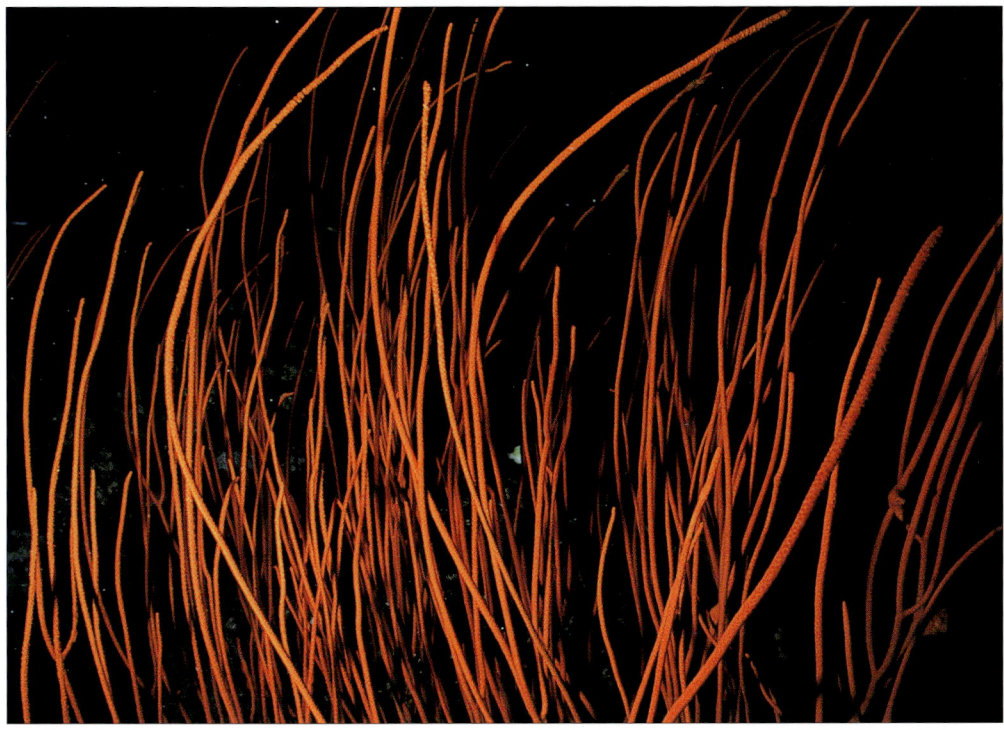

Tischen, mächtige Gebilde wie geschmolzenes Kerzenwachs, ausgedehnte Flecken mit Weichkorallen und verzweigte Geweihkorallen. Den Boden bedecken tausende kleiner Teppichanemonen.

Dieses Korallenparadies birgt die erwartete Vielfalt an Riff- und Schwarmfischen wie Nasendoktorfische und Schnapper, während auf dem Sand Bodenbewohner wie Geigenrochen, Weißspitzen-Riffhaie, Blaupunkt-Stechrochen und Krokodilsfische zu Hause sind. Groß ist auch die Artenvielfalt der Doktorfische, dazu Zackenbarsche, Trompetenfische, Meerbarben und Drückerfische.

Die Ein-/Ausstiegsschlucht ist mit Mineralwasserflaschen gekennzeichnet, die als Notbojen dienen.

6 SIRENA BEACH HOME REEF
★★★★☆☆☆☆☆

Lage: Die Bucht bei Kosseir El Qadima vor dem Subex Dive Centre/Mövenpick Hotel, Kosseir.
Zugang: Tauchen vom Ufer oder mit kleinem Außenborder von der Mole aus.
Bedingungen: Die Bucht bei Kosseir El Qadima ist dem vorherrschenden Nordwind und den Wellen ausgesetzt, so daß immer eine gewisse Brandung herrscht.
Durchschnittliche Tiefe: 20 m.
Maximale Tiefe: 50 m und mehr.
Durchschnittliche Sicht: 20 m.
Das Hausriff des Subex Dive Centre in Kosseir und ein wirklich schöner Tauchgang nur wenige Schritte vom Tauchshop entfernt.

Man kann an der Mole einsteigen und links oder rechts an beiden Armen der Bucht tauchen, oder mit einem Außenborder von der Mole zum äußeren Riff fahren, von wo man zurück in die Bucht bis zur Mole tauchen kann. Verstreut liegende Pfeiler säumen die Riffkante beiderseits der Bucht. Das Riff selbst ist in beiden Richtungen sehr abwechslungsreich und bietet Steinformationen, Höhlen, Tunnels, Kamine und einen enormen Artenreichtum an Korallen.

Der äußere Bereich der Bucht ist ideal für Schwarmfische, da sich an beiden Riffecken tiefes Wasser anschließt. Thunfische, Stachelmakrelen, Füsiliere, Makrelen und Schnapper sind reichlich vertreten, und auf dem Riff gehören Napoleon- und andere Lippfische, zahlreiche Muränen, große Zacken- und Klippenbarsche, Feuer- und Trompetenfische sowie Meerbarben zur vielfältigen Fischfauna. Auf dem Sand findet man Graue Muränen, Grundeln und Garnelen, und in den küstennahen sandigen Untiefen sind häufig Schwärme von Riffsepien anzutreffen.

Rechts: *Die Echte Karettschildkröte (Eretmochelys imbricata) hat den typisch braun und gelb gemusterten Rückenschild.*

7 EL KAF
★★★★★☆☆☆☆☆

Lage: 10 km südlich von Kosseir.
Zugang: Mit dem Jeep ab Kosseir, dann leichter Einstieg vom Ufer aus.
Bedingungen: Die geschützte Lage sichert leichten Zugang bei jedem Wetter.
Durchschnittliche Tiefe: 18 m.
Maximale Tiefe: 40 m und mehr.
Durchschnittliche Sicht: 20 m.
Dieser herrliche Tauchgang beginnt mit einem leichten Einstieg am Ufer durch eine Schlucht in eine schmale Sandbucht, deren Korallenwände rechtwinklig vom Ufer ins Meer laufen. Das Riff zu beiden Seiten der Einstiegsschlucht ist abwechslungsreich und weist Pfeiler, Hänge, Sockel und Sandflächen auf. Im Süden wird das Riff von mehreren Sandrinnen, kleinen Schluchten und Durchgängen zerteilt. An der Südecke der Bucht liegt in etwa 6 m eine halbkreisförmige Schlucht mit verschiedenen Höhlen, Sackgassen und nach außen führenden Durchgängen. Im Norden gibt es ebenfalls zahlreiche Höhlen und Durchgängen zu erkunden.

Der Korallenbewuchs ist überall ausgezeichnet, und die zahlreichen Arten sind in hervorragendem Zustand. Interessant sind einige 2 m große, abgestorbene Acropora-Tischkorallen, die vollkommen mit Weichkorallen überwuchert sind.

Die arten- und zahlreiche Fischfauna umfaßt RiesenZackenbarsche, Dutzende stacheliger und gepunkteter Kugelfische, Blaupunkt-Stechrochen, Krokodilsfische, viele Lippfischarten, Fledermaus- und Trompetenfische.

8 KILO 15 SOUTH

★★★★★★★★★★

Lage: 15 km südlich von Kosseir.
Zugang: Mit dem Jeep ab Kosseir, dann Einstieg vom Ufer.
Bedingungen: Der leichte Zugang erfordert einen längeren Fußmarsch. Strömungen und ablaufendes Wasser können den Ein-/Ausstieg erschweren.
Durchschnittliche Tiefe: 20 m.
Maximale Tiefe: 35 m.
Durchschnittliche Sicht: 20 m.
Der Einstieg erfolgt durch ein Schluchten-/Tunnelsystem, das oben vom Riff zu einem Sandhang an der Riffkante führt. Die letzten Meter beim Einstieg geht es von 5-7 m durch ein glattwandiges Rohr; der Ausstieg durch dieses Rohr ist wegen des Abflusses vom Riffdach generell nicht möglich, man steigt also durch einen zweiten Durchgang direkt südlich des Einstiegs aus.

Das Riff ist ein Stück leicht abschüssig und fällt dann auf beiden Seiten senkrecht ab. Schwimmt man am Riff entlang nach Süden, kommt man in 10-15 m zu mehreren Pfeilern und Korallenblöcken, bevor die Riffwand sich nach außen wendet. An dieser Stelle führt ein langer Korallenriegel weg vom Hauptriff; hinter seiner Außenkante sind auf dem Boden große Tischkorallen von 35 m bis zurück zum Hauptriff verstreut, das hier zu einer Miniwand aufsteigt. In diesem tieferen Bereich hat man gute Chancen, Weißspitzen-Riffhaie und die selteneren Geigenrochen zu sehen. Die üblichen Riffische sind in großer Zahl vorhanden. Der Korallenbewuchs ist überall gut, wobei Steinkorallen vorherrschen, vor Geweihkorallen. Es gibt einige schöne kleinere Weichkorallen und verstreute Seeanemonen, das beste sind jedoch die herrlichen Tischkorallen vor dem Südriff.

Denken Sie daran, daß der starke Abfluß vom Riffdach den Ausstieg erschweren kann. Sorgen Sie deshalb für ausreichend Luftreserve.

9 MANGROVE BAY

★★★★★★

Lage: 30 km südlich von Kosseir.
Zugang: Mit dem Jeep ab Kosseir, dann Einstieg vom Ufer aus.
Bedingungen: Die Bucht bietet sehr guten Schutz, aber der kurze Fußmarsch über das Riff kann tückisch sein.
Durchschnittliche Tiefe: 20 m.
Maximale Tiefe: 35 m.
Durchschnittliche Sicht: 20 m.

Das Gebiet liegt an der Südseite einer kleinen Bucht. Die Nordseite nimmt ein großer Hotelbau ein und wird gelegentlich von Tauchkreuzfahrtschiffen angefahren, die dort vor dem Nordwind Schutz suchen. Das Riff an der Südseite ist allerdings sehr viel besser erhalten und hat kaum Ankerschäden.

Das abschüssige Riff ist mit Sandrinnen durchsetzt und beginnt mitten vor der Südseite der Bucht, wo mehrere kleine Pfeiler direkt vor dem Riff stehen. Folgen Sie dem tieferen Teil des Riffs nach rechts zur Außenseite der Bucht, und kehren Sie dann in geringerer Tiefe zum Einstieg zurück. Meiden Sie die vielen Löcher oben auf dem Riff, in denen man sich schnell den Fuß verstaucht.

Der Korallenbestand tendiert stärker in Richtung Steinkorallen, wobei vor allem Hirnkorallen und andere massige Arten in Erscheinung treten. Die Fischfauna ist arten- und zahlreich: Doktor- und Nashorndoktorfische, Zackenbarsche, Kaiser- und Lippfische sowie Fahnenbarsche sind gut vertreten.

10 SHEIKH MAALEK
★★★★★

Lage: 50 km südlich von Kosseir, gegenüber einer kleinen Moschee an der Küstenstraße.
Zugang: Mit dem Jeep ab Kosseir, dann Einstieg vom Ufer.
Bedingungen: Die Sicht in der eingeschlossenen Bucht kann oft schlecht sein.
Durchschnittliche Tiefe: 15 m.
Maximale Tiefe: 20 m.
Durchschnittliche Sicht: 15 m.
Ein labyrinthisches Gebiet, ähnlich wie Beit Goha (Nr. 5). Der Zugang erfolgt durch ein Loch oben im Riff oder die Lagune. Getaucht wird in einer seichten Sandbucht, deren Ausgang von einem großen Korallenriegel versperrt wird. Dieses eingeschlossene Gebiet leidet unter ziemlich schlechter Sicht. Wie um das auszugleichen, liegt jedoch mitten in der Bucht das Wrack eines kleinen Fischerbootes. Nach außen bessert sich die Sicht; die gemischten Korallen, überwiegend Steinkorallen, sind gesund. Die rechte/südliche Seite hat ein abwechslungsreicheres Profil, artenreichere Korallen, Pfeiler und einen sehr verschlungenen Plan; die linke/nördliche Seite tendiert eher zu großen, runden Blöcken und Pfeilern.

Die Fischfauna ist reich, aber der Gipfel sind Delphine und sogar Seekühe, die hier schon gesichtet worden sind.

Ein Nachteil sind die schlechte Sicht und die Notwendigkeit, eine größere Strecke zu schwimmen, um zum guten Riffbereich zu gelangen.

Weißfleck-Kugelfisch (Arothron hispidus).

EINSTIEG BEI BRANDUNG

Am Roten Meer ist Tauchern über weite Strecken nur der Einstieg direkt vom Ufer aus möglich. Dabei ist es oft notwendig, über das Riff durch die Brandung ins Wasser zu steigen. Das mag zwar gefährlich erscheinen, doch mit ein paar einfachen Tips kommen Sie durch fast alle Wellen.

- Seien Sie wachsam - halten Sie Maske und Atemregler fest, falls Sie straucheln. Klappen Sie die Flossenriemen zurück, damit Sie sie schnell anziehen können; üben Sie im voraus, damit Sie die Flossen schnellstmöglich an- und ausziehen können.
- Gehen Sie, wenn Sie in die Wellen waten, nur voran, wenn das Wasser zurückweicht, damit Sie sehen, wohin Sie treten. Bleiben Sie stehen und stemmen sich gegen die einlaufenden Wellen und gehen Sie mit den nächsten zurücklaufenden Wellen wieder weiter.
- Ist das Wasser knietief oder tiefer, ziehen Sie am besten die Flossen an und schwimmen durch die Brandungszone. Bei flachem Wasser müssen Sie bis zur Riffkante vorgehen, bevor Sie die Flossen anziehen. Manchmal ist es besser, von der Riffkante mit dem Kopf voran zuerst in tieferes Wasser zu tauchen, bevor man die Flossen anzieht. Bei weniger rauhen Bedingungen können sich die Kameraden gegenseitig stützen, wenn man an der Riffkante die Flossen anzieht.
- Nutzen Sie beim Ein- und Ausstieg die Wellen aus; schwimmen Sie mit dem Sog des Wassers voran, halten Sie dann inne, bis Sie mit der nächsten Welle weiterschwimmen.
- Wenn Sie fallen, nutzen Sie die Kraft der Wellen zum Aufrichten: Suchen Sie festen Halt mit den Füßen, stemmen Sie den Rücken gegen eine einlaufende Welle und lassen Sie sich von ihr auf die Beine stellen; dann umdrehen und weitergehen.
- Lesen Sie die Wellen beim Ein- und Ausstieg: Große Wellen kommen in Gruppen, dazwischen schwächere Perioden, während der Sie ein- oder aussteigen sollten.

WIE MAN HINKOMMT

Mit dem Flugzeug: Der nächste internationale Flughafen ist Hurghada, Kairo wird dafür öfter angeflogen. Scharm el-Scheik ist eine weitere Möglichkeit, wenngleich weit ab, sofern man nicht auch vor Sinai tauchen möchte. Alle Flughäfen bieten zahlreiche Direkt- und Nonstopflüge.

Ägypten bietet vielfältige Transportmöglichkeiten: ein umfangreiches und recht preisgünstiges Flugnetz verbindet die größeren Städte; vollgepferchte, schmutzige, billige Lokalbusse, klimatisierte Luxusbusse, private Kleinbusse und Taxis; Miettaxis fahren bestimmte Strecken zwischen den größeren Städten, sobald genügend Personen beisammen sind. Sie sind schneller und bequemer als lokale Busse auf derselben Strecke.

Mit Bus und Taxi: Busse und Taxis verkehren zwischen Safaga, Kosseir, Hurghada, Sues, Kairo und anderen Städten im Norden.

Mit dem Auto: Viele Firmen in Kairo, Hurghada und Scharm el-Scheik vermieten Wagen an Selbstfahrer, mit Wochenrabatt. Den meisten Firmen reicht die Vorlage des Führerscheins, sicherer ist jedoch, einen internationalen Führerschein (den man bei der Führerscheinstelle zu Hause erhält) mitzuführen. Man muß mindestens 25 Jahre sein und eine Kreditkarte besitzen.

WO MAN ABSTEIGEN KANN

Kosseir ist die südlichste Stadt an der Südküste, in der es Tauchveranstalter gibt. Sie sitzen an der Küste und sind von der Stadt leicht mit dem Auto zu erreichen. Die Unterkunft in Kosseir ist noch beschränkt auf das überaus luxuriöse **Mövenpick Jolie Ville** im Norden der Stadt und das überaus einfache **Sea Princess** im Stadtzentrum. In der Stadt sind zwei Hotels im Bau, 30 km südlich bei Mangrove Bay entsteht eine Ferienanlage. Übernachten kann man auch bei der schwimmenden Tauchbasis Pensee, einem ausgemusterten Nil-Dampfer, der einige Kilometer südlich von Kosseir liegt. **Mövenpick Hotel Jolie Ville**, Qadim Bay, Kosseir, Ägypten; Tel. 20 65 432 100-120, Гax 20 65 432-124-128. **Sea Princess Hotel**, Kosseir, Ägypten; Tel. 20 65 430 044.

WO MAN ESSEN KANN

Gepflegt essen kann man nur im **Mövenpick Jolie Ville**, dessen drei Restaurants Essen vom Buffet und à la carte bieten. Nach internationalen Maßstäben sind die Restaurants nicht besonders teuer; das Essen braucht keinen Vergleich in Ägypten zu scheuen, die Produkte werden mit LKWs aus Kairo und anderen Orten angeliefert. Das andere Extrem, das gemütliche, nette und echte **Mata'am Nashad** in der Stadt, serviert Hähnchen, Fisch und geschmorte

einheimische Gerichte zu unfaßbar niedrigen Preisen. In der Stadt gibt es außerdem einige **Falafel-Stände** (einen davon betreibt der Mann, der auch das Mövenpick mit *Falafel* beliefert) und andere kleine Imbißbuden. Im **Subex Dive Centre** serviert eine gutsortierte, aber preiswerte Snackbar Sandwiches, Gegrilltes, Snacks und Getränke und hat dazu eine ausgezeichnete Salatbar, eine Seltenheit in Ägypten und so weit ab vom Schuß ohne Beispiel.

Abends kann man entweder in die **Top of the Rock** Bar im Mövenpick oder eins der Cafés in der Stadt gehen, in denen die Einheimischen abends fernsehen. Eine bessere Alternative ist das hervorragende **Café an der Seeseite** unten an der Bucht, nicht weit vom Sea Princess Hotel entfernt, das zwar kein Fernsehen bietet, dafür aber einen schönen Blick und Tische direkt am Strand.

TAUCHEINRICHTUNGEN

Das beste Tauchzentrum an der Südküste ist der **Subex Dive Club** in Kosseir. Das Zentrum, nach strengen ökologischen Anforderungen im Rahmen der Mövenpick-Anlage gebaut, ist technisch perfekt und modernst ausgestattet einschließlich einem Aladin-Tauchcomputer für jede Leihtauchausrüstung. Getaucht wird von der eigens entworfenen umweltfreundlichen Mole, von Außenbordern und vom Ufer, wohin man mit dem Jeep fährt. Das Zentrum hat internationale Mitarbeiter und Tauchlehrer und strenge Anweisungen hinsichtlich der Höchstzahl der Taucher. Deshalb empfiehlt es sich, im voraus zu buchen, da bei Erreichen der Höchstzahl niemand mehr aufgenommen wird.

Subex Diving, Mövenpick Hotel Jolie Ville, Kosseir, Ägypten; Tel. 20 65 432 100, Fax 20 65 432 124.

Die **Pensee Tauchbasis** im Süden von Kosseir ist ebenfalls komplett ausgerüstet. Sie bietet Tauchen und Unterkunft an Bord eines ausgemusterten Nil-Dampfers, der fest am Ufer liegt.

FILMENTWICKLUNG

Das Subex Dive Centre bietet Dia-Entwicklung in 24 Stunden. Ansonsten wartet man mit dem Entwickeln am besten, bis man in eines der Touristenzentren oder nach Hause kommt. Einige Farbfilme zweifelhaften Alters und Qualität sind in der Stadt zwar erhältlich, aber man deckt sich am besten vorher ein.

KRANKENHÄUSER

Wer ärztliche Hilfe braucht, wendet sich am besten gleich nach Hurghada, eineinhalb Stunden nördlich, wo es ein vollwertiges Krankenhaus gibt.

TAUCHNOTFÄLLE

Kosseir hat keine Dekompressionskammer. Also unbedingt behutsam und sicher tauchen.

LOKALE BESONDERHEITEN

Es lohnt sich durchaus, einen Vormittag durch das Gelände direkt hinter dem Subex Dive Centre zu stromern. Dort liegt **Quseir el Qadim**, eine mittelalterliche Mameluckensiedlung, die auf den Resten eines noch älteren römischen Handelshafens errichtet wurde - beide wurden aufgegeben, vermutlich weil die Bucht versandete und die Siedlung schließlich mehrere hundert Meter landeinwärts lag. Neuere Ausgrabungen haben viele alte Gebäude aus islamischer und römischer Zeit freigelegt.

In **Kosseir** beherrschen die mächtigen Ruinen einer **mittelalterlichen Festung** immer noch die Stadt. Besucher können Gewölbe und Türme erklimmen und von den Wällen blicken. Aber Vorsicht! Die stillen Ecken dienen heute inoffiziell als öffentliche Toilette.

Wer einfach nur in der Sonne liegen möchte, hat die Auswahl unter schönen **Stränden** an der Küste.

Taucher beim Einstieg vom Boot.

DAS OFFENE MEER UND
DER TIEFE SÜDEN

Tauchen ist fast ein Breitensport geworden, und das Rote Meer hat sich vom einsamen Paradies für Abenteurer zur millionenschweren, breitangelegten Tourismusbranche entwickelt. Aber die Riffe unten im Süden sind für Pauschaltouristen immer noch unerreichbar, und wer die Zeit (und das Geld) hat, dort zu tauchen, kann das Rote Meer noch so erleben, wie Hans Hass oder Jacques Cousteau es gesehen haben.

Der tiefe Süden ist in diesem Buch alles, was jenseits von Kosseir liegt, der südlichsten Tauchbasis Ägyptens; um dorthin zu kommen, braucht man ein gutausgerüstetes Tauchkreuzfahrtschiff.

KLIMA
Die tiefe Süden reicht bis hinunter zum Sudan, wo die Temperaturen im Sommer oft über 50°C erreichen. Im Winter ist es mild, und selbst im Januar braucht man kaum mehr als ein leichtes Sakko oder Sweatshirt.

Das Wetter auf dem Meer ist für den Taucher von großer Bedeutung. Die jahreszeitlich schwankenden Winde im Herbst bringen so rauhe See, daß es selbst auf dem größten Kreuzfahrtschiff ungemütlich wird; viele Veranstalter meinen, man könne diese Gebiet ab September oder Oktober nicht mehr anlaufen, und so ist der Hochsommer die ideale Zeit zum Tauchen.

TAUCHATTRAKTIONEN
Das Tauchen hier ist jede wetterbedingte Unannehmlichkeit wert. Wände von Schwarmfischen, in die hinein pelagische Räuber stoßen; Korallenklippen, die sich in einem Farbenmeer verlieren; ausgedehnte, vom Massentourismus praktisch noch unberührte Küstenriffe, heiterer blauer Himmel und ein noch blaueres Wasser, während man über die leere Weite des Roten Meeres gleitet.

In diesen Gewässern liegen einige der großen Namen des Tauchens im Roten Meer - The Brothers, alleinstehende ursprüngliche Korallentürme, die aus bodenloser Tiefe aufsteigen, eingehüllt in Schwärme von Haien; oder Zabargad und Rocky Island, beinahe ein mystischer Ort des Tauchens im offenen Meer mit senkrechten Wänden und Korallengärten. Und es gibt noch hunderte weniger bekannter Riffe hier, die jedes Riff im Norden des Roten Meeres in den Schatten stellen und beitragen zum Reiz, die unbekannten Gebiete im Süden zu erkunden und Dinge zu sehen, die nur wenige Taucher jemals sehen werden.

MEERESLEBEN
Der tiefe Süden war schon immer berühmt für Haie, doch an den meisten Riffen trifft man auf Schwärme von Schnappern und Doktorfischen, auf die eigenartigen Nasendoktorfische und unzählige andere Arten, und Raubfische wie Barrakudas und Stachelmakrelen sind hier so allgegenwärtig, daß sie schon gar nicht mehr auffallen.

Das farbenfrohe Gewimmel der Riffische an den Riffen ist kaum zu beschreiben; Riesen-Zackenbarsche schwimmen auf Tuchfühlung mit Napoleon-Lippfischen, Blaue Drückerfische treten zu Hunderten auf und Kaiserfische jeder Art spielen mit Falterfischen und Riffbarschen Fangen. Elegante Feuerfische, vorgeschichtlich anmutende Skorpionsfische und Aale, so dick wie Telegraphenmasten, sind reichlich vertreten.

Die Riffe im tiefen Süden weisen Korallenbewuchs in einer Dichte und Güte auf, die es im Norden einfach nicht gibt. Wogende Felder aus Weichkorallen oder Plattenkorallen mit mächtigen Blättermassen, Acropora-Tischkorallen von der Größe eines Konferenztisches, riesige Pfeiler und zarte Fächerkorallen - um nur einige der Freuden im tiefen Süden zu nennen.

BEDINGUNGEN

Die Wassertemperaturen sind die meiste Zeit des Jahres hoch - im Sommer 27°C oder mehr, im Winter selten nur 21 oder 22°C. Wie in allen tropischen Gewässern besteht immer die Möglichkeit der Algen- oder Planktonblüte mit stark verminderter Sicht, doch das Wasser ist die meiste Zeit klar; die Sicht liegt durchschnittlich um 20 m, kann aber sehr viel höher sein.

Strömungen und Dünungswellen an der Oberfläche sind oft sehr stark und können den Zugang zu einigen Gebieten zu bestimmten Jahreszeiten vereiteln. An den exponierten Riffen im offenen Meer wie Rocky Island oder The Brothers kann man 20 m hohe und höhere Dünungswellen erleben. Einige dieser Gebiete sind schwierig, überfordern aber selten einen im offenen Meer erfahrenen Taucher.

ZUGANG

Da es südlich von Kosseir mit Taucheinrichtungen an der Küste zu Ende ist, bleibt als einziges Beförderungsmittel für die meisten dieser Gebiete ein Tauchkreuzfahrtschiff. Einige Schiffe operieren seit ein paar Sommern von Marsa Alam und den umliegenden kleinen Häfen aus, und jedes Jahr lassen sich weitere Veranstalter in der Gegend nieder. Außerdem fahren einige Schiffe diese Gebiete von Hurghada oder Scharm el-Scheik aus an, entweder im Rahmen von Ägypten-Rundfahrten oder internationaler Tauchfahrten, die von Israel bis Dschibuti reichen können.

Theoretisch kann man viele dieser Gebiete von der Küste aus erreichen - praktisch wird einem das auf eigene Faust aber kaum gelingen. Das südliche Rote Meer ist strategisch wichtiges Gebiet, und man braucht ein halbes Dutzend Genehmigungen, um hier tauchen zu können. Es gibt allerdings einige Safaris die Südküste hinunter, wo man in Zelten wohnt und einige große Tauchgebiete von der Küste aus aufsucht.

TAUCHSCHULEN UND -EINRICHTUNGEN

Der Standard der Schiffe, die den tiefen Süden anlaufen, reicht von einfach bis luxuriös. Die Güte des Service kommt im Preis zum Ausdruck - eine Woche auf einem luxuriösen Schiff ist teurer als ein ganzer Monat Tauchurlaub an Land im Norden.

Selbst die einfacheren Schiffe verfügen über fachkundige Besatzung und sind im allgemeinen gut ausgerüstet. Die teureren Schiffe bieten Annehmlichkeiten von Videofilmen bis zu eigener Dusche und dazu das Modernste an Kompressoren und Ausrüstung.

DER LEUCHTTURM VON BIG BROTHER

Der imposante Anblick des steinernen Leuchtturms der Insel Big Brother ist unvergeßlich - das Höchste, was weit und breit zu sehen ist und wie ein warnender Finger in die Höhe ragt. Der Leuchtturm warnt seit 1880 die Schiffe vor den Felsen. Die Briten, damals die Kolonialherren über den größten Teil der Westküste des Roten Meeres, hatten ihn als Sicherung für die wichtigen Schiffahrtsrouten durch den Sueskanal bauen lassen.

Mit an der Basis 120 cm starken Mauern ist er ein gewaltiges Bauwerk im Roten Meer; nach über einem Jahrhundert macht er noch immer den Eindruck, als würde er die meisten modernen Bauten überdauern. Er hatte ursprünglich ein kompliziertes Räderwerk, das das Licht rotieren ließ; dieses technische Wunderwerk der Gebrüder Chance aus Birmingham drehte einen Linsenmechanismus von über einer Tonne Gewicht mit Hilfe einfacher, hängender Gegengewichte. Die Linse selbst war nicht weniger beeindruckend: Sie verstärkte das bescheidene Glimmen eines Glühstrumpfes zu einem Lichtstrahl, der stark genug war, ferne Schiffe zu erreichen.

Der Turm ist noch besetzt, heute von ägyptischen Soldaten. Eine der Freuden, hier zu tauchen, ist die herzliche Begrüßung durch die Wächter, die die Gelegenheit zu einem Plausch mitten im Roten Meer wahrnehmen und gerne jedem Besucher ihren Leuchtturm zeigen. Geschenke vom Festland sind immer willkommen - vor allem Zigaretten.

VERHALTENSREGELN BEIM TAUCHEN

Denken Sie daran, wenn Sie in diesem Paradies tauchen, daß die Riffe im nördlichen Roten Meer vor zwanzig Jahren auch noch so ausgesehen haben und daß die im Süden binnen zehn Jahren das gleiche Schicksal erleiden könnten. Jeder Taucher ist für das Wohlergehen der Riffe verantwortlich. Jeder falsche Flossenschlag oder Fehlgriff ist ein weiterer Nagel in den Sarg dieses empfindlichen Ökosystems. Hier zu tauchen ist ein Privileg, nehmen Sie es bitte entsprechend ernst.

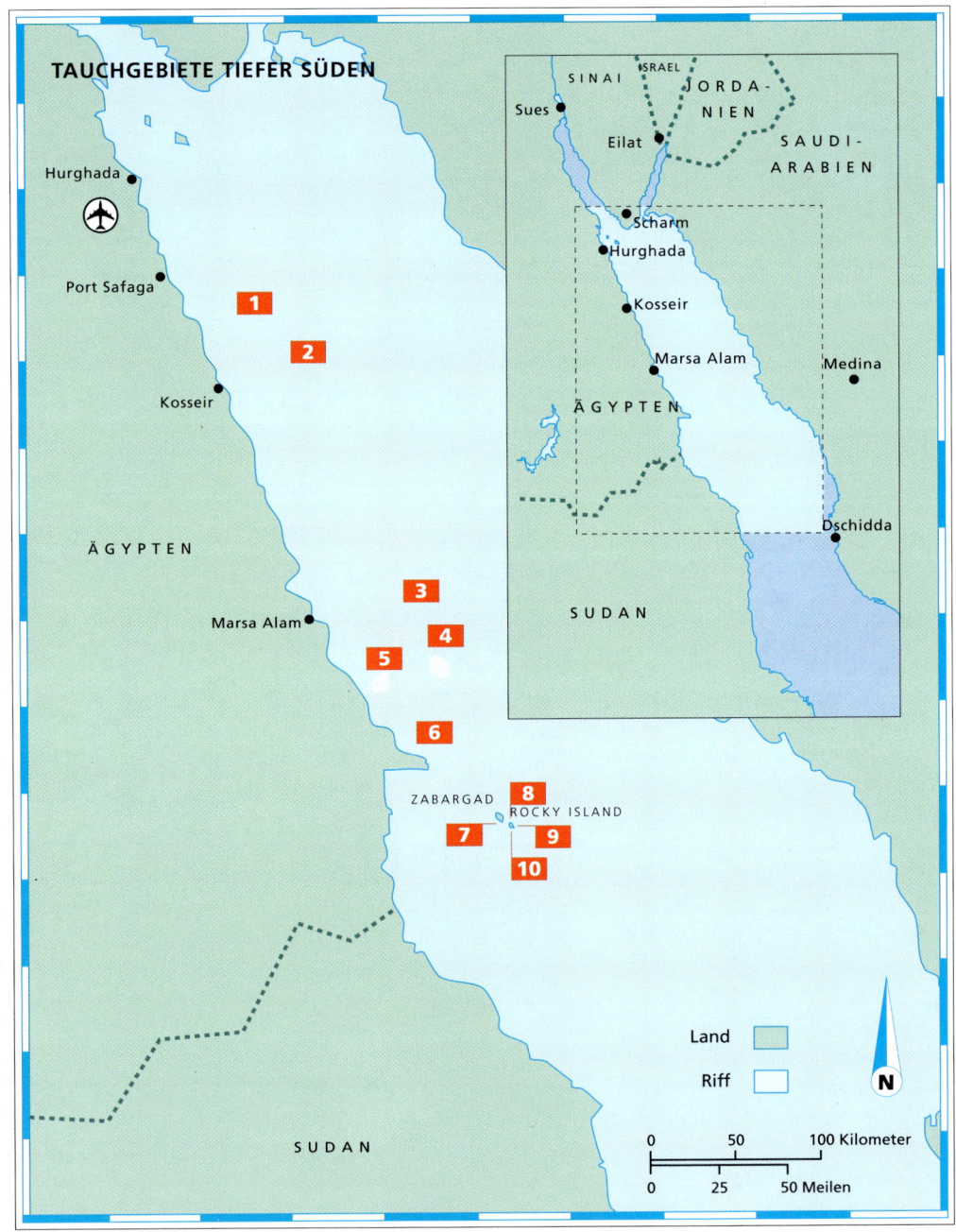

1 THE BROTHERS — BIG BROTHER

★★★★★★★★★★★

Lage: Mitten im Roten Meer, etwa 67 km östlich von Kosseir.

Zugang: Mit einem Tauchkreuzfahrtschiff von jedem Hafen am Roten Meer.

Bedingungen: Die isolierte Lage macht dieses Gebiet für schlechtes Wetter jeder Art anfällig.

Durchschnittliche Tiefe: 25 m.

Maximale Tiefe: 70 m und mehr.

Durchschnittliche Sicht: 20 m.

The Brothers sind zwei kleine Inseln - d. h. die Spitzen zweier gewaltiger Riffpfeiler, die aus der Tiefe aufragen. Es sind die einzigen größeren Riffe der Gegend und üben entsprechende Anziehungskraft auf pelagische Arten und Riffische aus. Da sie den Meeresströmungen voll ausgesetzt sind, weisen sie einen unglaublich reichen Korallenbewuchs auf.

Big Brother, die größere der beiden Inseln, liegt etwa 1 km nördlich vom kleinen Bruder. Sie ist ca. 400 m lang und sofort an ihrem viktorianischen Leuchtturm zu erkennen. Eine schmale Riffkante rund um die Insel geht fast unvermittelt in eine senkrechte Wand über, die in für Sporttaucher indiskutable Tiefen entschwindet. Der herrliche Korallenbewuchs reicht von der Oberfläche bis in die Tiefe.

Horn-, Peitschen-, Dörnchen- und vor allem wunderbare Weichkorallen aller Art gedeihen in den starken Strömungen. Die Steinkorallen sind ebenfalls gut vertreten.

Die Fischfauna ist höchst eindrucksvoll und reicht von winzigen Fahnenbarschen im Flachwasser bis zu mächtigen Haien in der Tiefe.

An seiner Nordwestseite hat Big Brother in ziemlicher Tiefe sogar ein Wrack vorzuweisen. Der Bug liegt in 30 m, das Heck mindestens 40 m tiefer, also zu tief für den Durchschnittstaucher, vor allem zu weit von der nächsten Dekompressionskammer entfernt. Das Wrack, die Aida, soll ein Truppentransporter sein, der 1957 sank. Sie liegt aufrecht auf dem Steilhang und ist so mit Weichkorallen überwuchert, daß Rumpf und Aufbauten wie ein bizarrer Formstrauch aussehen. Man kann in das Wrack eindringen, sollte bei der Tiefe allerdings sehr vorsichtig sein.

Knapp 100 m nördlich der Aida liegt im Flachwasser ein zweites, älteres Wrack. Der Rumpf ist dort, wo der Bug ein in etwa 9 m in das Riff bohrte, durch einige seltsame Speichenräder markiert. Er reicht in 40 m Tiefe und ist dort gespalten. Das Heck soll noch tiefer liegen. Das Schiff sitzt fast aufrecht und ist vollkommen mit herrlichen Weichkorallen bedeckt.

Dies ist einer der phantastischsten Tauchgänge im Roten Meer. Einige Safaris bleiben eine ganze Woche oder sogar noch länger hier. Es ist ein Hochgenuß für

KREUZFAHRTEN UND MEHRFACHTAUCHEN

Tauchkreuzfahrten bieten den Luxus grenzenlosen Tauchens - doch dieser Luxus bringt auch zusätzliche Gefahren in Form hoher Stickstoffsättigung und des erhöhten Risikos einer Caissonkrankheit. Nimmt man die zumeist abgelegenen Fahrtrouten und das völlige Fehlen von Dekompressionseinrichtungen in vielen Gebieten hinzu, wird ersichtlich, warum die Sicherheit der Taucher bei Kreuzfahrten besonderer Aufmerksamkeit bedarf.

Wenn Ihr Körper noch voller Stickstoffreste von vier oder fünf Tauchgängen am Tag ist, sollten Sie nicht so tief tauchen und längere Dekostopps einlegen als gewöhnlich. Sie sollten die Grundzeiten verkürzen und Nichtdekolimits vermeiden, und bei längeren Fahrten sollten Sie Pausen von einem halben oder ganzen Tag einlegen. Natürlich möchte jeder so oft tauchen wie möglich, aber mit einer Caissonkrankheit verpassen Sie weit mehr als nur ein oder zwei Tauchgänge.

einige wenige privilegierte Taucher.

2 THE BROTHERS — LITTLE BROTHER

★★★★★★★★★★★

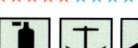

Lage: Unmittelbar südöstlich von Big Brother, 67 km vor Kosseir.

Zugang: Mit einem Kreuzfahrtschiff von jedem Hafen am Roten Meer.

Bedingungen: Wie bei Big Brother, schlechtwetteranfällig.

Durchschnittliche Tiefe: 25 m.

Maximale Tiefe: 70 m und mehr.

Durchschnittliche Sicht: 20 m.

Der kleinere Bruder von Big Brother ist nur größenmäßig unterlegen. Der Bewuchs mit Weichkorallen ist hier derart üppig, daß die oberen 30 m des Riffs wie mit einer Häkelmütze bekleidet aussehen.

Die phantastischen Korallen sind der Hintergrund für eine Fischfauna, wie man sie zwischen Eilat und Eritrea kaum ein zweites Mal findet. Die Schwarmfische, die Big Brother lediglich verhüllten, stehen hier so dicht, daß sie das Licht abhalten. Doktor- und Nasendoktorfische sowie Schnapper schwimmen schimmernd in solchen Massen vorbei, daß man weder Anfang noch Ende der Schwärme sieht. Und wenn man sich von den Schwarmfischen losreißt, entdeckt man auch alle anderen bekannten Riffische.

Im offenen Wasser setzt sich das Schauspiel mit einer Fülle pelagischer Arten fort. Wie Big Brother zieht auch dieses Riff zahlreiche Haie an: Graue und Weißspitzen-Riffhaie, Hammer- und Tigerhaie und sogar die unheilvollen Hochsee-Weißflossenhaie sind hier gesichtet worden. Selbst Walhaie sind aufregenderweise immer im Bereich des Möglichen.

3 ELPHINSTONE REEF

★★★★★★★★★★

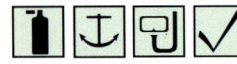

Lage: 12 km vor Marsa Abu Dabab an der südägyptischen Küste.
Zugang: Mit einem Kreuzfahrtschiff von jedem Hafen am Roten Meer.
Bedingungen: Kein Schutz bei rauher See.
Durchschnittliche Tiefe: 20 m.
Maximale Tiefe: 70 m und mehr.
Durchschnittliche Sicht: 20 m.

Dieses fingerförmige Riff verläuft im offenen Meer von Nord nach Süd. An der Ost- und Westseite fallen Steilwände bis auf über 70 m ab, im Norden und Süden des Riffs liegen Plateaus. Das Nordplateau ist sehr seicht und bietet herrliche Schnorchelmöglichkeiten; das Südplateau liegt deutlich tiefer und fällt in 30 m mit einer Steilwand in die Tiefe. Hier findet man zwischen 50 und 70 m einen großen Bogen, der für die meisten Sporttaucher jenseits ihrer Möglichkeiten liegen wird, aber eine schöne Geschichte hat. Unter dem Bogen soll der Sarkophag eines unbekannten Pharaos ruhen, und man kann in etwa 60 m tatsächlich ein korallenüberkrustetes Rechteck ausmachen.

Der Korallenbewuchs ist dicht und prachtvoll, die verschiedensten Stein- und Weichkorallen ringsum. Die Ostseite bietet einige besonders schöne Weichkorallen.

Unzählige Riffische machen die ohnehin schon prächtigen Wände noch farbiger, und auch große pelagische Arten sind allein und in Schwärmen zu beobachten. Ein großer Hammerhai scheint Dauergast hier zu sein.

Ein faszinierendes Gebiet, das viele Tauchgänge wert ist, für den Schnorchler ebenso wie für den erfahreneren Taucher.

4 DAEDELUS REEF

★★★★★★★★★

Lage: 96 km vor Marsa Alam im zentralen Roten Meer.
Zugang: Mit einem Kreuzfahrtschiff von jedem Hafen am Roten Meer.
Bedingungen: Das Wetter kann die Tauchbedingungen erschweren.
Durchschnittliche Tiefe: 25 m.
Maximale Tiefe: 70 m.
Durchschnittliche Sicht: 20 m.

Taucher erkunden das Wrack einer Jacht tief im Süden.

Das kleine Riff liegt auf halbem Weg nach Saudi-Arabien mitten im Meer. Der Leuchtturm auf der 800 m breiten Insel ist weit und breit der einzige markante Punkt. Im Osten, Norden und Süden fällt das Riff steil ab und bietet gute Tauchmöglichkeiten. Die Südseite ist gut gegen die Nordwinde geschützt und der bevorzugte Liegeplatz für Schiffe.

Das Riffprofil an den drei guten Seiten ist steil und fällt auf über 70 m ab. Die Westseite bietet einen Steilabfall mit einer „Anemonenstadt", wo es eine erstaunliche Ansammlung herrlicher Seeanemonen und einen Abschnitt mit dichten blauen Korallen gibt.

Im Norden sorgen das offene Meer und Strömungen für die beste Auswahl an pelagischen Fischen. An der Ostküste zieht sich ein weiterer Steilabfall bis zur Südostspitze des Riffs, wo schon des öfteren Fuchshaie gesichtet wurden. Hier ist eine der wenigen Gelegenheiten, diese erstaunlichen Raubfische aus der Nähe zu beobachten; sie sind gut am verlängerten Schwanz zu erkennen.

Das Riff ist überall gut entwickelt und weist bis in die Tiefe reichen Korallenbewuchs auf. Stein- und Weichkorallen sind artenreich vertreten. Die Fischfauna ist so üppig, wie man an einem einzelnen Riffpfeiler erwartet, mit den üblichen Riffarten, die durch große Ansammlungen von Schwarmfischen wie Schnappern, Nasendoktorfischen und verschiedenen Doktorfischen ergänzt werden.

5 SHAAB SCHARM
★★★★★★★★

Lage: Vor der südägyptischen Küste gegenüber von El Scharm.
Zugang: Mit einem Kreuzfahrtschiff von jedem Hafen am Roten Meer.
Bedingungen: Strömung und Wellen können den Tauchgang erschweren.
Durchschnittliche Tiefe: 25 m.
Maximale Tiefe: 50 m und mehr.
Durchschnittliche Sicht: 20 m.
Das große, nierenförmige Riff, das die Spitze eines Vulkans sein soll, hat an der Ost- und Südseite eine steil abfallende Wand mit ausgeprägtem Profil, vor allem am Südost- und Südabschnitt.

Am halbmondförmigen Riff vor der Südspitze kann man am besten tauchen. Es ist bis in die Tiefe dicht mit Korallen bewachsen und hat das interessanteste Profil der Gegend. Es gibt zahlreiche unterhöhlte Abschnitte und Riffsockel mit vollem Weichkorallenbewuchs und einem guten Bestand an Steinkorallen. Weiter unten an der Wand findet man auch einige schöne buschige Schwarze Korallen.

RÖHRENAALE

Röhrenaale sind im Roten Meer ein gewohnter Anblick. In Kolonien von Dutzenden oder Hunderten von Tieren ragen sie aus ihren Löchern im Sand und wiegen sich wie Seegras. Sie ernähren sich von Plankton. Es wird zwar meistens allgemein von Röhren- oder Sandaalen gesprochen, es gibt jedoch zwei Arten, die in sandigen Lebensräumen der Tropen verbreitet sind: den dickeren, gesprenkelten Ohrfleck-Röhrenaal, *Heteroconger hassi*, und den ähnlichen, aber dünneren und helleren Tormeer-Röhrenaal, *Gorgasia sillneri*. Beide gehören zur Familie der Röhrenaale, haben einen runden Körper und sind stärker mit den echten Meeraalen als mit den Muränen verwandt, die einen ovalen Körper haben.

Die Fischfauna ist hervorragend: viele große Zackenbarsche, Barrakudaschwärme, gewaltige Ansammlungen von Schnappern und Nasendoktorfischen sowie einige sehr große Gelbgefleckte und Gelbmaul-Muränen.

Die Strömungen können sehr stark sein und erfordern erfahrene Taucher.

6 SATAYA/DOLPHIN REEF
★★★★★★★★

Lage: Das Hauptriff von Fury Shoal, 28 km nordnordwestlich von Ras Banas.
Zugang: Mit einem Kreuzfahrtschiff von jedem Hafen am Roten Meer.
Bedingungen: Allgemein gut und gegen die meisten Witterungsbedingungen geschützt.
Durchschnittliche Tiefe: 18 m.
Maximale Tiefe: 50 m und mehr.
Durchschnittliche Sicht: 20 m.
Das hufeisenförmige Riff liegt nordöstlich von Ras Banas im offenen Meer. An der Ostseite des Riffs fällt eine Wand steil ab und geht dann in einen Sandhang mit verstreuten Korallenblöcken und Pfeilern an der Südostecke über. Der flachere Riffbereich ist ziemlich spärlich bedeckt, die besten Korallen wachsen in den oberen 10 m. Die Südpfeiler sind besonders dicht mit den verschiedensten Korallen bewachsen. Die verschiedenen Steinkorallen der Blöcke und Pfeiler bilden den Grundstock für einige außergewöhnlich schöne Weichkorallen, insbesondere Dendronephthya.

Die Fischfauna ist ausgezeichnet. Schwarmfische aller Arten sind in großer Zahl zu sehen, und Riffbewohner wie Kaiser- und Falterfische setzen farbige Akzente. Sepien und Garnelen treten für die Niederen Tiere in Erscheinung. Blau- und Schwarzpunkt-Stechrochen sind häufig. Auch verschiedene Haie sind häufig hier zu sehen, und immer wieder wird von Delphinen am Riff oder in der Lagune berichtet.

Dank des guten Schutzes durch das Riff ist dies ein ausgezeichneter Ankerplatz.

7 ZABARGAD

★★★★★★★★

Lage: Im offenen Meer, 46 km südöstlich von Ras Banas.
Zugang: Mit einem Kreuzfahrtschiff von jedem Hafen am Roten Meer.
Bedingungen: Leichte Strömungen, aber bei fast jedem Wetter geschützt.
Durchschnittliche Tiefe: 18 m.
Maximale Tiefe: 25 m und mehr.
Durchschnittliche Sicht: 20 m.

Das Gebiet liegt auf der Südseite von Zabargad, der einzigen großen Insel in diesem Streifen. Sie dient oft als Basis für Erkundungen der nahegelegenen Rocky Island und ist daher ein beliebter Liegeplatz für Kreuzfahrtschiffe. Zabargad bietet eine mannigfaltige Rifflandschaft in flachem Wasser und wird von den Tauchveranstaltern gern für Nachttauchgänge genutzt.

Ob Tag oder Nacht, das Gebiet ist voller Überraschungen. Vor dem Südufer der Insel erstreckt sich ein Sandhang mit einer herrlichen Ansammlung Korallenpfeiler stufenweise bis in über 25 m Tiefe. Jeder der wie ein Märchenschloß wirkenden Pfeiler bildet ein Mikrohabitat für kleine Riffische, die die leuchtendbunten Korallen wie eine Aura umgeben. Zwischen den Pfeilern kreuzen größere Riffbewohner, und auf dem Sand liegen Blau- und Schwarzpunkt-Stechrochen sowie Krokodilsfische.

Die Pfeiler sind das Ergebnis der verschiedensten Steinkorallen, vielfach extrem geformt und vielgestaltig ausgeprägt mit Überhängen, Spalten und kleinen Höhlen.

Die Fischfauna reicht von kleinen Fahnenbarschen bis zu riesigen Zackenbarschen. Auch Muränen sind zu sehen. Zahlreich sind die Wirbellosen wie Sepien, Kalmare und Kraken, und Nacktschnecken treten besonders nachts auf, wenn das Gebiet ein völlig anderes Aussehen annimmt.

Viele Taucher neigen dazu, dieses Gebiet noch zusätzlich mitzunehmen, wenn sie nach einem Tauchgang bei Rocky Island noch Lust verspüren.

8 ROCKY ISLAND - NORDKÜSTE

★★★★★

Lage: Die Nordküste von Rocky Island, 5,5 km südöstlich von Zabargad.
Zugang: Mit einem Kreuzfahrtschiff von jedem Hafen am Roten Meer.
Bedingungen: Aufgrund sehr starker Dünung und Brandung sowie starker Strömungen ist dieser Tauchgang oft nur etwas für erfahrene Taucher.
Durchschnittliche Tiefe: 20 m.

Maximale Tiefe: 50 m und mehr.
Durchschnittliche Sicht: 20 m.

Die Nordküste von Rocky Island ist dem vorherrschenden Nordwind und der Dünung ausgesetzt, so daß die Brandungszone am zerklüfteten Ufer manchmal ausgesprochen rauh ist. Dieser Tauchgang ist definitiv nichts für Anfänger. Die Taucher müssen sich darüber im klaren sein, daß das Boot sie an der Nordküste oft nicht aufnehmen kann und sie durch kabbelige Wellen in ruhigeres Gewässer um die Riffecke schwimmen müssen, um sich aufnehmen zu lassen.

Abgesehen von dieser Einschränkung ist die Nordküste phantastisch, mit senkrechten Wänden und ausgeprägtem, wilden Profil. Starke Strömungen machen aus dem Tauchgang oft pfeilschnelles Strömungstauchen, und selbst in 25 m und tiefer spürt man oft noch ein starkes Wogen. Bei starker Dünung werden die oberen küstennahen 8-10 m aufgewühlt wie in einer Waschmaschine - ein aufregendes Erlebnis.

Das Riff ist überwiegend felsig und recht gut mit Korallen bedeckt. Die oberen 20 m sind besonders dicht überwachsen; die gesamte Wand des Nordriffs ist mit Weichkorallen überzogen und der vielleicht schönste Weichkorallenplatz der Insel.

9 ROCKY ISLAND - OSTKÜSTE

★★★★★★★★★

Lage: Die Ost- und Südostseite von Rocky Island.
Zugang: Mit einem Kreuzfahrtschiff von jedem Hafen am Roten Meer.
Bedingungen: Häufig starke Strömungen, im Nordabschnitt rauhe Wellen möglich.
Durchschnittliche Tiefe: 25 m.
Maximale Tiefe: 50 m und mehr.
Durchschnittliche Sicht: 20 m.

Das Profil reicht von küstennahen Korallengründen bis zu senkrechten Wänden und offenen Plateaus, die extremen Strömungen ausgesetzt sind, und bietet ein breites Spektrum an Meeresbewohnern vom kleinen blinkenden Riffisch bis zum mächtigen Hammerhai - dieses Gebiet verspricht erlebnisreiches Tauchen und hält dieses Versprechen auch fast immer.

Das Beiboot bringt einen schnell zur Südostspitze der Insel, von wo man die Ostküste entlang zurückdriften kann. Oder man schwimmt 5 Minuten vom Liegeplatz an der Südküste an korallenreichem Flachwasser vorbei zur Südostecke von Rocky, wo spannende Begegnungen mit großen Fischen warten. In 25 m springt ein Sockel aus der Riffwand vor und bildet ein natürliches „Hai-Theater". Wenn man über diesem Sockel schwebt, hat man die große Chance, die verschiedensten Haie zu beobach-

Riesen-Drückerfisch (Balistoides viridescens).

ten. Aber neben den Haien gibt es auch zahllose Riff-fische und pelagische Arten zu sehen.

Der Korallenbewuchs ist üppig und artenreich und in ursprünglichem Zustand. Im küstennahen Flachwasser zwischen dem Liegeplatz und der Südostecke sind besonders Weichkorallen und zarte Geweihformen schön.

10 ROCKY ISLAND - SÜDKÜSTE

★★★★★★★★★

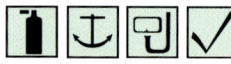

Lage: Die Südküste von Rocky Island, 5,5 km südöstlich von Zabargad.

Zugang: Mir einem Kreuzfahrtschiff von jedem Hafen am Roten Meer.

Bedingungen: Leichte Strömung möglich.

Durchschnittliche Tiefe: 18 m.

Maximale Tiefe: 50 m und mehr.

Durchschnittliche Sicht: 20 m.

Dies ist das geschützteste und daher für weniger erfahrene Taucher geeignetste Gebiet. Es bietet außerdem mit die besten Korallen und die abwechslungsreichste Fischfauna der Insel.

Das Gebiet weist in allen Tiefen zahlreiche Buchten, Spalten und Einschnitte auf. Unter Wasser fällt das Riff zwar generell senkrecht ab, wird jedoch von mehreren Vorsprüngen, Überhängen und kleinen Höhlen aufgelockert, die ihm ein ganz eigenes Gepräge geben.

Die Korallen reichen von zarten Geweih- bis zu massigen Sternkorallen und ausgedehnten Flecken mit Blumenkohlkorallen. Weichkorallen wie Dendronephthya sind mit einzelnen Stöcken und größeren Flecken in den verschiedensten Farben gut vertreten. Der Flachwasserbereich ist besonders schön bewachsen und läßt die Korallenstöcke im klaren Licht intensiv leuchten.

Hier findet man Fische aller Formen und Größen, vom Riesen-Zackenbarsch bis zum zarten, durchscheinenden Feuerfisch. Drückerfische verschiedenster Art bewachen ihr Revier, und mächtige Napoleon-Lippfische ziehen vorbei; Schnapper und Süßlippen wechseln sich mit großen Papageifischen und bunten Kaiserfischen ab.

Viktorianischer Leuchtturm auf Big Brother.

WIE MAN HINKOMMT

Die Gebiete dieser Region sind nur auf einem Weg zu erreichen - mit Kreuzfahrtschiffen. Einzige mögliche Ausnahme ist vielleicht demnächst Rocky Island. Da das Interesse der Taucher an Südägypten wächst, spielt zumindest ein Veranstalter in Kosseir mit dem Gedanken an Tagestouren zur Insel, die mit einem schnellen Boot in ein paar Stunden zu erreichen wäre.

Gemeinsame Abfahrtspunkte sind Scharm el-Scheik, Hurghada, Port Sudan und Eilat; über die Anreise dorthin informiere man sich in den jeweiligen Kapiteln. Andere Strecken beginnen in kleineren Häfen, die näher beim Zielort liegen - der Veranstalter wird im allgemeinen die Anreise vom nächsten Ferienort oder Reisezentrum arrangieren.

KREUZFAHRTSCHIFFE

Niemand weiß, wie viele Kreuzfahrtschiffe auf dem Roten Meer verkehren. Jedes Jahr kommen und gehen Schiffe, tauchen Veranstalter auf und verschwinden, und ändern sich Fahrtrouten. Außerdem reicht der Begriff Kreuzfahrtschiff vom riesigen Luxusliner, der das ganze Rote Meer in einem Zug befahren kann, bis zum Tagestouren-Kutter mit ein paar Schaumstoffmatten - fast alles, was schwimmt, kann Kreuzfahrtschiff genannt werden. Die Schiffe operieren von den verschiedensten Häfen, viele werden vom Ausland geleitet. Beinahe alle haben zumindest einen Auslandsagenten, und in vielen Fällen ist es billiger, zu Hause pauschal zu buchen als bei einem Büro vor Ort.

FAHRTROUTEN

Sie reichen von zweitägigen Kurztrips im nördlichen Roten Meer bis zu vierwöchigen Reisen, die mehrere Länder berühren. Man muß sich umsehen und das Schiff suchen, das den eigenen Vorstellungen und finanziellen Möglichkeiten entspricht.

Die Liste unten soll einige Anregungen geben, aber es gibt viele weitere Möglichkeiten. Ihre Tauchzeitschriften daheim werden über aktuelle Listen mit Routen und Preisen verfügen und sind ein guter Beginn für die Suche.

UNTERKUNFT

Auch wenn die Schiffe auf dem Roten Meer sehr unterschiedlich sind, haben die meisten doch einiges gemeinsam. Alle bis auf die allereinfachsten haben Kabinen, wenngleich es bei Schiffen ohne Klimaanlage oft angenehmer ist, an Deck zu schlafen.

Die Kabinen sind normalerweise Gemeinschaftskabinen mit Schlafkojen, einige haben eventuell Doppelbetten und sind für Ehepaare reserviert. Sie sind immer sehr gefragt, buchen Sie also frühzeitig, falls Sie ein großes Bett wünschen.

EINRICHTUNGEN

Viele Schiffe haben eigene Toiletten und Duschen. Auf jeden Fall sollten Sie daran denken, daß Süßwasser an Bord ein Luxus ist.

Die Ausrüstung wird immer erst an Land gespült, wenngleich es meistens eine Wanne zum Spülen der Atemregler gibt. Man sollte sparsam duschen, um das kostbare Wasser zu schonen. Es ist schon vorgekommen, daß ein Schiff auf halber Strecke einen Hafen anlaufen und Wasser fassen mußte, weil rücksichtslose Gäste die Tanks geleert hatten.

Die meisten Schiffe haben eigene „Naßbereiche" für die Ausrüstung und das Wechseln der Tauchanzüge. Es ist nicht erlaubt, in voller Montur die Räume zu betreten.

Je nach Veranstalter und Passagieren kann es Raucher- und Nichtraucherzonen geben. Es verstößt fast immer gegen die Regeln, in der Kabine zu rauchen.

ESSEN UND TRINKEN

Auf allen Schiffen werden Essen und Erfrischungsgetränke gereicht. Die Art des Essens hängt selbstverständlich vom Schiff, dem Veranstalter und der Mannschaft ab. Alkohol wird generell serviert, muß aber extra bezahlt werden. Trinkgelder für die Mannschaft und den Tauchlehrer sind nicht vorgeschrieben, werden aber meistens gegeben.

AUSRÜSTUNG

Tauchkreuzfahrtschiffe haben im allgemeinen Hochleistungskompressoren und stellen pro Taucher mindestens zwei Flaschen, um nicht ständig nachfüllen zu müssen. Viele Taucher haben eigene Ausrüstung, aber man kann immer Ausrüstung leihen; die Menge ist jedoch oft begrenzt, wer also Ausrüstung leihen muß, sollte sich rechtzeitig beim Veranstalter melden.

UW-Lampen sind meistens in begrenzter Anzahl vorhanden. Wer eine eigene Lampe hat, sollte sie mitnehmen.

Die meisten Schiffe haben zwar Ersatzteile, und erfahrene Tauchlehrer können auch einfache Reparaturen durchführen, aber man sollte seine eigenen Ersatzteile mitführen. Bis zum nächsten Tauchshop ist es weit, und der richtie O-Ring oder Schlauch kann einen ganzen Urlaub retten oder Sie zum Zusehen verdammen, wenn er fehlt. Aus dem gleichen Grund sollten Sie genügend Batterien für alle Geräte mitnehmen. Auf den meisten Schiffen laufen die Generatoren täglich mehrere Stunden zum Aufladen der Geräte. Sie arbeiten meistens mit 220 Volt, stellen Sie Ihr Ladegerät also entsprechend ein. Sie sollten auch einen Vorrat an Stahlakkus als Ersatz mitnehmen.

TAUCHKREUZFAHRTEN-VERANSTALTER

Dive & Sail, Nastfield Cottage, The Green, Frampton on Severn, Gloucestershire, GL2 7DY, UK; Tel. 01452 740919. **Subex Head Office**, Bettenstr. 31, Allschwil, 4123, Schweiz; Tel. 0041 61 481 0782, Fax 0041 61 481 4692. **Subex Hurghada**, Hurghada, Ägypten; Tel. 0020 65 547593, Fax 0020 65 547471. **Sinai Divers**, Ghazala Hotel, Naama Bay, Scharm el-Scheik, Ägypten; Tel. 62 600150, Fax 62 600155-58. **Oonasdivers**, Naama Bay, Scharm el-Scheik, Südsinai, Ägypten; Tel. 20 62 600 581, Fax 20 62 600 582. **Oonasdivers**, 23 Enys Road, Eastbourne, E. Sussex BN21 2DG, UK; Tel. 01323 648 924, Fax 01323 738 356.

FILMENTWICKLUNG

Einige sehr gute Schiffe bieten Dia-Entwicklung an Bord an. Alle haben zumindest einfache Wannen zum Spülen der Kameras, einige auch spezielle Fotobereiche mit Ladestation. Eventuell kann man Kameras leihen, aber das sollten Sie im voraus mit dem Veranstalter abklären.

TAUCHNOTFÄLLE

Erste-Hilfe-Ausrüstung und Notsauerstoff sind Standard, aber man sollte daran denken, daß man weit ab von der nächsten Dekompressionskammer oder vom nächsten Krankenhaus ist. Bei Tauchkreuzfahrten gilt nur eine Regel - Sicherheit über alles.

WICHTIGE ANMERKUNGEN

Denken Sie daran, daß Sie sich auf einem Schiff befinden und allein der Kapitän und die Mannschaft für die Sicherheit von Schiff und Passagieren verantwortlich sind. Wetter und andere Umstände bedingen manchmal Änderungen der Route oder Tauchpläne; tragen Sie es mit Fassung. Bedenken Sie, daß die Mannschaft Ihnen zu einem schönen Urlaub verhelfen möchte und Ihnen nicht grundlos Schwierigkeiten bereitet. Wenn vom ursprünglichen Plan abgewichen werden muß, hat das einen triftigen Grund. Nehmen Sie die Entscheidung der Fachleute gelassen hin, dann wird Ihr Urlaub sehr viel schöner.

FILME

Überschlagen Sie, wie viele Filme Sie für eine Tauchkreuzfahrt brauchen, und verdoppeln Sie die Zahl. Nichts ist ärgerlicher, als in einem der schönsten Unterwasserparadiese der Welt zu tauchen und nicht genügend Film zu haben.

SUDAN

Die küstennahen und -fernen Riffe Sudans, die von den Tauchpionieren Jacques Cousteau und Hans Hass nach dem Zweiten Weltkrieg entdeckt wurden, faszinieren die Taucher seit Jahrzehnten; aber die kaum vorhandene Infrastruktur des Landes und die politische Instabilität der letzten Jahre machen Besuche in dieser Region des Roten Meeres unendlich schwierig. Trotz dieser verstärkten Isolation ist es einigen entschlossenen Reise- und Tauchveranstaltern gelungen, den Zugang zu sudanesischen Tauchgebieten offen zu halten, und so tröpfeln jedes Jahr einige Besucher ins Land.

Sudan, das größte Land auf dem afrikanischen Kontinent, liegt südlich von Ägypten und grenzt an nicht weniger als neun andere afrikanische Länder, darunter Eritrea, Kenia, Äthiopien und Libyen. Trotz dieser Größe hat der Sudan eine relativ kurze Küste am Roten Meer. Die Nachbarn im Norden und Süden, Ägypten und Eritrea, haben eine längere Küste, und im Vergleich mit Saudi-Arabien sind die sudanesischen 650 Küstenkilometer bescheiden.

MENSCHEN UND KULTUR

Die sudanesische Bevölkerung umfaßt geschätzte 26 Millionen Menschen aus sage und schreibe 300 verschiedenen Stämmen und Volksgruppen. 70 Prozent sind Muslime, etwa 5 Prozent Christen, der Rest sind Anhänger von Naturreligionen. Im Nordosten des Landes an der Küste, wo Taucher am ehesten hinkommen werden, leben fast ausschließlich Muslime. (Die gesamte Südhälfte des Landes ist infolge eines Bürgerkrieges unzugänglich.) Egal welcher Religion oder Volksgruppe sie angehören, die Sudanesen sind liebenswerte, gastfreundliche Menschen.

KLIMA

Die Temperaturen im Landesinnern klettern im Sommer auf 47°C und mehr; an der Küste werden sie durch das Meer etwas gemildert und erreichen im Sommer Höchstwerte von 40°C; im Winter sind sie mit Tageshöchstwerten um 35°C kaum geringer. Die jährlichen

Links: *Die Entwicklung eines solchen Korallenriffs braucht viele Jahre, tauchen Sie also vorsichtig.*
Oben: *Ein Manta (Manta sp.) kreuzt an der Wasseroberfläche.*

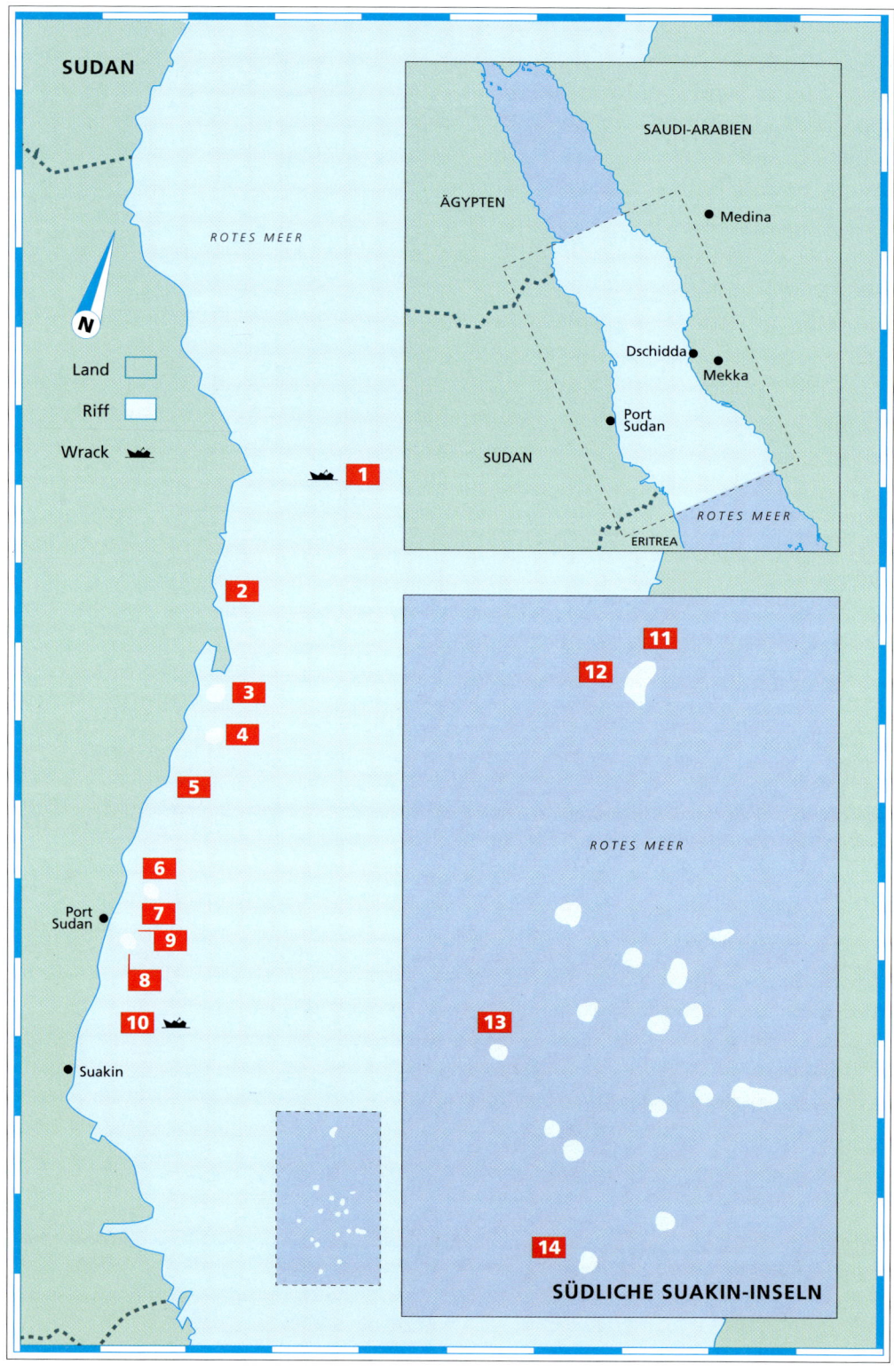

SUDAN

ROTES MEER

N

Land
Riff
Wrack

1
2
3
4
5
6
7
9
8
10

Port
Sudan

Suakin

SAUDI-ARABIEN

ÄGYPTEN

Medina

Dschidda
Mekka

Port
Sudan

SUDAN

ROTES MEER

ERITREA

11
12

ROTES MEER

13

14

SÜDLICHE SUAKIN-INSELN

Niederschläge sind minimal. Nur zwischen November und März wird es für die meisten ausländischen Besucher annäherungsweise erträglich.

TAUCHATTRAKTIONEN

Tauchen im Sudan ist wie ein Sprung in die Geschichte des Tauchens - hier kann man die Überreste von Jacques Cousteaus legendärer Wohnkapsel Precontinent II (vgl. S. 136) erkunden, seiner Jungfernfahrt mit der Calypso folgen, Riffe aufsuchen, die Hans Hass in seinem bahnbrechenden Film „Abenteuer im Roten Meer" unsterblich gemacht hat, und zu Wracks aus dem Zweiten Weltkrieg tauchen wie der Umbria.

Die verschwenderischen, ursprünglichen Riffe geben dem Begriff „Korallengarten" einen neuen Sinn; es wimmelt von Schwarmfischen, man hat die atemberaubende Möglichkeit, Haien zu begegnen, für die die Gegend berühmt ist, und allen nur vorstellbaren Riffischen. Das Wasser ist klar und warm, und hier zu tauchen bedeutet, daß man die ganze Pracht für sich hat, ohne den Rummel wie im Norden des Roten Meeres.

MEERESLEBEN

Quantität und Qualität wetteifern miteinander, wenn es um Fische in sudanesischen Gewässern geht. Neben einer wirklich phänomenalen Dichte an verschiedensten Schwarmfischen findet man unendlich viele Riffarten wie Kaiser- und Wimpelfische, Muränen, Mondflossen- und andere Zackenbarsche, mächtige Papageifische, Falterfische, Blau- und Schwarzpunkt-Stechrochen, Riesen-Drückerfische und unzählige andere.

Vor dem Riff erregen Barrakudas, Graue Riffhaie und Hammerhaie, Teufelsrochen und Mantas die Aufmerksamkeit; Meeresschildkröten segeln mühelos vorbei und auf dem Grund warten geduldig Ammen- und Leopardenhaie. Die Fische und anderen Meerestiere der sudanesischen Gewässer sind in vieler Hinsicht die Krönung des Roten Meeres; nirgendwo herrscht eine solche Fülle und Vielfalt.

Ebenso unfaßbar ist die Tatsache, daß die sudanesischen Korallenriffe der phantastischen Fischfauna des Landes in nichts nachstehen. Wälder von Weichkorallen, die allgemein als die schönsten des Roten Meeres gelten, gedeihen Seite an Seite mit üppig wachsenden Steinkorallen aller Art. Die in perfektem Zustand befindlichen Riffe der Region sind erstklassige Beispiele für die verschwenderische Fülle, die die Natur hervorbringen kann.

BEDINGUNGEN

Die Wassertemperaturen liegen im Schnitt bei 27-28°C; im Winter fallen sie auf ca. 25°C, im Sommer erreichen sie über 30°C - zuviel für die meisten marinen Mikroorganismen, was bedeutet, daß die Sicht im Sommer unglaublich gut ist. Ansonsten ist die Sicht mit durchschnittlich gut 20 m und mehr oft mehr als annehmbar.

VISA

Der Sudan ist im Gegensatz zu vielen Nachbarländern politisch instabil und hat verständlicherweise wichtigere Anliegen als die Entwicklung des Tourismus. Die bürokratischen Hindernisse sind demzufolge bei einem Besuch im Sudan sehr hoch. Allein ein Visum zu bekommen, kann in einigen Ländern bis zu acht Wochen dauern, und angesichts der Schwierigkeiten beim Umgang mit einigen der weniger freundlichen Konsulate oder Botschaften wünscht sich mancher, er hätte sich nie darauf eingelassen.

Anträge außerhalb Ihres Heimatlandes machen es noch komplizierter und können, je nachdem wo der Antrag gestellt wird, auch ganz abgelehnt werden. Generell sind die sudanesischen Konsulate und Botschaften in den westlichen Ländern freundlich und hilfsbereit; Visaanträge in „Notstandsgebieten" wie Kairo z. B. sind ein Alptraum, können Monate dauern und auch ganz abgelehnt werden.

Wer in den Sudan reisen möchte, sollte sein Visum also mehrere Wochen im voraus beantragen und vor allem bei der Botschaft oder dem Konsulat seines Heimatlandes.

ZUGANG

Die größte Schwierigkeit, die Tauchgebiete zu erreichen, bereitet der Weg von Ihrem Heimatland nach Port Sudan, dem Ausgangspunkt für Tauchfahrten in der Region. Die Flugverbindungen sind bekannt unzuverlässig, und wenn überhaupt möglich, sollten Sie einen Direktflug nach Port Sudan buchen, nicht in Khartum umsteigen. Aber vielleicht haben Sie gar keine andere Wahl. Anfang 1996 verkehrte die einzige Maschine, die die Strecke Khartum - Port Sudan flog, wegen technischer Probleme überhaupt nicht. Und es scheint keine Pläne zu geben, den Verkehr in naher Zukunft wieder aufzunehmen.

Sobald Sie in Port Sudan sind, kümmert sich Ihr Tauchveranstalter um Sie. Die meisten lokalen Veranstalter sitzen auf Kreuzfahrtschiffen. Die einzige Möglichkeit, hier zu tauchen, geht über organisierte, im voraus gebuchte Pauschalreisen, man kann sich also zurücklehnen und alle organisatorischen Dinge dem Veranstalter überlassen.

Fast alle Veranstalter operieren von Port Sudan aus. Sehr viele der Kreuzfahrtschiffe sind in italienischem Besitz und bedienen eine überwiegend italienische Klientel. Der Sudan hat in italienischen Taucherkreisen offenbar einen besseren Ruf als anderswo.

Die Kreuzfahrtschiffe entsprechen dem am Roten Meer üblichen Standard, wobei einige Schiffe mehrere Klassen haben. Eins ist jedoch zu beachten: weil die Versorgung eines Schiffes im Sudan sehr schwierig ist, kann es vorkommen, daß Extras wie die Klimaanlage wegen irgendwelcher Probleme ausfallen.

1 ELBA REEF

★★★★★★★★★★

Lage: 18,5 km östlich von Marsa Umbeila an der ägyptisch-sudanesischen Grenze.
Zugang: Mit einem Kreuzfahrtschiff von jedem Hafen am Roten Meer.
Bedingungen: Das Wetter an der Oberfläche und die Strömung können tückisch sein.
Durchschnittliche Tiefe: 20 m.
Maximale Tiefe: 70 m.
Durchschnittliche Sicht: 20 m.

Am Rand eines Steilabfalls liegt die Hauptattraktion des Gebietes, das Wrack der Labanzo, ein italienisches Schiff aus den 20er oder 30er Jahren. Über das Schiff selbst weiß man wenig, aber das Wrack ist auch so eindrucksvoll genug. Der mächtige Rumpf liegt kieloben quer über dem Steilabfall, der Heckbereich auf einer Ebene mit dem Plateau, während der Bug steil an der Wand nach unten weist. Die Schraube befindet sich in 18 m Tiefe, der gesamte Heckbereich ist zugänglich. Der tiefer liegende Teil des Wracks ist nur äußerlich zu erkunden, bietet aber dennoch ein bemerkenswertes Erlebnis.

In Küstennähe ist das Riff zwischen 3 und 10 m gut mit verschiedenen Korallen bewachsen, von Pfeilern mit Poren-, Stern- und anderen massigen Korallenarten bis zu verschiedenen Geweihformen im Flachwasser. Die Fischfauna ist so gut wie überall im zentralen Roten Meer, wobei pelagische Besucher, vor allem Haie, den Riffarten oft den Rang ablaufen.

2 PFEIFFER REEF

★★★★★★★

Lage: Vor der sudanesischen Küste, etwa 15 km südöstlich von Marsa Halaka.
Zugang: Mit einem Kreuzfahrtschiff von jedem Hafen am Roten Meer.
Bedingungen: Strömungen und rauhe Oberflächenbedingungen möglich.
Durchschnittliche Tiefe: 25 m.
Maximale Tiefe: 60 m.
Durchschnittliche Sicht: 20 m.

Das Gebiet liegt am Südende des südlichsten von drei Riffen. Der Korallenbewuchs ist nicht überwältigend, steht jedoch nicht hinter dem vieler Gebiete im Norden des Roten Meeres zurück. Schnorchler werden vor allem die flacheren Bereiche genießen.

Das Gebiet liegt um ein Plateau, das sich vom Tisch des Hauptriffs nach Süden erstreckt. Ein Riffhang führt vom Flachwasser zu einem Plateau in etwa 40 m und fällt dann steil auf 50 m ab. Das obere Riff weist guten Korallenbewuchs auf, doch die meisten Taucher interessiert der untere Steilabfall. Dort erlebt man Haie wie sonst nirgendwo in diesem Teil des Roten Meeres.

Anzahl und Artenvielfalt der Haie sind verblüffend. Man sieht riesige Hammerhaie, Silberspitzen- und Graue Riffhaie und viele andere. Viele Taucher kommen speziell wegen der Haie in diesen Teil des Roten Meeres, wo sie nicht enttäuscht werden.

Achten Sie trotzdem vor allem in den Dämmerungsstunden auf das Verhalten der Tiere und provozieren Sie keine Angriffe.

3 ABINGTON REEF
★★★★★★★★★★

Lage: Vor der sudanesischen Küste, 22 km südöstlich von Ras Abu Schajarah.
Zugang: Mit einem Kreuzfahrtschiff von jedem Hafen am Roten Meer.
Bedingungen: Die exponierte Lage kann zu kritischen Bedingungen an der Oberfläche führen.
Durchschnittliche Tiefe: 15 m.
Maximale Tiefe: 30 m.
Durchschnittliche Sicht: 20 m.
Das nördlichste mehrerer Riffe, deren flacher oberer Teil von hier bis Qita el Banna aus dem Wasser ragt. Abington fällt an drei Seiten senkrecht ab, die vierte ist ein geneigtes Plateau. Das Riff hat einen unbesetzten Leuchtturm, der weithin sichtbar ist.

Das Riffplateau liegt im Südosten des Hauptriffs und bietet sehr schöne Tauchmöglichkeiten. Der ganze Hang ist mit verschiedenen Stein- und Weichkorallenblöcken sowie einer Großauswahl an Seeanemonen übersät.

Die Fischfauna entspricht dem allgemein hervorragenden sudanesischen Standard mit einer breiten Palette von Riffischen und einigen konkurrierenden eindrucksvollen pelagischen Arten wie verschiedenen Haien und gelegentlich einem Manta. Haie sieht man häufig, wobei die neugierigen Silberspitzen-Riffhaie die Taucher oft aus der Nähe begutachten - ein Erlebnis, das die Nerven des weniger erfahrenen Tauchers schon strapazieren kann.

4 ANGAROSH REEF
★★★★★★★★★★

Lage: Vor der sudanesischen Küste, etwa 4 km südwestlich von Abington Reef.
Zugang: Mit einem Kreuzfahrtschiff von jedem Hafen am Roten Meer.
Bedingungen: Häufig starke Strömungen.
Durchschnittliche Tiefe: 25 m.
Maximale Tiefe: 50 m und mehr.
Durchschnittliche Sicht: 20 m.
Ebenfalls ein Riff mit flacher Spitze und glatten Steilab-

Eine Welle bricht sich an einem gesunden Steinkorallenriff.

fällen an drei Seiten einer kleinen Sandbank sowie einem geneigten Plateau an der vierten nach Süden hin. Die oberen Wandbereiche und das küstennahe Riff sind sehr porös und konturiert, und die Spalten und kleinen Höhlen reichen bis ins eigentliche Riff. Vom Fuß dieser kleinen Wand neigt sich das Riffplateau gleichmäßig bis auf 35 m, wo es in einen abgestuften Steilabfall übergeht, bis es in 50 m wieder ausläuft. Dieser Hang und auch die oberen Riffbereiche sind sehr schön mit üppigem Stein- und Weichkorallenbewuchs und zahllosen Seeanemonen versehen.

Die Fischfauna ist genauso großartig. Neben dem gesamten Spektrum der Riffische gibt es Unmengen pelagischer Arten. Bei letzteren fallen vor allem die Riesenschwärme Barrakudas auf, die oft vor dem Riff zu sehen sind. Auch mehrere Haiarten sind vertreten, darunter die allgegenwärtigen Silberspitzen-Riffhaie, die hier bis zu 3 m lang werden.

5 QITA EL BANNA

★★★★★★☆☆☆☆

Lage: Vor der sudanesischen Küste, 18 km südwestlich von Angarosh Reef.
Zugang: Mit einem Kreuzfahrtschiff von jedem Hafen am Roten Meer.
Bedingungen: Wind, Wellen und Strömungen können das Tauchen beeinträchtigen.
Durchschnittliche Tiefe: 30 m.
Maximale Tiefe: 50 m und mehr.
Durchschnittliche Sicht: 20 m.

Wie Abington und Angarosh ist auch Qita el Banna ein rundes Riff mit flacher Spitze, glatten Seiten und einem Sockel oder Plateau an der Südseite. Die Wände sind senkrecht, das Riffplateau kaum mehr als ein großer Sockel.

Der Bestand an Fischen wie an Korallen ist mit dem von Abington und Angarosh vergleichbar. Es gibt vielfältige Stein- und Weichkorallen, Schwärme von Riffischen und phantastische Ansammlungen pelagischer Arten, darunter auch verschiedene Haie. Qita el Banna ist ein außergewöhnliches Tauchgebiet. Einiges ist für den Neuling vielleicht noch zu tief, doch auch das Flachwasser bietet viel Sehenswertes. Das Gebiet eignet sich daher für fast jeden Taucher.

6 SHAAB RUMI EAST
- DIE PRECONTINENT-SEITE

★★★★★★☆☆☆☆

Lage: Die Westseite von Schaab Rumi, 40 km nordöstlich von Port Sudan.
Zugang: Mit einem Kreuzfahrtschiff ausgehend von

jedem Hafen am Roten Meer.
Bedingungen: Strömungen und das Wetter können das Tauchen beeinträchtigen.
Durchschnittliche Tiefe: 25 m.
Maximale Tiefe: 70 m und mehr.
Durchschnittliche Sicht: 20 m.

Wenn es beim Tauchen im Sudan einen heiligen Gral gibt, dann wohl hier - wo Jacques Cousteau 1963 sein legendäres Precontinent II-Experiment durchführte, das Millionen Menschen weltweit aus seinem Film „Le Monde Sans Soleil" (vgl. S. 136) kennen. Dieser Ort fesselt die Phantasie, mehr als jedes andere sudanesische Gebiet. Das ist nicht schwer zu verstehen, wenn man durch die 35 Jahre alten Überreste von Cousteaus Unterwasserdorf schwimmt. Der Tauchgang beginnt vor dem großen Kanal, der die innere Lagune von Schaab Rumi mit dem offenen Meer verbindet. Direkt südlich des Durchgangs liegt in 8 m Tiefe die zwiebelförmige Kuppel der Unterwassergarage. Das Gebilde ist immer noch luftdicht: Die ausgeatmete Luft der tauchenden Besucher hat eine große Luftblase gebildet, so daß man nach oben zu der in der Kuppel gefangenen Luft schwimmen und mit seinen Kameraden plaudern kann.

Nördlich befinden sich weniger gut erhaltene Reste, wie alles stark von Stein- und Weichkorallen überkrustet. Cousteau hatte das Gelände, das auch nach drei Jahrzehnten nichts von seiner Pracht eingebüßt hat, wegen seiner Artenvielfalt ausgewählt.

Im tieferen Riffbereich kann man die Haikäfige des Precontinent-Projektes entdecken. Einer steht in 30 m Tiefe und ist mit seinen üppigen Weichkorallen und den schimmernden Glasbarschen ein besonderer Anziehungspunkt. Fische gibt es im Überfluß, sowohl Riff- als auch pelagische Arten. Stachelmakrelen und Schnapper treten in großen Schwärmen auf. Für Haie ist die Südspitze des Riffs besser geeignet.

Oben: *Es gibt etwa 70 Soldatenfischarten (Myripristinae sp.), die meistens rot gefärbt sind.*
Unten: *Einfleck-Schnapper (Lutjanus monostigma) schwimmen allein oder in kleinen Gruppen.*

7 SCHAAB RUMI – SÜDEN

★★★★★★☆☆☆☆

Lage: Das Südende von Schaab Rumi, 40 km nordöstlich von Port Sudan.
Zugang: Mit einem Kreuzfahrtschiff von jedem Hafen am Roten Meer.
Bedingungen: Geschützt, aber Strömungen sind möglich.
Durchschnittliche Tiefe: 25 m.
Maximale Tiefe: 70 m und mehr.
Durchschnittliche Sicht: 20 m.

Dies ist vielleicht das berühmteste Riff im Sudan. Die große Attraktion in Schaab Rumi ist Cousteaus Precontinent-Gelände, aber das südliche Gebiet ist auch trotz der relativ wenigen geschichtlichen Reste ideal zum Tauchen.

Das Gebiet beginnt mit einer reichen küstennahen Miniwand, die am Südrand des Riffs bis etwa 15 m abfällt. Im Osten und Westen stürzen glatte Wände Hunderte von Metern senkrecht ab, und ein flaches Plateau neigt sich sanft von etwa 20 auf 30 m nach Süden, bevor es in der Tiefe verschwindet.

Das Riff ist verschwenderisch mit Korallen überwuchert. Weich- und Hornkorallen dominieren, doch das Riff weist praktisch alle im Roten Meer vorkommenden Arten auf. Bei der Fülle dieses Habitats überrascht nicht, daß man bei Fischen einen ähnlichen Reichtum findet. Am Südriff sieht man fast jede Fischart, die im Fischführer aufgelistet ist. Vor dem Riff setzt sich die Vielfalt fort: mit manchmal Hunderten von Großen Barrakudas, Stachelmakrelen, Thunfischen und praktisch der Garantie auf Haie, darunter Graue, Silberspitzen- und Schwarzspitzen-Riffhaie und vor allem die unheimlichen exotischen Hammerhaie.

8 SANGANEB - NORDSPITZE

★★★★★★☆☆☆☆

Lage: 26 km nordöstlich von Port Sudan.
Zugang: Mit einem Kreuzfahrtschiff von jedem Hafen am Roten Meer.
Bedingungen: Wind, Wellen und Strömung sind wahrscheinlich stark.
Durchschnittliche Tiefe: 20 m.
Maximale Tiefe: 50 m und mehr.
Durchschnittliche Sicht: 20 m.

Dieses Gebiet an der Nordspitze des Sanganeb-Riffs wird von Tauchern nicht so oft besucht wie das am Leuchtturm im Süden. Eine schmale Spitze unter Wasser bildet

Ein Wanderschwarm Bogenstirn-Hammerhaie (Sphyrna lewini).

DRACHENKÖPFE

Die Drachenköpfe, zu denen *Scorpaenopsis, Scorpaenodes, Sebastapistes* und *Rhinopias spp.* gehören, sind standorttreue Raubfische mit giftigen Rückenflossenstacheln. Während die größere Familie der *Scorpaenidae* so unterschiedliche Mitglieder wie die Feuerfische und die tödlichen Steinfische umfaßt, ist die Gattung *Scorpaenopsis* auf etwa 20 Arten begrenzt, von denen mindestens acht im Roten Meer vorkommen. Alle haben den großen Kopf, stachelige Körper und knochige Wangenwülste, die typisch für die *Scorpaenidae* sind. Taucher sollten diese Fische mit Vorsicht behandeln.

Viele Drachenköpfe sind perfekt getarnt: Ihre unregelmäßige, gemusterte Haut paßt sich der Umgebung hervorragend an. Die meisten können die Körperfärbung in Grenzen verändern und einige Arten weisen einen moosartigen Bewuchs der Haut auf. Einige Mitglieder der Gruppe haben diese Dekoration noch weiter entwickelt und besitzen wurmartige Ranken über dem Kiefer, mit denen sie Beute anlocken, während sie regungslos daliegen.

---

den Nordausläufer des Riffs. Hier ragt vom Hauptriff ein Buckel bis 18 m auf, bevor es mehreren Sockeln weicht, die an einer Riffzunge nach Norden stufenweise absteigen. Auf beiden Seiten sinkt die Riffwand ins Bodenlose. Die abgestufte Spitze senkt sich bis in über 60 m, während die obere Riffkante in 3 m und weniger verwirrende Korallenpracht entfaltet.

Die Korallen sind überall herrlich, vor allem am oberen Wandbereich. Die Fischfauna ist artenreich, von kleinen Riffischen im Flachwasser bis zu gewaltigen Schwärmen von Schnappern, Doktorfischen und Stachelmakrelen an der Wand und der Kante sowie eindrucksvollen pelagischen Besuchern vor der abfallenden Kante, unter ihnen große solitäre Barrakudas, Hammerhaie und andere Haiarten. Auch Meeresschildkröten sind oft anzutreffen. Aufgrund der exponierten Lage ist es oftmals nicht einfach, hier zu tauchen, und Neulingen wird zu entsprechender Vorsicht geraten.

9 SANGANEB SOUTH

★★★★★★☆☆☆☆

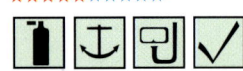

Lage: 26 km nordöstlich von Port Sudan.
Zugang: Mit einem Kreuzfahrtschiff von jedem Hafen am Roten Meer.
Bedingungen: Strömungen, Wind und Wellen können stark werden.
Durchschnittliche Tiefe: 25 m.
Maximale Tiefe: 70 m und mehr.
Durchschnittliche Sicht: 20 m.

Könnten wir zwanzig Sterne vergeben, hier würden wir es tun. Dies ist der Gipfel des Tauchens im Roten Meer, bestehend aus einem unglaublich reichen Turm mit leuchtenden Korallen, der im azurblauen Wasser mehrere hundert Meter aufragt. Das gesamte Gebiet ist eingehüllt in Riffische, während silbrige pelagische Arten von Stachelmakrelen bis zu Hammerhaien das Riff umkreisen.

Topographisch ist Sanganeb ein riesiger Turm im Freiwasser, der aus über 800 m Tiefe aufsteigt. Das Tauchgebiet liegt an der Südspitze des Riffs, direkt vor dem Leuchtturm. Eine nur wenige Zentimeter tiefe Riffkante ist mit herrlichen Korallen überzogen. Senkrechte Wände fallen von der Riffkante auf fast allen Seiten in die Tiefe, während im Südwesten ein großes Riffplateau wie eine Klappe aus dem Hauptriff ragt, bis es ebenfalls abfällt.

Dieses Plateau bildet den Mittelpunkt für die Tauchgänge von Sanganeb. Es ist mit Weichkorallen bedeckt, in die Blöcke und Pfeiler mit Steinkorallen eingestreut sind. Viele Taucher halten es mit gutem Grund für den vielleicht schönsten Korallenplatz im Roten Meer.

Die Riffische hier sind unbeschreiblich, und man findet beinahe jeden Korallenfisch, den es gibt. Aber bei allem Reichtum ist es doch das Leben vor dem Riff, das Sanganeb auszeichnet: endlos die Prozessionen der pelagischen Fische, gleichrangig jedem Gebiet in diesem oder jedem anderen Meer. Schwarzspitzen-, Silberspitzen- und Graue Riffhaie, riesige Hammerhaie und andere Arten kommen hier in unglaublicher Zahl vor.

Sanganeb hat einen Leuchtturm mit Wärter. Auch die sudanesische Marine kreuzt des öfteren mit Patrouillenbooten auf. Die Wärter und Soldaten freuen sich über Ihren Besuch (Tee und ein Gespräch sind fast unvermeidlich), aber behandeln Sie sie respektvoll.

10 UMBRIA WRECK

Lage: Direkt vor Port Sudan.
Zugang: Mit einem Kreuzfahrtschiff von jedem Hafen am Roten Meer.
Bedingungen: Strömungen und das Wetter an der Oberfläche können das Tauchen beeinträchtigen.
Durchschnittliche Tiefe: 20 m.
Maximale Tiefe: 40 m.
Durchschnittliche Sicht: 20 m.

Dieses historische Wrack ist ein echter Schatz im sudanesischen Roten Meer und bietet einen der besten Wracktauchgänge weltweit. Mit maximal knapp 40 m Tiefe ist es ein relativ flacher Tauchgang; an einer Stelle ragt das Wrack sogar aus dem Wasser. Schnorchler mit guter Atemtechnik können große Teile des oberen Wrackbereichs erkunden; die Sporttaucher profitieren darüber hinaus von den erhöhten Grundzeiten, die in den flacheren Bereichen möglich sind.

Die Umbria liegt auf der Backbordseite. Der Rumpf ist noch völlig intakt, wenn auch stark überkrustet, und auf voller Länge zugänglich.

11 MASAMIRIT

Lage: Die nördlichste der South Suakin-Inseln, 174 km südöstlich von Port Sudan.
Zugang: Mit einem Kreuzfahrtschiff von jedem Hafen

am Roten Meer.
Bedingungen: Das Wetter an der Oberfläche und Wellen können das Gebiet unzugänglich machen.
Durchschnittliche Tiefe: 25 m.
Maximale Tiefe: 50 m und mehr.
Durchschnittliche Sicht: 20 m.
Dieses erste der herrlichen Gebiete von South Suakin ist ein fast dreieckiges Riff mit einem automatischen Positionslicht. Die Ostseite des Riffs ist eine wunderbare Wand, die steil und tief abfällt, am Nordende jedoch von einem abschüssigen Sandplateau unterbrochen wird. Das Plateau liegt in 25 bis 30 m und ist mit Korallenblöcken übersät. Es ist ein ausgezeichneter Aussichtspunkt, von dem man das quirlige pelagische Leben vor dem Riff beobachten kann. Die Haie sind bestens vertreten, und auch Meeresschildkröten sind zu sehen. Das übliche verwirrende Aufgebot an Riffischen verleiht dem ohnehin schon von Korallen leuchtenden Riff noch mehr Farbe.

Stein- und Weichkorallen gedeihen hier. Sie sind kerngesund und wären sogar ohne die überwältigende Fischfauna einen Besuch wert.

12 KARAM MASAMIRIT
★★★★★★★★★★

Lage: Unmittelbar südöstlich von Masamirit (Nr. 11) in der südlichen Suakin-Gruppe.
Zugang: Mit einem Kreuzfahrtschiff von jedem Hafen am Roten Meer.
Bedingungen: Das Wetter an der Oberfläche und starke Strömungen können das Tauchen beeinträchtigen.
Durchschnittliche Tiefe: 25 m.
Maximale Tiefe: 50 m und mehr.
Durchschnittliche Sicht: 20 m.
Das Gebiet fällt fast von der Oberfläche jäh ab. Am Nord- und Südende führen flachere Plattformen hinab zum Steilabfall in etwa 25 m, wo die aufregenden Wände sich fortsetzen. Beide Plattformen dienen den Tauchern als Logenplatz im einzigartigen Haitheater und für einen guten Blick auf die pelagischen Fische. Die Korallen sind üppig. Die oberen 20 m des Riffs weisen einen so dichten und farbenprächtigen Bewuchs mit Stein- und Weichkorallen auf wie er im Roten Meer selten ist.

Das Riff ist riesig und bietet Platz für mehrere Tauchgänge. Dies ist der einzige Platz der südlichen Suakin-Inseln, wo man über Nacht ankern kann, aber auch hier müssen die Wetterbedingungen perfekt sein.

13 DAHRAT GHAB
★★★★★★★★★★

Lage: Etwa 28 km südlich von Masamirit in der südlichen Suakin-Gruppe.

Zugang: Mit einem Kreuzfahrtschiff von jedem Hafen am Roten Meer.
Bedingungen: Starke Winde, Wellen und Strömungen möglich.
Durchschnittliche Tiefe: 20 m.
Maximale Tiefe: 50 m und mehr.
Durchschnittliche Sicht: 20 m.
Kenner des Tauchens im Roten Meer halten dies für das beste Gebiet zwischen Akaba und Dschibuti.

Kein Superlativ wird dem Tauchen hier gerecht. Das ganze Riff eignet sich hervorragend zum Tauchen, doch das Gebiet vor der Südspitze ist das Tauchparadies. Hier geht vom Riffende ein hufeisenförmiger Grat aus, der vom Riffdach durch ein 26 m tiefes halbmondförmiges Tal getrennt ist. Die Gratoberkante liegt in 22 m Tiefe, außen geht der Grat in einen Steilabfall über, eine Fortsetzung der Wand, die die Ost- und Westseite des Hauptriffs bildet.

Jeder Quadratzentimeter dieses Riffs ist unvorstellbar dicht mit Korallen bewachsen. Das Riff strahlt förmlich vor Korallen.

Die flossentragenden Bewohner von Dahrat Ghab stehen dem verschwenderischen Riff, in dem sie leben, in nichts nach. Vom kleinsten Riffisch bis zum mächtigsten Hai ist hier jede nur denkbare Art in großer Zahl vertreten. Seltene Exemplare wie große Suppenschildkröten und wuchtige Mantas sind hier nichts Besonderes.

14 DAHRAT ABID
★★★★★★★★★★

Lage: Etwa 28 km südlich von Masamirit in der südlichen Suakin-Gruppe.
Zugang: Mit einem Kreuzfahrtschiff von jedem Hafen am Roten Meer.
Bedingungen: Wellen, Wind und Strömung können stark sein.
Durchschnittliche Tiefe: 25 m.
Maximale Tiefe: 50 m und mehr.
Durchschnittliche Sicht: 20 m.
Oben auf dem Riff liegt das Wrack eines hölzernen Fischerbootes, unter Wasser wird das Riff von steilen Wänden mit Plateaus an der Nord- und Südecke begrenzt. Die Riffwände sind vor allem auf den oberen 10 m rissig und stark konturiert und bieten viel Platz zum Schnorcheln und Tauchen im Flachwasser. Im tieferen Wasser ist es so aufregend, wie man es in der südlichen Suakin-Gruppe erwartet. Riffische kommen schwarmweise vor, desgleichen pelagische Arten, darunter Stachelmakrelen, Thunfische und Silberspitzen-Haie.

Der Korallenbewuchs ist überall einmalig, ein Gemisch aus Stein- und Weichkorallen an den Wandabschnitten und üppigen Weichkorallen an der Südecke.

Rechts: *Nasendoktorfische (Acanthuridae).*

Wie man hinkommt

Mit dem Flugzeug: Sudan wird von mehreren internationalen Fluggesellschaften angeflogen, und zwar Khartum und Port Sudan. Wenn möglich, sollte man einen Direktflug nach Port Sudan buchen. Wenn man in Khartum umsteigen muß, wartet man u. U. eine Woche oder länger auf den Anschlußflug nach Port Sudan.

Sudan ist gegenwärtig von keinem Nachbarland auf dem Landweg zugänglich. Das kann sich mit der politischen Situation ändern.

Viele Taucher betreten während des ganzen Sudan-Urlaubs nicht ein einziges Mal das sudanesische Festland. Schiffe, die in Häfen anderer Länder starten, müssen Port Sudan nicht anlaufen und tun es meistens auch nicht.

Wo man absteigen kann

Die meisten Taucher gehen vom Flughafen sofort auf ihr Schiff, da es kaum einen Grund gibt, in Khartum oder Port Sudan zu übernachten. Sollten Sie aus irgendeinem Grund ein Hotel benötigen, bieten sich folgende Möglichkeiten:

Acropole Hotel, Sharia Babika Badri, Khartum, Sudan; Tel. 72860. **Falcon Hotel**, Sharia Contomicholos, Khartum, Sudan; Tel. 72195. **Meridien Hotel**, Aharia Al Qasr, Khartum, Sudan; Tel. 75970. **Baasher Palace Hotel**, Port Sudan, Sudan; Tel. 3341. **Samarmaz Hotel**, Port Sudan, Sudan; Tel. 5800.

Wo man essen kann

Die folgende Liste mit Restaurants soll dem Taucher helfen, der in Port Sudan oder Khartum Station machen muß. In Port Sudan soll der **Sudan Club** das beste Eßlokal sein, außerdem das Restaurant im **Baasher Palace Hotel**. In Khartum versuche man das **Hilton** oder das **Meridien**. Im **Africa Hotel** gibt es ein koreanisches Restaurant, auf der Sharia 21 einen **Chinesen**.

Taucheinrichtungen

Die einzige Möglichkeit, gegenwärtig im Sudan zu tauchen, ist wohl oder übel eine Pauschalreise. Die Visabestimmungen und die Notwendigkeit, im voraus zu reservieren, machen Individualreisen im Sudan praktisch unmöglich. Und selbst wenn man nur wenig Ärger mit sudanesischen Behörden bekäme, überläßt man die Organisation doch wohl besser einem professionellen Veranstalter.

Einzelne Schiffe aufzuführen ist wenig sinnvoll. Die Schiffe in den sudanesischen Gewässern wechseln ständig, laufen auf längeren Fahrten Häfen an, wechseln den Heimathafen oder laufen in andere Teile der Welt aus. Am besten bucht man pauschal bei einem Tauchveranstalter, der über Route und Schiff Auskunft geben kann. Die folgende Liste soll einen ersten Hinweis geben. Anzeigen in Tauchzeitschriften sind eine weitere gute Quelle.

Einer der besten Veranstalter von Sudan-Fahrten ist **Dive & Sail**, mit Sitz in Großbritannien, anerkannte Experten für das Rote Meer, seit langem im Tauchgeschäft und gerüstet selbst für anspruchsvollste Reisen. Bei Dive & Sail sind oft Meeresbiologen und Rote Meer-Spezialisten an Bord, damit Sie möglichst viel von der Reise haben. **Active Diving Tours** ist ein dynamischer Veranstalter mit Sitz in Dänemark, der u. a. den Sudan im Programm hat. Die Leiter erkunden ihre Ziele persönlich, eine Seltenheit bei Veranstaltern.

Dive & Sail, Nastfield Cottage, The Green, Frampton on Severn, Gloucestershire, GL2 7DY, UK; Tel. 01452 740919. **Active Diving Tours**, Rädhuspladsen 55, DK-1550, Kopenhagen V, Dänemark; Tel. 0045 3312 9292, Fax 0045 3313 2020.

Filmentwicklung

Sudan ist nicht der Ort, wo man seine Urlaubsfotos entwickeln läßt. Dia-Filme können nicht, andere Filme sollten besser nicht entwickelt werden. In der Hauptstadt sind Filme erhältlich, aber sehr teuer. Man sollte alles, was man braucht, mitbringen und zu Hause entwickeln lassen. Die sudanesischen Behörden reagieren sehr empfindlich, wenn es um das Fotografieren möglicher militärischer Anlagen geht. Erwischt man Sie im Umkreis von 15 m einer staatlichen Anlage, sind Sie wahrscheinlich den Film los, wenn nicht die Kamera.

Krankenhäuser

Chronische Engpässe und Personalmangel lassen es ratsam erscheinen, im Sudan auf gar keinen Fall krank zu werden. Im Notfall möglichst bei der Botschaft nach einem Arzt fragen und darauf achten, daß die Krankenversicherung einen Rücktransport zahlt.

Tauchnotfälle

Holen Sie sich im Sudan keine Caissonkrankheit. Die nächste Kammer steht in Eritrea oder Ägypten, also zu weit weg, um von Nutzen zu sein. Tauchen Sie äußerst vorsichtig und legen Sie bei jedem Tauchgang einen Sicherheitsstop ein.

Lokale Besonderheiten

58 km südlich von Port Sudan verfällt allmählich die alte Insel-Handelsstadt Suakin. Der einst wichtigste Handelshafen der Gegend, den die alten Ägypter schon 1000 v. Chr. benutzten, erlebte seinen Niedergang und neuen Glanz, als die osmanischen Türken ihn im 19. Jahrhundert zum Zentrum des regionalen Sklavenhandels machten. Viele der sagenhaften Häuser aus Korallenstein stammen aus dieser Zeit, aber die Stadt geriet erneut in Vergessenheit, diesmal durch das aufstrebende Port Sudan. Von Port Sudan ist es ein Tagesausflug zu den malerischen Ruinen von Suakin.

Ansonsten gibt es an der Küste von Port Sudan wenig touristisch Interessantes. Die Häuser von **Port Sudan** mit ihren Holzbalkonen und dem verblassenden Reiz kolonialer Größe sind sicher einen Blick wert. Aber im allgemeinen ist es keine Touristenstadt - und auch kein Touristenland. Die sudanesischen Attraktionen unter Wasser stellen die wenigen an Land leicht in den Schatten.

Die Forschungsreisen Jacques Cousteaus an Bord seiner berühmten *Calypso* bieten Stoff für Legenden; tatsächlich würde es die frühe Geschichte des Tauchens im Roten Meer ohne die grenzenlose Begeisterung und Neugier dieses bemerkenswerten Mannes so nicht geben.

Die frühen Reisen mit der *Calypso* brachten Cousteau ins Rote Meer, wo er als erster moderner Taucher systematisch die märchenhaften Riffe und die verschwenderische Fauna erforschte. Sein preisgekrönter Film *Le Monde Sans Soleil* und das Buch mit demselben Titel inspirierten zahllose Taucher und legten die Saat für das moderne Tauchen im Roten Meer. Die Liebe zu diesem Gebiet überdauerte seine frühen Reisen. Das Rote Meer wurde auch Schauplatz für eines seiner ehrgeizigsten Experimente zum Leben unter Wasser - Precontinent II.

Cousteau begann 1962 mit der Erforschung von Unterwasser-Habitaten im Anschluß an die Zusammenarbeit mit dem amerikanischen Marinearzt George Bond. Bond hatte angeregt, auf der Grundlage neuer Techniken des Sättigungstauchens Kapseln für den längeren Aufenthalt unter Wasser zu bauen. Er meinte, daß eine Tauchergruppe mit entsprechender Unterstützung Tage oder Wochen unter Wasser bleiben könne, ohne aufzutauchen. Der Vorteil lag auf der Hand: die vielen Stunden, die bei jedem Tauchgang für die Dekompression erforderlich waren, ließen sich bis zum Ende des Aufenthalts unter Wasser aufschieben. Dann genügte eine längere Dekompression in einer Kammer, statt im Wasser.

Bond hatte seine Theorie mit Hilfe der US-Marine überprüfen wollen, die eine Finanzierung jedoch ablehnte. Bond wandte sich an Cousteau, dessen Unterwasserforschung international beachtet wurde. Cousteau war von Bonds Idee fasziniert und begann sofort mit Vorbereitungen für den Bau eines submarinen Habitats, dem Precontinent I. Precontinent I war eine untergetauchte, mit Luft gefüllte Kammer, in der vom 14. bis 21. September 1962 zwei Männer lebten und arbeiteten. Die Kammer lag vor Frioul bei Marseille in 11,5 m Tiefe, das Tauchteam verließ sie jedoch täglich, um in bis zu 20 m Tiefe zu arbeiten.

Der Erfolg von Precontinent I ebnete den Weg für ehrgeizigere Projekte. Cousteau baute ein zweites Unterwasser-Habitat, das fünf Menschen aufnehmen konnte. Die Taucher sollten in ähnlicher Tiefe wie bei Precontinent I leben und arbeiten, aber einen ganzen Monat, nicht nur eine Woche. Außerdem wurde eine zweite kleinere (mit einem Helium-Sauerstoff-Gemisch gefüllte) Kapsel für zwei Taucher gebaut. Sie sollte sehr viel tiefer abgesenkt werden als die Hauptkapsel und mit 49 m auch eine größere Arbeitstiefe haben. Weitere Bauten kamen hinzu, so eine Garage für Unterwasserfahrzeuge, um die Leistung bei längerem Betrieb unter Wasser zu testen.

Diese Einheiten sollten die Lebensfähigkeit unabhängiger Arbeitsstationen unter Wasser beweisen. Aus dem Grund brauchte man einen Standort fern der Hilfe eines modernen westlichen Hafens. Das Rote Meer erfüllte diese Bedingungen bestens und war erste Wahl, aber es gab noch einen anderen wichtigen Grund für diese Wahl. Cousteau hatte versäumt, die üblichen Stellen um Forschungsfinanzierung anzugehen, und beschloß daher, das Projekt durch einen Film über das Experiment zu finanzieren. Damit der Film kommerziell ein Erfolg wurde, mußte er an einem Ort gedreht werden, der Farbe und Spannung bot. Die faszinierenden Riffe und das aufregende Leben im Roten Meer waren dafür ideal.

1963 war Cousteau mit der *Calypso* wieder im Roten Meer und suchte nach einem Ort, der die wissenschaftlichen und cineastischen Voraussetzungen für das Projekt erfüllte. Nach zwei Monaten ging er am Riff von Schaab Rumi vor Anker, in einer Rifflagune 43 Kilometer nördlich von Port Sudan.

Cousteau charterte einen Frachter, die *Rosaldo*, die das Material für Precontinent II zum Bestimmungsort im Roten Meer transportierte. Die *Rosaldo* sollte in der Lagune

festmachen und als Basis für die Kompressoren und Generatoren dienen, während die
Calypso die Männer und Ausrüstung vor Ort
brachte. Im April lagen beide Schiffe bei
Schaab Rumi, und die Arbeit begann.

Als erstes mußte die *Rosaldo* zu ihrem
Liegeplatz in der Lagune kommen. Dazu
mußte eine Fahrrinne in das flache Riff ge-
baggert werden, damit das tiefliegende Schiff
hindurchkam. Als das geschafft war, began-
nen die Bauarbeiten. Der beschwerliche
Transport der Wohnkapseln von der *Rosaldo*
zum ausgewählten Ort an der Ostseite von
Schaab Rumi sollte mehrere Wochen dauern.
Nicht nur die sperrigen Kapseln, auch die
über 100 Tonnen Bleiballast in 50-kg-Barren
mußten von Hand von der *Rosaldo* auf die
Calypso geladen und dann hinunter zum
Meeresgrund gebracht werden.

Die erste Einheit für das fünfköpfige Team
war am 12. Juni 1963 fertig. Sie stand in gut
10 m Tiefe auf dem Grund und wurde „Seesternhaus" getauft, weil die Subzylinder wie
Arme aus der Hauptkammer ragten. Sie war
mit einigen Annehmlichkeiten ausgestattet
wie Höhensonne, Telefon, Fernseh- und
Hi-Fi-Anlage und sogar einem sprechenden
Papagei.

Während das Team im Seesternhaus seiner
Arbeit nachging, wurde die zweite Kapsel
vorbereitet. Sie hieß „kleines Haus", und das
zweiköpfige Team zog am 5. Juli ein. Von
ihrer Basistiefe in 25 m erforschten die Taucher die Grenzen des Helium-Sauerstoff-Ge-
misches und erreichten schließlich Arbeits-
tiefen von über 100 m, mehr als das Doppelte
der ursprünglich angenommenen Tiefe.

Die beiden Teams sammelten während
ihres Aufenthalts wertvolle Informationen.
Beiläufig fanden sie heraus, daß Kopf- und
Barthaare in der Hochdruckatmosphäre deutlich langsamer wachsen, Schnitt- und Schürf-
wunden aber ungewöhnlich schnell heilen.

Das Experiment wurde am 15. Juli erfolgreich beendet, als die beiden Teams erschöpft,
aber gesund an die Oberfläche zurückkehrten.
Die beiden Wohnkapseln wurden hochgeholt
und nach Frankreich gebracht, die Garage
blieb jedoch auf dem Meeresgrund. Man kann
sie immer noch besichtigen, immer noch
Luftdicht mit einer großen Luftblase im
Innern, die von der ausgeatmeten Luft der
Besucher stammt.

Zum wissenschaftlichen Erfolg des Pro-
jekts gesellte sich der kommerzielle Erfolg
des Films von Cousteau. Er spielte nicht nur
die Kosten der Expedition ein, sondern war
auch ein riesiger Kassenschlager.

*Ein Taucher an einer der übriggebliebenen Kap-
seln von Cousteaus Precontinent II.*

ERITREA

Eritrea ist eines der jüngsten Tauchziele im Roten Meer. Das überrascht kaum, denn das Land ist erst seit 1993 unabhängig, als der bittere, dreißigjährige Kampf um Unabhängigkeit von Äthiopien ein Ende fand. Seitdem bemüht sich das Land um den schwierigen Wiederaufbau seiner zerstörten Wirtschaft. Es ist heute eine friedliebende Demokratie mit sich entwickelndem Tourismus, der anfängt, auch die Taucher zu entdecken.

Eritrea hat die Gestalt eines Trichters, eingezwängt zwischen Rotem Meer im Osten sowie Sudan und Äthiopien im Norden und Westen. Es hat eine Fläche von nur 125.000 km², aber 1.200 km Küste. Der Südteil des Landes ist tatsächlich kaum mehr als ein schmaler Küstenstreifen, der sich bis hinunter nach Dschibuti zieht. Vom Meer an der Ostküste steigt das Land im Innern bis auf über 2.000 m an, bevor es wieder in das Flachland im Westen übergeht.

MENSCHEN UND KULTUR

In Eritrea mit seinen etwa 2,5 Millionen Einwohnern sind neun große Volksgruppen beheimatet. Die Bevölkerung bestand zu etwa gleichen Teilen aus Christen und Muslimen, dazu vielleicht fünf Prozent, die Naturreligionen folgten. Die Vertreibung von Muslimen während des Krieges hat das Verhältnis vorübergehend zugunsten der Christen verschoben, doch das wird sich wohl bald wieder ändern, wenn die Flüchtlinge zurückkommen.

Die Hauptsprachen an der Küste sind Tigrinya und Arabisch, viele Menschen haben jedoch englische Grundkenntnisse, vor allem in den Städten. Meistens kommt man mit Englisch weiter, aber ein paar Worte Tigrinya oder Arabisch machen vieles leichter. Die Eritreer sind außergewöhnlich liebenswert und geben sich im allgemeinen große Mühe, Ihnen ihre Sprache und Kultur näherzubringen.

KLIMA

Das Klima in Eritrea weist starke Extreme auf. An der Küste erreichen die Temperaturen im Sommer mörderische 50°C und mehr, im Winter liegen sie in den hohen Zwanzigern. Die

Links: *Wohlverdiente Ruhe nach einem Tag Tauchen.*
Oben: *Bei Gefahr zeigt der Mondflossen-Zackenbarsch (Variola louti) einen Zweifarbeneffekt.*

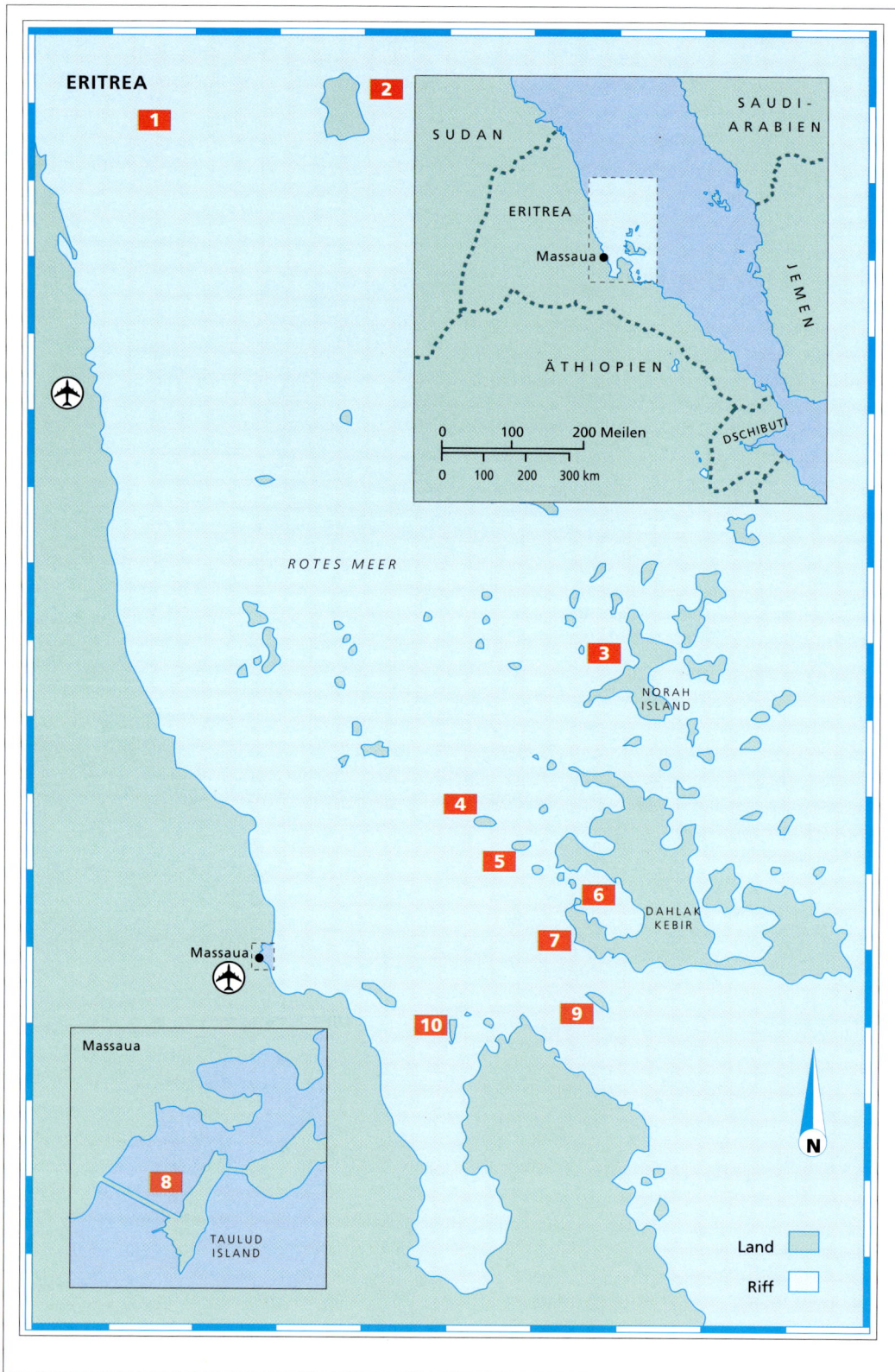

ERITREA

1

2

SUDAN

SAUDI-
ARABIEN

ERITREA

Massaua

JEMEN

ÄTHIOPIEN

DSCHIBUTI

0	100	200 Meilen

0	100	200	300 km

ROTES MEER

3

NORAH
ISLAND

4

5

6

DAHLAK
KEBIR

7

Massaua

9

10

Massaua

8

TAULUD
ISLAND

Land

Riff

N

Temperaturen auf dem Hochplateau schwanken zwischen 30°C im Sommer und leichtem Frost im Winter. Der seltene Regen an der Küste fällt meistens im Dezmeber und Januar.

TAUCHATTRAKTIONEN

Das Tauchen hier unterscheidet sich grundlegend vom übrigen Roten Meer, weil die küstennahen und -fernen Inseln auf einem flachen Plateau liegen.

Ein weiterer Unterschied ist dem Krieg zu verdanken. Während der Kämpfe kamen Fischfang und andere Branchen praktisch zum Erliegen, so daß der Fischbestand eine unglaubliche Dichte erreichte. Ein weiteres Plus dieser erzwungenen Isolierung ist das fast völlige Fehlen jeglicher Scheu bei den Fischen, so daß Taucher sich hier vielen Arten nähern können, die sie in anderen Teilen des Roten Meeres nur von fern zu sehen bekommen.

In diesen Gewässern findet man auch viele ungewöhnliche Arten sowie ein anderes Gleichgewicht von Arten, als es sonst im Roten Meer anzutreffen ist. Das Tauchen ist demnach hier etwas völlig anderes. Taucher, die sich für Meeresarten interessieren, kommen hier auf ihre Kosten.

MEERESLEBEN

Die Fischfauna in den eritreischen Küstengewässern ist sehr dicht und vielfältig, so daß man bei jedem Tauchgang die verschiedensten Riffarten beobachten kann. Größere Riffische wie Zackenbarsche, Lipp- und Papageifische erreichen hier Rekordgrößen, und man kann riesige Exemplare von Zackenbarschen, Mondflossen-Zackenbarschen, Napoleon-Lippfischen und Büffelkopf-Papageifischen sehen. Riff- und Fahnenbarsche sowie andere kleine Riffarten umschwärmen die Korallen in dichten Gruppen, und Schwarmfische versammeln sich. Süßlippen, Schnapper, Stachelmakrelen, Nasendoktorfische und Füsiliere bilden Schwärme mit Hunderten von Exemplaren.

Der Haibestand, für den die eritreischen Gewässer einst berühmt waren, hat in den letzten Jahren schwer gelitten, aber man kann immer noch einzelne Leopardenhaie, Graue Riffhaie und vor allem Geigenrochen entdecken. Auch Meeresschildkröten, Stechrochen, Sepien, Mantas, Teufelsrochen, Kraken und Delphine sind hier zu sehen. Selbst die selten anzutreffenden Dugongs suchen die küstenfernen Inseln auf und bieten Aussicht auf ein einmaliges Taucherlebnis.

Der Korallenbewuchs ist nicht so verschwenderisch wie im Norden des Roten Meeres. Das flache Wasser des eritreischen Küstenplateaus mit seiner Sedimentation, den sommerlichen Wassertemperaturen an der für Korallen oberen Grenze und der starken Algen- und Planktonblüte schränkt das Korallenwachstum erheblich ein. Einige Wissenschaftler glauben, die rasche Herausschiebung des überfluteten Plateaus um mehrere Zentimeter pro Jahr lasse den Korallenriffen einfach keine Zeit zur Bildung. Auf jeden Fall ist das Wachs-

GEMEINSCHAFTSBUCHUNG

Da das Tauchen in Eritrea noch in den Anfängen steckt, sollten ausländische Taucher sich darüber im klaren sein, daß der am nördlichen Roten Meer übliche leichte Zugang zu den Tauchgebieten hier noch etwas auf sich warten läßt. Dreißig Jahre Krieg haben den Schiffsbestand dezimiert, und eine Tauchinfrastruktur in dem Sinne hat es nie gegeben. Den Zugang zu Tauchgebieten zu schaffen, ist schwer und teuer, und Tauchen in Eritrea ist noch eine marginale Betätigung für Spezialisten, die viel Planung erfordert.

Inzwischen bietet zumindest ein Veranstalter pauschale Tauchreisen zu den Massaua-Inseln an. Bisher waren diese Trips in erster Linie Wochenendtouren für im Land lebende ausländische Taucher, an denen einzelne Taucher mit Glück nach Voranmeldung teilnehmen können.

Für einzelne Taucher ist es auch extrem teuer, eine Tour speziell für sich zu arrangieren. Weitaus am besten ist es, eine Gruppe zusammenzubringen, um Kosten zu sparen, und zeitig im voraus zu buchen. Natürlich können Sie auch im voraus schreiben oder anrufen, um zu sehen, ob eine Tour stattfindet, der Sie sich anschließen können, aber verlassen Sie sich nicht darauf - der Veranstalter braucht eine bestimmte Summe, damit die Fahrt sich rentiert, und wenn Sie allein oder als kleine Gruppe diesen Betrag nicht zahlen wollen, bleiben Sie wahrscheinlich in Massaua hängen und wünschen sich eine Gruppe, mit der Sie tauchen könnten.

tum meistens spärlich und auf schmale Streifen von Saumriffen in relativ begrenzter Tiefe beschränkt.

BEDINGUNGEN

Im Sommer soll es schon Wassertemperaturen von über
36°C gegeben haben, und selbst im Winter ist das Wasser
mit 27-29°C schön warm. Kälteschutz ist kein großes Problem. Ein 3 mm starker Tropentauchanzug oder ein Lycra-
Anzug wird den meisten reichen.

Die Sicht ist meistens eingeschränkt und liegt oft nur bei
10-12 m. Das ist eine direkte Folge des warmen Wassers,
das das Plankton- und Algenwachstum fördert, und der im
Flachwasser von Wellen und Wetter aufgewirbelten
Sedimente.

ZUGANG

Der Zugang zu den Tauchgebieten ist meistens teuer. Eritrea hat im Krieg viele Schiffe verloren, und der Transport
auf dem Wasser ist entsprechend kostspielig. Gott sei Dank
ist der Transport normalerweise im Preis der Tauchveranstalter inbegriffen, so daß
Verhandlungen über Bootsmiete nicht mehr der Alptraum sind, der sie einmal waren. Der
teure Transport schlägt sich natürlich in hohen Preisen für das Tauchen nieder.

TAUCHVERANSTALTER UND -EINRICHTUNGEN

Bis auf einige ziemlich schlecht ausgerüstete Firmen, die Tauchen nebenbei anbieten, und
das sehr professionelle, aber nichtkommerzielle Tauchteam des Ministeriums für Marine-
ressourcen gibt es nur ein Unternehmen, das Tauchtouristen in Eritrea betreut. Und zwar die
Eritrean Shipping Line, ein kommerzielles Bootsunternehmen, das in den aufkommenden
Tourismus eingestiegen ist, ein Hotel und Tauchzentrum in Massaua, eine luxuriöse
Charterjacht sowie eine Tauchbasis und ein Hotel auf Dahlak Kebir besitzt. Die Ausrüstung
des Tauchzentrums ist ausgezeichnet und gepflegt. Die Mitarbeiter, meistens ehemalige
Marineangehörige, sind freundlich, erfahren und international anerkannt.

ERITREA/GENEHMIGUNGEN

Eritrea existiert zwar erst seit kurzem
als Land, hat aber sehr strenge Vorschriften für Touristen an der Küste
und auf den Inseln, die es auch von
Anfang an konsequent durchgesetzt
hat. Ein ausländisches Boot wurde
zwei Monate festgehalten, weil es nur
Wochen nach der Unabhängigkeit des
Landes ohne Genehmigung in eritreische Gewässer eingefahren war.

Gegenwärtig brauchen ausländische Besucher der Inseln eine Genehmigung vom Ministerium für Tourismus. Sie kostet pro Tag 10 US-$, bei
einer Mindestgebühr von 30 US-$ für
drei Tage. Taucher müssen darüber
hinaus in Begleitung eines einheimischen Führers sein. Übertretungen
dieser Vorschriften werden streng
geahndet.

DIE ERITREISCHE KÜCHE

Die eritreische Küche gibt Westlern einiges zu entdecken. Sie macht Anleihen bei der nahöstlichen wie äthiopischen Küche, weist aber auch
starke Einflüsse aus Italien auf, das das Land viele Jahre kolonisiert hat.

- **Injera**, ein dünnes, schwammiges Fladenbrot aus fermentiertem Weizen oder Sorghum, ist in Eritrea Grundnahrungsmittel. Es wird nor-
malerweise in Scheiben auf einem flachen Korb serviert, dazu in der Mitte reichlich gewürztes Schmorfleisch, **Zigini** genannt. Alle essen
von derselben Platte, brechen etwas Brot ab und schöpfen damit das Fleisch auf.
- **Kitcha** ist ein in arabisch beeinflußten Gegenden verbreitetes ungesäuertes Fladenbrot aus Weizen.
- **Bani** ist Brot nach europäischer Art, meistens in kleinen Rollen.
- **Fool** oder **Ful** sind zerstoßene Bohnen, die meist mit Zwiebeln und Gewürzen serviert werden, dazu häufig Joghurt. Es wird mit einem
der oben genannten Brote gegessen.
- **Schiro** ist ein köstlicher Linseneintopf.
- **Frittata** ist ein Gericht aus Rührei mit Zwiebeln, Paprika und scharfen Gewürzen, das man normalerweise zum Frühstück ißt.
- **Arrosto** ist gebratenes Fleisch; **capretto** ist Lamm; **dorho** ist Huhn, und **asa** ist Fisch.

Kaffee, als italienisches Erbe zumeist hervorragend, wird auf drei Arten getrunken: **bun** ist ein starker, schwarzer Espresso; **macchiato** ist
ein Espresso mit aufgeschäumter Milch; **cappuccino** ist Kaffee mit Milch in einer großen Tasse und wird meistens zum Frühstück getrunken. **Birra** ist Bier. Es ist von sehr guter Qualität und wird in einer Brauerei hergestellt, die die Italiener gegründet haben.

Oben: *Ein Schwarzpunktrochen (Taeniura melanospilos).*
Unten: *Ein Blaupunkt-Stechrochen (Taeniura lymma), der häufigste Rochen des Roten Meeres.*

1 DIFNEIN

★★★★★

Lage: Etwa 110 km nördlich von Massaua.

Zugang: Mit lokalem Boot oder Kreuzfahrtschiff von Massaua oder Luul Hotel/Tauchbasis auf Dahlak Kebir.

Bedingungen: Taucher sollten wegen Minengefahr nicht ans Ufer gehen.

Durchschnittliche Tiefe: 10 m.

Maximale Tiefe: 15 m.

Durchschnittliche Sicht: 18 m.

Wie bei den meisten Dahlak-Gebieten ist das Riff mit maximal 15 m nicht sehr tief. Der Meeresboden um die Insel ist zwar sehr viel tiefer, aber leider ist alles jenseits des Riffsockels ein nichtssagender Sandhang. Auf das Tauchprofil hat die größere Tiefe keinen Einfluß, wohl aber auf die Sicht, die generell besser als auf dem seichteren Plateau im Süden ist.

Auf der Nordostseite der Insel fällt das Riff steil ab und besteht aus verschiedenen Korallenarten. Wie meistens in dieser Region bilden massive Steinkorallen die Riffmasse, aber auf kleinen Flecken rund um das Riff findet man auch viele andere Arten. Die Korallen sind hier allerdings nicht die Hauptattraktion.

Praktisch jeder tropische Fisch, den man sich vorstellen kann, ist hier in großer Zahl vertreten. Der Fischreichtum der Insel hat früher italienische Harpunenfischer angezogen, und die erzwungene Isolation durch den eritreischen Unabhängigkeitskrieg hat den Fischbestand hier noch weiter vergrößert. Für den Fischfreund rangiert dieses Gebiet unter den besten der Region.

2 TWO FATHOM BANK

★★★★★★★★

Lage: 15 km östlich von Difnein, im nördlichen Dahlak-Archipel.

Zugang: Mit lokalem Boot oder Kreuzfahrtschiff von Massaua.

Bedingungen: Da ein geschützter Ankerplatz fehlt, können hohe Wellen und Wind den Zugang erschweren.

Durchschnittliche Tiefe: 20 m.

Maximale Tiefe: 30 m und mehr.

Durchschnittliche Sicht: 20 m.

Two Fathom Bank bietet ganzjährig bessere als die übliche Sicht und ist eines der wenigen Gebiete hier, wo es in mehr als 15-20 m Tiefe etwas zu sehen gibt.

Am besten taucht es sich am Südwestende des Riffs, wo der Korallenbewuchs am üppigsten ist. Es gibt Stein- und Weichkorallen im Überfluß; besonders zahlreich sind große massive Steinkorallenformationen. Die Fischfauna ist vielfältig und interessant mit einem guten Querschnitt durch die üblichen Riffarten.

Dank des reichen Fisch- und Korallenbestandes, der verschiedenen Tiefen, die allen Tauchern etwas bieten, und der guten Sicht ist Two Fathom Bank eines der besten Gebiete in der Dahlak-Gruppe.

3 NORAH

★★★★★★★★★★★

Lage: Vor der Westküste der Insel Norah, etwa 65 km nordöstlich von Massaua.

Zugang: Mit lokalem Boot oder Kreuzfahrtschiff von Massaua oder Dahlak Kebir.

Bedingungen: Die uninteressante Seegrasbank enttäuscht, wenn die Hauptattraktion, die Dugongs, nicht da sind.

Durchschnittliche Tiefe: 3 m.

Maximale Tiefe: 3 m.

Durchschnittliche Sicht: 15 m.

Das Riff hat hier keine Korallen, sondern nur dicht wachsendes Seegras im 2-3 m tiefen Wasser. Gelegentlich suchen Dugongs dieses Gebiet auf, sehr seltene und scheue Meerestiere; ein Zusammentreffen mit diesen Tieren kann die ziemlich nichtssagende Seegrasbank zu einem der spektakulärsten Tauchgebiete der Gegend machen.

Dugongs sind bekannt scheu und haben sich, im Gegensatz zu ihren Verwandten, den Manatis, nie an die Anwesenheit von Menschen gewöhnt. Taucher begegnen ihnen deshalb äußerst selten im offenen Meer.

Rechts: *Der Indische Rotfeuerfisch (Pterois miles) schwebt oft in Höhlen oder in der Nähe von Korallenblöcken.*

4 DUR GHAM

★★★★★★

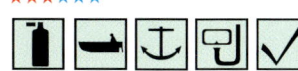

Lage: Etwa 20km nordwestlich der Tauchbasis auf Dahlak Kebir/Nokra.

Zugang: Mit lokalem Boot oder Kreuzfahrtschiff von Massaua oder Dahlak Kebir.

Bedingungen: Beim Einstieg auf Korallenblöcke im Flachwasser achten.

Durchschnittliche Tiefe: 8 m.

Maximale Tiefe: 10 m.

Durchschnittliche Sicht: 15 m.

Das Riff weist auf ganzer Länge ein sanft abfallendes Profil auf. Von den Korallen sind meistens wuchtigere Arten mit prächtigen Stöcken wie aus geschmolzenem Wachs vertreten, zum Beispiel Poren- und Sternkorallen sowie Goniopora-Arten. Es gibt auch einige kleinere Weichkorallenflecken, dazu Seeanemonen und auch einige schöne bis 75 cm große Acropora-Tischkorallen. Von letzteren sind viele ausgeblichen.

Alle üblichen Riffische sind zu sehen, in großer Zahl Süßlippen, Doktor-, Kaiser- und Falterfische und ebenso viele Füsiliere und Schnapper. Auch verschiedene Lippfische, Zackenbarsche und Papageifische kommen vor, und auf dem Sand am Riffuß leben Symbiosegrundeln und Stechrochen. Hier trifft man auch die Dornenkrone und ihren einzigen natürlichen Feind, das Tritonshorn, an.

MARINE

Während des Unabhängigkeitskampfes führte eine Gruppe der eritreischen Marine umfangreiche militärische Tauchmanöver gegen Äthiopien durch, ohne entsprechend ausgebildet zu sein. Seit das Land unabhängig ist, sind die meisten Marinetaucher entlassen und bilden heute das Fundament des jungen Tauchtourismus in Eritrea.

15 ehemalige Marinetaucher unter der Leitung des früheren Kommandeurs einer Militärzone sind zu zivilen Tauchlehrern ausgebildet worden. Sie sind verantwortlich für das neue Tauchzentrum, das die Eritrean Shipping Lines in Massaua aufbauen.

---

5 DUR GHELLA

★★★★★

Lage: 20 km nordwestlich der Tauchbasis auf Dahlak Kebir.

Zugang: Mit lokalem Boot oder Kreuzfahrtschiff von Massaua oder Dahlak Kebir.

Bedingungen: Wellen und Wind können den Zugang erschweren.

Durchschnittliche Tiefe: 8 m.

Maximale Tiefe: 12 m.

Durchschnittliche Sicht: 15 m.

Ein flaches Riff etwa 50 m vor der Insel Dur Ghella mit einem Riffdach und einem sanften Hang, die beide mit Korallenblöcken und -flecken übersät sind. Über dem küstennahen Riffdach ist das Wasser nur 1 m tief, bei einigen Stöcken noch weniger. Am Fuß des Riffs beginnt in 12 m Tiefe ein Sandhang.

Das Riff besteht überwiegend aus kompakten Korallenformen, in die Acropora-, Stylophora- und andere Geweiharten eingestreut sind. Eine Besonderheit hier sind die vielen großen Büffelkopf-Papageifische. Weitere Papagei- und Doktorfische, Arabische und Halbmond-Kaiserfische, Füsiliere in Schwärmen, Schwarzgepunktete Süßlippen, Tausende von Schnappern, Zackenbarsche und Kardinalfische tragen zur vielfältigen Riffpopulation bei, die die hiesigen Korallen etwas überstrahlt.

6 DRY DOCK

★★★★★★★

Lage: Im Nordkanal zwischen Nokra und Dahlak Kebir, 50 km ost-nordöstlich von Massaua.

Zugang: Mit lokalem Boot oder Kreuzfahrtschiff von Massaua oder Dahlak Kebir.

Bedingungen: Die Sicht kann schlecht sein; die Taucher

MARINEBASIS NOKRA

Gegenüber dem Hotel Luul, einem der größten eritreischen Tauchzentren auf der Insel Dahlak Kebir, liegt die alte Marinebasis Nokra, von Äthiopien und der Sowjetunion während des Unabhängigkeitskrieges errichtet und gegen Ende des Krieges von ihnen aufgegeben.

Eine der letzten Amtshandlungen bestand darin, alles, was den Eritreern hätte nützen können, zu versenken. Das bescherte den Tauchern eine interessante Hinterlassenschaft (vgl. Nr. 6 - Dry Dock). Neben dem großen Trockendock gibt es Patrouillenboote, andere Schiffe und verschiedenes militärisches Gerät einschließlich einer Stalin-Orgel, die aus dem Meer geborgen wurde und auf dem nahen Dock steht.

Außer den weltlicheren beweglichen und unbeweglichen Dingen hinterließen die Russen ein besonders typisches Souvenir: eine volleingerichtete Offizierssauna - und das an einem der heißesten Orte der Erde, wo die Temperaturen im Sommer über 50°C erreichen.

---

sollten beim Einstieg auf Schutt im Wasser achten.

Durchschnittliche Tiefe: 15 m.

Maximale Tiefe: 21 m.

Durchschnittliche Sicht: 15 m.

Dieser Tauchgang auf einem aufgegebenen schwimmen-

Kraken (Octopus sp.) können sich in winzige Spalten zwängen.

den Trockendock, einem Relikt aus dem Unabhängigkeitskrieg, ist eine echte Ausnahme vom in der Dahlak-Gruppe sonst üblichen Tauchen. Zum einen ist es Wracktauchen, in diesen Gewässern eine Seltenheit, zum anderen ziemlich tief.

Das Wrack liegt direkt vor der Küste am Ostende der Marinebasis Nokra im schmalen Nordkanal zwischen Nokra und Dahlak Kebir. Es ist rechteckig, an den Ecken ragen zwei große Kräne aus dem Wasser und in etwa 4 m Tiefe geht eine Laufplanke fast um das ganze Wrack herum. Die Winden und die anderen Teile der Dockarbeitsgeräte sind in 5-7 m Tiefe auf Deck zu sehen.

Das Wrack ist von vielen Riff- und anderen Fischen bevölkert, und auf dem Sand um das Wrack leben Blau- und Schwarzpunkt-Stechrochen.

Obwohl das Trockendock erst relativ kurze Zeit unter Wasser steht, haben sich doch schon recht viele Korallen angesiedelt, vor allem Dendronephthya-Arten, deren feine buschige Stöcke in allen Farben über das ganze Wrack verteilt sind, darunter Violett, Dunkelpurpur, Kastanienbraun und Weiß. Sehr artenreich vertreten sind auch Peitschenkorallen, einige Lederkorallen und einige inkrustierte Algengebilde.

7 INTIARA
★★★★★

Lage: Etwa 10 km südwestlich von Nokra/Luul Hotel auf Dahlak Kebir.
Zugang: Mit lokalem Boot oder Kreuzfahrtschiff von Massaua.
Bedingungen: Leichte Strömung möglich. Die Sicht ist manchmal schlecht.
Durchschnittliche Tiefe: 8 m.
Maximale Tiefe: 12 m.
Durchschnittliche Sicht: 12 m.
Das sanftgeschwungene weite Riff folgt mehr oder weniger der Küste. Ein flaches Tauchgebiet, dessen Korallenbewuchs selten über 10 m hinausgeht. Die interessanten Fische und Korallen drängen sich in dem schmalen Band zwischen 3 und 8 m.

Der Riffkörper besteht überwiegend aus massiven Steinkorallen mit Blöcken von Stern- und Porenkorallen, Goniopora-Arten sowie Hirnkorallen. Es gibt einige Geweihformen und an einigen Stellen üppigen Bewuchs von sanft sich wiegenden Weichkorallen.

Das Riff ist von artenreichen Riffischen bevölkert, darunter zahlreiche Gestreifte und Gefleckte Schnapper, Kaiserfische, Schachbrett-Junker und andere Lippfische, viele Gepunktete Zackenbarsche, Papageifische und einige Riesenschwärme von Füsilieren und Stachelmakrelen.

8 RESEARCH STATION HOUSE REEF

★★

Lage: Vor der Forschungsstation Marine Resources an der Südwestecke der Insel Taulud, Massaua.
Zugang: Vom Ufer an der Bootsrampe bei der Forschungsstation.
Bedingungen: Allgemein sehr schlechte Sicht, aber ansonsten ein sehr leichter Tauchgang.
Durchschnittliche Tiefe: 5 m.
Maximale Tiefe: 10 m.
Durchschnittliche Sicht: 5 m.
Ein absolut unspektakuläres Tauchgebiet, das allerdings den Vorteil hat, ständig zugänglich zu sein. Wenn man also unbedingt tauchen möchte und kein Boot findet, ist das eine Möglichkeit.

Das ganze Riff ist etwa 5 m breit und 2-7 m tief. Danach kommt ein nichtssagender Sandhang, wo höchstens einmal ein Stechrochen zu sehen ist. Die Korallen auf dem Riff wachsen spärlich und klein, wobei kompakte Steinkorallen und einige kleine Weichkorallen vorherrschen, die alle ziemlich versandet und fleckig sind.

Die Fische sind jedoch zahlreich und zutraulich; man kann viele scheinbar furchtlose Riffische aus der Nähe beobachten. Es gibt erstaunlich viele Arabische Kaiserfische, mehr als man sonst irgendwo im Roten Meer sieht. Zu den weiteren Attraktionen gehören Falter- und Papageifische, die verschiedensten Lippfische, Symbiosegrundeln, Schleimfische, Sepien, Kraken und Stechrochen, darunter riesige Schwarzpunkt-Stechrochen. Ein Riesenkerl, auf den sich der Verfasser beinahe gesetzt hätte, war mindestens 1,5 m groß.

9 SHUMMA
★★★★★

    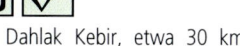

Lage: 5 km südlich von Dahlak Kebir, etwa 30 km östlich von Massaua.
Zugang: Mit lokalem Boot oder Kreuzfahrtschiff von Massaua oder Dahlak Kebir.
Bedingungen: Im Winter gehen oft starke Südwinde.
Durchschnittliche Tiefe: 8 m.
Maximale Tiefe: 15 m.
Durchschnittliche Sicht: 15 m.
Das Riff, vor der Südwestseite von Shumma gelegen, fällt vom Flachwasser auf für Dahlak ungewöhnliche 15 m ab, bevor es im Sand ausläuft. Die Riffwand ist gut mit Steinkorallen bedeckt, und es gibt auch einige Weichkorallen. Dichte und Artenvielfalt sind lokaler Durchschnitt. Die Fisch- und sonstige Fauna ist gut, wobei es unter den vertrauteren Bewohnern einige ungewöhnliche Arten gibt. Neben den üblichen Riffbewoh-

nern sieht man nicht selten Meeresschildkröten und Seeschlangen, und das steilere Gelände scheint Besucher aus dem Freiwasser anzuziehen wie Stachelmakrelen, Spanische Makrelen und Thunfische.

Es ist ein beliebtes Gebiet. Da es relativ nah bei Massaua und der Tauchbasis auf Dahlak Kebir liegt, ist der Zugang nicht so schwierig oder teuer wie bei weiter entfernten Gebieten.

10 DISSEI

★★★★★★

Lage: Etwa 30 km südöstlich von Massaua.

Zugang: Mit lokalem Boot oder Kreuzfahrtschiff von Massaua oder Dahlak Kebir.

Bedingungen: Die Sicht kann manchmal sehr schlecht sein.

Durchschnittliche Tiefe: 15 m.

Maximale Tiefe: 20 m.

Durchschnittliche Sicht: 12 m.

Dieses Gebiet an der Südseite der Insel Dissei ist etwas tiefer als vor Dahlak üblich und bietet daher mehr Erforschenswertes. Das Riff folgt der Südküste der Insel und fällt flach bis auf 20 m ab. Der Korallenbewuchs entspricht dem um Dahlak Üblichen, mit Pump- und anderen Weichkorallen, Elefantenohrkorallen und einer vielleicht etwas dichteren Konzentration verschiedener Steinkorallen als sonst.

Der Fischbestand ist arten- und zahlreich, mit allen Riffischen und dem gelegentlichen Schwarm Stachelmakrelen oder einem Rochen, der die Szene im offenen Wasser belebt. Da die Sicht oft begrenzt ist, konzentriert man sich zwangsläufig mehr auf die Riffbewohner, womit man mehr als beschäftigt ist.

Dank der unterschiedlichen Bereiche vom Flachwasser bis 20 m Tiefe und einem ansehnlichen Fisch- und Korallenbestand ist dieses Gebiet durchaus einen Besuch wert.

ASMARA UND DIE HÖHE

Wie jeder gute Taucher weiß, gibt es Regeln für das Fliegen nach dem Tauchen, und kein ausgebildeter Taucher würde direkt nach einem Tauchgang in ein Flugzeug steigen.

Aber viele Taucher würden sich nichts dabei denken, morgens vor einer der Inseln zu tauchen und nachmittags in einen Bus nach Asmara zu steigen. Dabei vergessen sie, daß Asmara zwar nur 115 km von Massaua entfernt ist, aber 2347 m über dem Meer liegt - fast genau die Höhe, die in der Druckkabine eines Flugzeugs simuliert wird, und das reicht aus, Dekompressionssymptome bei einem Taucher hervorzurufen, der vor der Fahrt keine ausreichende Pause eingelegt hat.

Wer von Massaua ins Landesinnere fährt, sollte also die gleichen Regeln wie beim Fliegen beachten. Am besten ist es, volle 24 Stunden zwischen dem letzten Tauchgang und der Fahrt in die Berge vergehen zu lassen.

HAIFANG

Die eritreischen Gewässer waren einst berühmt für ihre Haie. Dank des wirkungsvollen, kriegsbedingten Fischereistopps sollte man annehmen, daß der Haibestand sich noch weiter vergrößert hat. Unmittelbar nach dem Krieg konnte man am Dahlak-Archipel häufig Haie beobachten.

Jüngere Ereignisse haben diese Situation leider verändert. Der kommerzielle Haifang überwiegend durch jemenitische Fischer (die dieses Geschäft seit Jahrzehnten betreiben) hat den Haibeständen der Gegend erheblich zugesetzt. Viele Taucher glauben, daß die Haie in größere Tiefen gezwungen wurden, jenseits der Reichweite der Netze - aber leider auch der Taucher.

Der Haifang dient in erster Linie dem ostasiatischen Markt - mit den als Aphrodisiakum geltenden Haiflossen. Es ist eine erschreckende Verschwendung. Nur Flossen und Schwanz werden verwendet, den Rest läßt man verkommen. Im Dahlak-Archipel sind an den Stränden verwesende Haikadaver ein betrüblich häufiger Anblick geworden.

Jüngste Grenzstreitigkeiten zwischen Jemen und Eritrea verringern die Aktivitäten in eritreischen Gewässern vielleicht, aber selbst dann wird es viele Jahre dauern, bis Haie dort wieder zum gewohnten Bild gehören.

Dieser Seidenhai, Carcharias falciformis, hat eine gewaltige Narbe.

Oben: *Farbenprächtige Weichkorallen (Dendronephthya sp.).*
Unten: *Eine Nahaufnahme enthüllt die feinen Verästelungen der Weichkoralle.*

WIE MAN HINKOMMT

Mit dem Flugzeug: Eritrea wird von mehreren internationalen Fluggesellschaften angeflogen, ausnahmslos über Asmara. Ethiopian Airlines ist eine der größten internationalen Gesellschaften der Region; auch Egypt Air und Lufthansa bieten einige Flüge an. Von vielen Städten im Mittleren Osten und Europa gibt es Direktflüge mit mehr oder weniger guten Anschlüssen in andere Teile der Welt.

Der Verkehr im Land erfolgt im wesentlichen über ein gutes lokales Bussystem, dessen Zentrum der Busbahnhof in Asmara an der Avenue Meneliki hinter dem Markt ist. Dieses Rückgrat des eritreischen Verkehrs wird ergänzt durch Taxis, Kleinbusse und private Autovermieter.

Für den Taucher ist die 115 km lange Küstenstraße Asmara - Massaua die wichtigste Verbindung; dort befinden sich die Taucheinrichtungen des Landes. Trotz der kurzen Entfernung ist die Fahrt zeitraubend. Die Straße zwischen den beiden Städten überwindet sage und schreibe 2.347 Höhenmeter und führt in zahllosen Serpentinen über den Gebirgszug, der die Küste vom Hochplateau trennt.

Die Busse brauchen drei bis fünf Stunden für die Strecke, je nach Verkehrsdichte und Baustellen. Mit dem Personenwagen dauert die Fahrt etwa zwei Stunden. Wichtig zu wissen ist, daß die öffentlichen Busse nicht nach Fahrplan fahren, sondern losfahren, wenn sie voll sind. Man muß also unter Umständen lange warten, bis es losgeht.

Eine andere Möglichkeit ist der Massaua-Pendelbus an den Wochenenden, den der eritreische Tour Service in Asmara einsetzt. Er ist schneller und bequemer als der Bus und billiger als ein Mietwagen oder Taxi.

Wer etwas mehr von dem faszinierenden Land sehen möchte (und wer wollte das nicht?), kann das flächendeckende öffentliche Busnetz nutzen, das bei weitem angenehmste und billigste Verkehrsmittel.

WO MAN ABSTEIGEN KANN

Massaua, der Hauptausgangspunkt für Taucher in Eritrea, bietet glücklicherweise zahlreiche Unterkunftsmöglichkeiten. Die Stadt war nach dem langen Unabhängigkeitskrieg ein Trümmerfeld, und die heutige Infrastruktur wurde seit 1991 fast völlig neu aufgebaut.

Die Top-Hotels wie das **Dahlak** und das **Central** sind recht feudal mit Bars und Restaurants westlicher Prägung. Häuser der mittleren Kategorie wie das ausgezeichnete und preiswerte **Corallo Hotel** sind nicht so luxuriös, haben jedoch angenehme Zimmer mit guten sanitären Einrichtungen und aufmerksamem, wenn auch gemächlichem Service. Ebenfalls zu dieser Kategorie gehört das **Luna**, auch wenn die Preise offenbar

etwas willkürlich festgesetzt werden.

Die Billigangebote in Massaua sind wirklich sehr einfach - spartanische Zimmer, Gemeinschaftsbad und dubiose hygienische Zustände sind die Merkmale dieser Unterkünfte. (Wer auch nur ein bißchen Komfort wünscht, nimmt besser ein teureres Hotel.)

Zu den billigen Hotels gehören das **Asmara** beim Hafen und das **Ghedem** gegenüber dem alten Bahnhof auf der Insel Taulud.

Massaua

Asmara Hotel, Massaua, Eritrea, Nordostafrika. **Central Hotel**, Taulud Island, Massaua, Eritrea, Nordostafrika. **Corallo Hotel**, Massaua, Eritrea, Nordostafrika; Tel. 552 406. **Dahlak Hotel**, Massaua, Eritrea, Nordostafrika; Tel. 552 818, Fax 122 595 (Asmara). **Ghedem Hotel**, Taulud Island, Massaua, Eritrea, Nordostafrika. **Luna Hotel**, Massaua, Eritrea, Nordostafrika; Tel. 552 272.

Als Stützpunkt für Tauchtrips ist das **Luul Hotel** auf Dahlak Kebir interessant. Eine kleine, nette Unterkunft hauptsächlich für Wochenendtaucher in makellos sauberen, wenn auch etwas eintönige Fertighütten. Neue Unterkünfte aus heimischen versteinerten Korallen sind geplant, die hoffentlich etwas mehr Atmosphäre haben (die Korallen kommen aus Steinbrüchen im Landesinnern, nicht von den Riffen).

Luul Hotel, Dahlak Kebir, c/o Eritrean Shipping Lines, PO Box 1110, Asmara, Eritrea, Nordostafrika; Tel. 291 1 120 359, Fax 291 1 120 331. Büro Massaua Tel. 552 475.

Asmara

Je nach Flugverbindung ist es durchaus möglich, daß Sie bei der Hin- oder Rückfahrt wenigstens eine Nacht in Asmara verbringen müssen. Zu den Spitzenhotels gehören das **Hamasien** und das **Ambasoira**. In der mittleren Kategorie gibt es das **Ambassador** und das herrlich koloniale **Keren Hotel**. Gut, sauber und preiswert ist das freundliche **Legese Hotel**.

Ambasoira Hotel, Asmara, Eritrea, Nordostafrika; Tel. 123 222, Fax 122 595. Hat einen zentralen Reservierungsservice für alle staatlichen Hotels wie das Hamasien, das Keren und das Dahlak in Massaua. **Ambassador Hotel**, Asmara, Eritrea, Nordostafrika; Tel. 126 544. **Hamasien Hotel**, Asmara, Eritrea, Nordostafrika; Tel. 123 411, Fax 122 595. **Keren Hotel**, Asmara, Eritrea, Nordostafrika; Tel. 122 766, Fax 122 595. **Legese Hotel**, Asmara, Eritrea, Nordostafrika; Tel. 125 054.

WO MAN ESSEN KANN

Alle Hotels der mittleren und oberen Kategorie in Massaua haben Restaurants unterschiedlicher Qualität und Preisklasse. Das **Dahlak Hotel** bietet ordentliche, wenn

auch teure Teigwaren und Steaks, das **Luna Hotel** genießt in der Stadt einen guten Ruf. Das **Eritrean Restaurant** in der Innenstadt serviert billig und sehr gut Teigwaren, Steaks, Grillfisch und Salate. Ebenfalls eine Attraktion ist das Fischrestaurant **Salaam** tief im alten Viertel von Massaua. An wackligen Tischen auf der Straße vor dem ganz einfachen Lokal bekommt man einen der besten gegrillten Fische am Roten Meer. Die Preise sind sehr zivil, die Portionen mächtig.

Cafés gibt es in der gesamten Altstadt, eine gute Auswahl an der Hauptstraße in der Nähe des Fernmeldeamts und der Moschee. Die meisten bieten Snacks und Mittagessen und, wie in ganz Eritrea, einen hervorragenden Espresso, ein Erbe der italienischen Kolonialherren.

Abends ist die Terrasse vor dem **Dahlak Hotel** mit Blick über die Bucht ein netter Ort für ein Bier, ebenso die zwanglose Terrassenbar im **Corallo**, ein Treffpunkt für Touristen und Einheimische beim kühlsten Bier der Stadt. Etwas lebhaftere Unterhaltung findet man in der Dachdisko im Stadtzentrum (einfach der Musik folgen), wo es recht turbulent zugeht, wenn ein Schiff im Hafen liegt.

Im **Luul Hotel** auf Dahlak Kebir gibt es Vollpension - andere Hotels oder Restaurants hat die Insel nicht. In Asmara sind die Straßen gesäumt von guten Cafés und Restaurants, so daß Sie sicher etwas finden.

TAUCHEINRICHTUNGEN

Die Tauchinfrastruktur in Eritrea steht noch nicht hundertprozentig. Sie baut auf den alten militärischen Grundlagen auf, entwickelt sich langsam in kommerzieller Richtung und wird hoffentlich bald professionell und touristenorientiert arbeiten. Die **Eritrean Shipping Lines**, ein kommerzielles Schiffahrtsunternehmen, treibt die Entwicklung des Tauchens voran. Zu den aktuellen Projekten gehören der Bau eines Hotels und Tauchzentrums neben dem alten Kaiserpalast, das 1996 fertig sein sollte. Das Unternehmen ist außerdem an einigen Hotels und dem luxuriösen Tauchkreuzfahrtschiff *Nobile* beteiligt und betreibt das Luul Hotel und die Tauchbasis auf Dahlak Kebir.

Das Tauchen bei den Inseln ist generell auf zwei Möglichkeiten beschränkt: Wochenend- oder längere Fahrten mit Unterkunft im Luul Hotel auf verschiedenen Schiffen der Eritrean Shipping Line einschließlich schneller Außenborder und eines umgebauten ägyptischen Fischerbootes; oder die teurere Variante mit der gutausgerüsteten *Nobile*. Auf jeden Fall sollte man im voraus buchen. Da die Tauchinfrastruktur noch nicht entsprechend aufgebaut ist und die Einrichtungen noch nicht auf Laufkundschaft eingestellt sind, braucht der lokale Tauchveranstalter reichlich Vorlaufzeit, um einen vernünftigen Tauchtrip zu arrangieren.

Die Ausrüstung ist kein Problem. Die Eritrean Shipping Lines sind modernst und umfassend ausgerüstet und die *Nobile* ist ebenfalls gut bestückt. Reparaturen sind jedoch schwierig, da der nächste reguläre Tauchshop ein paar tausend Kilometer entfernt ist. Wenn etwas kaputtgeht, sollte man das eigene Ersatzzeug dabeihaben. Wer die eigene Ausrüstung mitnimmt, sollte unbedingt die richtigen Ersatzteile mitführen.

Tauchunterricht gibt es nicht, aber wenn Sie das hier lesen, werden bestimmt schon anerkannte Tauchlehrer bei dem Veranstalter arbeiten.

Eritrean Shipping Lines, PO Box 1110, Asmara, Eritrea, Nordostafrika; Tel. 291 1 120 359, Fax 291 1 120 331. Oder: Büro Massaua 552 475. Preise sind noch nicht festgelegt, aber ein Tauchgang ohne Ausrüstung wird wohl etwa 100 Birr kosten.

Jacht Nobile, c/o Dahlak Hotel, Massaua, Eritrea, Nordostafrika; Tel. 552 818. Tagesfahrten ab 50 US-$ pro Person; private Charterreisen ab 125 US-$ pro Person und Tag (kleinere Gruppen zahlen mehr); 10 Tauchgänge im Paket 230 US-$. 1 Tauchgang 40 US-$. Komplettausrüstung 24 US-$.

Übrigens: Alle ausländischen Besucher der Inseln im offenen Meer brauchen eine Genehmigung des Ministeriums für Tourismus. Sie kostet 10 US-$ pro Tag, es sind mindestens drei Tagessätze zu entrichten. Taucher müssen in Begleitung eines örtlichen Tauchführers sein. Normalerweise erledigt der Veranstalter diese Formalitäten, aber jeder ist dafür verantwortlich, daß die Bestimmungen beachtet werden.

FILMENTWICKLUNG

In Massaua gibt es einige Fotostudios, die Farb- und Dia-Filme verkaufen. Preis und Qualität sind in Ihrem Heimatland allerdings sicher besser. Sie lassen die Bilder daher am besten zu Hause entwickeln.

KRANKENHÄUSER

Das **Italian Hospital** in Asmara ist die beste ärztliche Einrichtung in Eritrea; wer behandelt werden muß, sollte sich in die Hauptstadt begeben. Aber bedenken Sie, daß Asmara 2347 m hoch liegt; bei Verdacht auf Caissonkrankheit sollte eine Überstellung der Opfer dorthin unterbleiben.

TAUCHNOTFÄLLE

Es gibt zwar eine **Dekompressionskammer**, aber bis vor kurzem kein Bedienungspersonal. Diese Situation wird jetzt korrigiert, wobei israelische Experten für die Ausbildung sorgen. Tauchnotfälle sollten an das Tauchteam der Eritrean Shipping Lines oder an die Forschungsstation des Department of Marine Resources übergeben werden.

LOKALE BESONDERHEITEN

In der Region Massaua sind die herrlichen **Strände** und die faszinierenden Seitenstraßen der **Altstadt** mit ihren unzähligen Läden und Cafés die größte Attraktion. Außerdem gibt es einen schönen überdachten Markt und verschachtelte Gebäude aus der Zeit der Türken in jedem Erhaltungszustand.

Die drei **Panzer** beim Damm zum Festland bildeten die Vorhut beim letzten Angriff der eritreischen Volksbefreiungsfront auf Massaua. Sie stehen dort, wo sie anhielten, als Erinnerung an die Kämpfer, die bei der Befreiung der Stadt fielen. Auch sonst erinnert vieles an den Konflikt. Gegen Ende des Krieges gab es in Massaua kaum noch ein unbeschädigtes Haus.

Weiter draußen hat Eritrea viel Interessantes zu bieten, von der italienisch angehauchten Pracht **Asmaras** bis zur Ruhe der Bergstation **Keren**. Eritrea ist ein kleines Land, beherbergt aber eine Fülle von Sehenswürdigkeiten, von den Regionen der Wüstenstämme in Denkalia bis zum Süden, durch die geschichtlichen Handelszentren der Küstengebiete hinauf in den zerklüfteten östlichen Steilhang und quer über das Hochplateau hinunter in die Niederungen im Westen.

Egal wohin Sie sich auf diesem geographischen Teppich wenden, Sie finden offene freundliche Menschen, deren Gastfreundschaft eine lange Tradition hat, und die stolz auf ihren neuen Staat sind. Die Menschen machen Eritrea so einzigartig, und man sollte jede Gelegenheit nutzen, sie kennenzulernen.

ANDERES TAUCHEN

Tauchen in Eritrea kann äußerst lohnend sein, aber wer hierher kommt und kristallklares Wasser und Korallenwände sucht wie im Norden des Roten Meeres, wird enttäuscht.

Taucher im Westen halten das Rote Meer oft für ein einheitliches Tauchgebiet. Ein Blick auf die Karte müßte zeigen, wie irrig das ist. Die gewaltigen Entfernungen und die unterschiedlichen topographischen und marinen Bedingungen bedeuten, daß das Tauchen im Roten Meer von Region zu Region anders ist.

In Eritrea liegt die ganze Küste an einer geologischen Erhebung, was sehr flaches Wasser zur Folge hat. Selbst die küstenfernen Inseln gehören zu diesem flachen Sockel. Für die Taucher bedeutet das stark reduzierte Sicht durch Sedimentation und Mikroorganismen im warmen Wasser sowie ungünstige Bedingungen für das Korallenwachstum, was zu großflächiger Riffbildung führt.

Das heißt ganz und gar nicht, daß Tauchen in Eritrea uninteressant wäre. Es gelten einfach andere Maßstäbe. In diesem Fall sind nicht spektakuläre Riffwände und grenzenlose Sicht das Reizvolle, sondern eine vielfältige Meeresflora, die durch dreißig Jahre Krieg geschützt wurde, in denen das Meer praktisch unberührt blieb. Viele westliche Wissenschaftler arbeiten hier, und die Gründe, warum sie sich für Eritrea entschieden haben, sind auch für jeden Taucher stichhaltig, der sich weniger für schöne Landschaften als für die Erkundung der Meeresökologie interessiert.

Riesenmuränen (G. javanicus) können bis zu 2,4 m lang werden.

SCORPAENIDAE - STEINFISCHE, DRACHENKÖPFE UND FEUERFISCHE

Diese Riffbewohner sind nicht aggressiv und fressen kleine Fische und Krebse. Sie haben Giftstacheln an den Rückenflossen, die schmerzhafte Stichverletzungen verursachen, wenn man mit ihnen in Berührung kommt. Die Gefahr für den Taucher besteht darin, daß diese Fische perfekt getarnt sind.

Die Stiche sind zwar äußerst schmerzhaft, für einen Erwachsenen aber selten tödlich. Bei Stichverletzungen sollte man das Opfer sofort aus dem Wasser bringen und die betroffene Fläche in sehr heißem Wasser baden. Danach sollte sofort ein Arzt aufgesucht werden.

STECHROCHEN

Diese Bodenbewohner besitzen zwar einen tückischen Giftstachel am Schwanzansatz, sie sind im allgemeinen jedoch passiv. Gefährlich sind ihre Abwehrreaktionen, wenn man sie unvorsichtigerweise mit Händen oder Füßen berührt; Stechrochen sind oft unter einer dünnen Sandschicht verborgen und damit nicht vom Meeresboden zu unterscheiden. Kleine Rochen verstecken sich auch in Höhlen und Spalten, Taucher sollten also aufpassen, wenn sie irgendwo hineinfassen. Die Behandlung bei Verletzungen entspricht der bei Scorpaenidae.

HAIE, AALARTIGE UND BARRAKUDAS

Keines dieser Tiere greift einen Taucher an. Alle bekannten Unfälle sind offenbar die Folge von irrtümlich ausgelöster Abwehr oder Freßverhalten. Blutende Wunden und tote Fische, die Taucher bei sich haben, fordern bekanntermaßen Angriffe heraus. Barrakudas werden offenbar auch von blinkenden, glitzernden Gegenständen wie Schmuck angelockt.

Taucher sollten respektvollen Abstand zu großen Raubfischen halten und abrupte Bewegungen vermeiden, die als Bedrohung aufgefaßt werden könnten. Haie, die deutlich zickzack schwimmen, geben zu verstehen, nicht näher zu kommen, und sollten mit größ-ter Vorsicht behandelt werden. Jedes Tier, das sich bedroht fühlt, versucht, durch Angriff die Gefahr zu vertreiben. Alles, was ein Maul hat, beißt, wenn es entsprechend gereizt wird, egal ob Meeresschildkröte, Drücker-, Papagei- oder Anemonenfisch.

NESSELTIERE

Quallen, Feuerkorallen und nesselnde Hydrozoen können unbedachten Tauchern schmerzhafte Verletzungen und Ausschlag durch Nesseln zufügen. Berührungen mit der bloßen Haut führen zu schmerzhaftem Brennen und häufig einem brennenden Ausschlag, der sich tagelang halten kann. Einige Quallenarten können für den Menschen tödlich sein, aber die meisten Nesseltiere fügen nesselnde Verletzungen zu. Die Behandlung bei Nesselverletzungen sieht vor, die Wunde von den Nesselkapseln zu säubern und die betroffene Fläche dann mit Essig zu betupfen. Es sind einige schmerzlindernde Sprays und Salben auf dem Markt, zum Teil speziell für Nesseln durch Meerestiere.

SEEIGEL

Diese Bodenbewohner sind eigentlich harmlos, bis man auf sie tritt oder sie mit der bloßen Hand berührt. Die äußerst spröden Stacheln dringen in die Haut ein, brechen meistens in der Wunde ab und verursachen starke Beschwerden. Aus der Haut ragende Stacheln sollten mit einer Pinzette vorsichtig entfernt werden; ansonsten ist die übliche Methode, mit einem schweren Gegenstand kräftig auf die betroffene Fläche zu schlagen und den Stachel dadurch zu zerstören. Viele Fischer schwören darauf, die Wunde mit Öl zu behandeln, das so stark erhitzt wird, daß es fast die Haut verbrennt.

KORALLENSCHNITTE

Schnittwunden von Korallen können sich bei tropischem Klima schnell stark entzünden. Selbst kleine Kratzer sollten mit einer antibiotischen Salbe behandelt und möglichst trocken gehalten werden.

Oben: *Die Giftstacheln des Steinfisches (Synanceia horrida) können gräßliche Schmerzen verursachen.*
Unten: *Halten Sie Abstand zu den Korallen - beobachten Sie, aber berühren Sie nichts.*

Der Lebensraum Meer

KORALLEN UND RIFFE

Tropische Riffe bestehen überwiegend aus Korallen, wirbellosen Tieren, die entfernt mit den Seeanemonen verwandt sind. Die meisten Korallen, die zum Riffbau beitragen, sind kolonienbildend, d. h. zahlose Einzeltiere - Polypen - bilden einen einzigen Tierstock. Die Polypen produzieren Kalkskelette; in einer Kolonie bilden unzählige von ihnen große Kalksteinbauten, die zu Riffen hochwachsen.

Wenn Korallen absterben, bleiben einige der Skelette intakt und lassen das Riff wachsen. Spalten und Löcher füllen sich mit Sand und den kalkhaltigen Resten anderer Riffpflanzen und -tiere, langsam verfestigt sich das Ganze, und neue Korallen wachsen auf der alten Masse. Wirklich lebendig ist also nur die äußerste Schicht des wachsenden Riffs.

Die meisten Korallenarten wachsen langsam, nur etwa 1-10 cm pro Jahr. Ab einem bestimmten Alter können sie sich fortpflanzen; sie setzen winzige Larven frei, die unter Umständen mehrere Wochen mit dem Plankton im Meer treiben, bis sie sich festsetzen und weiter am Wachstum des Riffs arbeiten. Die Formen der Korallen sind ganz verschieden, je nach der Art und Stelle auf dem Riff, wo sie wachsen.

Kolonien haben einen Durchmesser von wenigen Zentimetern bis zu mehreren Metern und sind oft viele hundert Jahre alt. Einige sind verzweigt oder buschig, andere baumartig, wieder andere haben die Form von Platten, Tischen oder blattähnliche Strukturen. Noch andere bilden Krusten, sind lappig, abgerundet oder massiv.

Winzige einzellige Pflanzen, Zooxanthellen genannt, sind für Wachstum und Gesundheit vieler Korallen von großer Bedeutung. Sie sitzen zu Millionen im lebenden Gewebe der meisten riffbildenden Korallen (und auch anderer Rifftiere, wie etwa der Riesenmuscheln). Riffkorallen filtern zwar Plankton aus dem Wasser, ein erheblicher Teil ihrer Nahrung stammt jedoch direkt von den Zooxanthellen. Daher wachsen Korallen am besten im seichten, gutdurchlichteten Wasser, das die Zooxanthellen bevorzugen.

Riffarten

Die Kalkskelette der Korallen können unterschiedliche Rifftypen entstehen lassen:
- Saumriffe
- Fleckenriffe, Bänke und Untiefen
- Barriere- oder Wallriffe
- Atolle

Saumriffe

Saumriffe entstehen im Flachwasser in Landnähe, normalerweise in 15-45 m Tiefe, was unter anderem vom Profil und der Tiefe des Meeresbodens sowie der Wasserklarheit abhängt.

Fleckenriffe, Bänke und Untiefen

Theoretisch können Riffe überall entstehen, vorausgesetzt der felsige Grund ist irgendwann so dicht an der Oberfläche gewesen, daß Korallen sich festsetzen und wachsen konnten. Die Meeresspiegel können seitdem beträchtlich gestiegen sein, oder es hat andere geographische Veränderungen gegeben, die den Meeresboden abgesenkt haben; auf jeden Fall existieren Riffe an vielen Stellen auf dem Meeresgrund als isolierte Hügel. Fleckenriffe sind von einigen zig bis zu mehreren tausend Metern groß und kommen mit der Spitze bis wenige Meter unter die Oberfläche - einige ragen sogar aus dem Wasser und werden von einer Sandbank gekrönt. Fleckenriffe weiter draußen im mehrere hundert Meter tiefen Meer, die bis 20 m oder weniger unter die Oberfläche reichen, werden oft auch als Bänke oder Untiefen bezeichnet.

Barriereriffe

Barriereriffe kommen am Rand von Inseln oder Kontinentalsockeln vor und sind gewaltige Bauten. Der Hauptunterschied zum Saumriff ist neben der Größe der, daß sie durch einen breiten, tiefen Strandkanal (Lagune) von der Küste getrennt sind. Der äußere Rand der Barriere fällt steil ins Meer ab. Ursprünglich entstanden diese Riffe im seichten Wasser; als dann die Meeresspiegel stiegen, wuchsen sie weiter empor, so daß der lebende Teil ganz oben immer nahe der Oberfläche war.

Atolle

Atolle sind Millionen Jahre alte Gebilde und haben die Gestalt ringförmiger Riffe, die eine flache Lagune einschließen und außen steil in die Tiefsee abfallen. Atolle waren zunächst Saumriffe um Vulkaninseln herum und wuchsen weiter, als das Fundament langsam im Wasser versank.

LEBEN IM RIFF
Riffzonen und Lebensräume

Man kann ein Riff in mehrere Zonen unterteilen, wobei Dinge wie Tiefe, Profil, Entfernung von der Küste, Wellengang und Art des Meeresbodens eine Rolle spielen. Jede Zone hat ein für sie typisches marines Leben.

Hinterriff-Bereich und Lagune

Hinterriff-Bereich und Lagune machen den Bereich zwischen Ufer und seewärtigem Riff aus. Hier besteht der

Links: *Fahnenbarsche und Steinkorallen.*

Boden im allgemeinen aus Sand, Korallenschutt, Kalksteinbrocken und lebenden Korallenkolonien. Die Wassertiefe liegt zwischen einigen und 50 Metern oder mehr, und die Lagune kann ein paar hundert, aber auch ein paar tausend Quadratmeter groß sein. Die größten und tiefsten Lagunen gibt es bei Barriereriffen und Atollen; sie können mit Inseln und kleineren Riffen durchsetzt sein.

Der Bereich innerhalb der Lagune ist offensichtlich geschützter als der vor dem seewärtigen Riff und auch Ablagerungen stärker ausgesetzt. Hier findet man viele schöne Meerespflanzen; die Korallen sind meistens zerbrechlich und verzweigt. Oft findet man große Seeanemonen, und Weichkorallen und „falsche Korallen" bedecken gern den Meeresboden. Vor allem dort, wo Strömungen sind, kann man ausgedehnte Seegrasflächen antreffen, die einzigen Blütenpflanzen im Meer. Zu den vielen Tierarten, die auf Seegraswiesen zu Hause sind, gehören auch die längsten Seegurken, die man in Riffen findet.

Es fehlen zwar einige typische Rifffische, aber es herrscht kein Mangel an interessanten Arten. Umherziehende Jäger - Schnapper, Lipp-, Drücker-, Kaiserfische und andere - suchen nach Würmern, Krebsen, Schnecken, Seeigeln und kleinen Fischen. Außerdem gibt es bodenbewohnende Fische, die sich völlig im Sand vergraben und nur zum Fressen hervorkommen.

Sehr unterhaltsam, wenn man sie entdeckt, sind die kleinen Wächtergrundeln, die in Gemeinschaft mit Pistolenkrebsen leben. Dabei ist der Krebs der Baumeister, die Wächtergrundel, die am Eingang des Gangsystems steht, der Aufpasser. Der kleine, wachsame Fisch verschwindet bei der geringsten Störung sofort in den Gang. Der Krebs, der schlecht sieht, mit seinen Fühlern aber Kontakt zur Wächtergrundel hat, wird so ebenfalls gewarnt und zieht sich auch in den Gang zurück.

Das Riffdach

Ein Riffdach entsteht, wenn das dazugehörige Riff ständig seewärts wächst und Kalksteinflächen hinterläßt, die durch die Meerestätigkeit erodiert und eingeebnet werden. Das Riffdach ist in erster Linie ein Gezeitenbereich, in dem man bei Flut aber gut schnorcheln kann.

Der Innenbereich des Riffdachs ist die vor den Wellen am besten geschützte Zone, in der man Tümpel voller Korallen und kleiner Fische finden kann. Häufig zu sehen sind „Mikroatolle" der Korallengattung Porites, deren typische Ringform das Ergebnis seichten Wassers und starker Sonneneinstrahlung ist, die das Höhenwachstum der Koralle verhindern. Im tieferen Wasser und am Riffrand bildet die gleiche Koralle mächtige, runde Kolonien.

Außen am Riffdach, wo die Wellentätigkeit weit stärker ist, sind die Flächen oft mit Rotalgen überkrustet, an anderen Stellen findet man Fadenalgen, die von Fischen, Seegurken, Schnecken und anderen Tieren abgeweidet werden. Einige Fische sind ständige Riffdachbewohner, andere, wie manche Papagei- und Doktorfische, halten sich meist im tieferen Wasser auf und bevölkern das Riffdach erst mit steigender Flut.

Die seewärtige Rifffront

Die meisten Taucher beachten die der Küste zugewandten Riffbereiche überhaupt nicht, sondern nur die seewärtigen, weil sie dort mehr zu sehen hoffen. Gutdurchlichtetes, sauberes, planktonreiches Wasser bietet den Korallen, die ihrerseits sehr komplexe Lebensräume darstellen, beste Wachstumsbedingungen. Die Vielfalt ist grenzenlos, von Gärten mit verzweigten Korallen bis zu Steilwänden, die mit Weichkorallen und Gorgonien bewachsen sind.

Die obersten 20 m der seewärtigen Riffe sind besonders artenreich. Farbenprächtige Riff- und Fahnenbarsche umschwärmen die Korallen. Unglaublich gemusterte Falterfische suchen in Spalten nach Nahrung oder zupfen an Korallenpolypen - viele haben dafür eigens eine verlängerte Schnauze. Papageifische beißen und schaben dagegen an den Korallen und hinterlassen helle Narben.

Die Arten im offenen Wasser wie Füsiliere, Schnapper und Haie legen auf der Suche nach Nahrung recht große Strecken zurück, und Lippfische suchen weite Riffbereiche ab. Aber viele Arten sind mehr oder weniger ortsgebunden und gehen gelegentlich sogar auf einen Taucher los, wie z. B. Anemonenfische (Amphipiron sp.).

Außer Fischen gibt es noch unendlich viel mehr zu sehen. Jeder freie Fleck auf dem Riff wird sofort besiedelt, und stellenweise sind die Stöcke mit großen Organismen bedeckt, die mehrere hundert Jahre alt sein können. Diese sessilen Riffbewohner sind außer auf die allgegenwärtigen Algen hauptsächlich auf im Wasser treibende Nahrung angewiesen. Korallen und ihre engen Verwandten - Seeanemonen, Gorgonien und Schwarze Korallen - fangen mit ihren feinen Nesselzellen Plankton. Seescheiden und Schwämme filtrieren das Plankton aus, wenn das Wasser durch besondere Kanäle in den Körperwänden strömt. Andere Organismen wie z. B. die Spiralröhrenwürmer filtrieren die Nahrung mit ihrem Tentakelkranz aus dem Wasser.

Neben den Fischen und sessilen Organismen gibt es im Riff eine Unmenge anderer Lebensformen zu beobachten. Zwischen den Korallenzweigen leben winzige Krabben, und größere klemmen sich in geeignete Ritzen. Langusten verbergen sich in Höhlen und kommen nachts zur Nahrungssuche heraus. Auch Schnecken sieht man am Tage nicht allzu oft, dabei sind sie sehr zahlreich, vor allem in den flacheren Riffbereichen; viele von ihnen sind klein, aber zuweilen sieht man auch ein größeres Exemplar wie das Tritonshorn (Charonia tritonis).

Leicht zu entdecken unter den mobilen Wirbellosen sind die Stachelhäuter. Die ursprünglichste Form sind die Haarsterne mit langen, feinen Armen, die gelb, grün, rot oder schwarz gefärbt sein können. Der bekannteste Seeigel ist die schwarzgefärbte Art, die in flachen Riffbereichen lebt und für jeden, der über das Riff läuft, unangenehm werden kann.

Viele der kleinen, farbenfrohen Seesterne, die über das Riff wandern, ernähren sich von einem Film aus Detritus und Mikroorganismen, der die Riffe überzieht.

Andere sind Fleischfresser, die von Schwämmen, Moostierchen oder auch lebenden Korallenpolypen leben. Welchen Schaden sie anrichten, hängt von ihrer Größe, Gefräßigkeit und Populationsdichte ab. Potentiell am schädlichsten ist die Dornenkrone.

Ob auffällig oder schlicht, ob pfeilschnell oder sessil, alle Lebensformen im Riff sind Teil eines ausgewogenen Ökosystems. Nur der Taucher nicht: Er ist ein Eindringling, wenn auch ein wohlmeinender. Und er sollte deshalb sowenig stören und zerstören wie möglich.

SCHUTZ DER MEERE

Riffe sind wichtig für die Einheimischen, als Fischgründe und Lieferant anderer wichtiger Naturprodukte. Leider sind sie in den letzten Jahrzehnten durch den Menschen zunehmend unter Druck geraten und zeigen demzufolge stellenweise deutliche Schäden.

Korallen wachsen langsam. Werden sie beschädigt oder entfernt, brauchen sie Jahre, um sich zu erholen. Von Zeit zu Zeit richten sturmgepeitschte Wellen Unheil unter den Korallen an, vor allem im Taifungürtel. Aber der Mensch ist zuweilen ähnlich zerstörerisch, etwa wenn er mit Dynamit fischt oder Korallen sammelt, um sie zu verkaufen.

Überfischen ist eine weitere tödliche Gefahr für die Riffe und hat in manchen Bereichen bereits zu bedrohlichen Rückgängen einzelner Arten geführt. Überfischen kann auch das Gleichgewicht des örtlichen Ökosystems stören; die Abnahme pflanzenfressender Fische z. B. kann eine explosionsartige Zunahme der Algen bewirken, von denen diese Art lebt, so daß die Riffkorallen überwuchert werden können und so geschädigt werden.

Einige Gegenden werden durch Verschmutzung beeinträchtigt, insbesondere in der Nähe von Ballungszentren. Korallen und andere Rifflebewesen sind anfällig für schmutziges, sedimentreiches Wasser und laufen Gefahr zu ersticken, wenn sich Schlamm auf dem Boden absetzt. Abwässer, Nährstoffe von Düngemitteln und andere organische Stoffe, die ins Meer gelangen, fördern das Algenwachstum manchmal so stark, daß Korallen überwuchert werden und absterben.

Obwohl Taucher, wie andere Riffbesucher auch, einfach nur ihre Freude haben möchten und die meisten von ihnen umweltbewußt sind, haben der Tourismus und die Entwicklung generell viele Probleme für die Riffe gebracht. Häfen, Molen und Deiche werden manchmal so dicht an Riffe herangebaut - oder sogar darauf! -, daß sich die Umwelt drastisch verändert und ganze Riffpopulationen verkümmern. Ausflugsboote beschädigen Korallen oft durch unachtsames Fahren oder Ankern. Und auch Taucher können unabsichtlich Schäden anrichten, wenn sie über ein Riff schwimmen.

Das wachsende Umweltbewußtsein hat zum Ökotourismus geführt, dessen Grundsatz oft so zusammengefaßt wird: „Nimm nur die Erinnerung mit und hinterlasse nichts als Fußabdrücke." Aber auch Fußabdrücke, ja jede Berührung, kann gerade bei Korallen und den Arten, die von ihnen leben, Schäden anrichten. Man praktiziert Ökotourismus wohl besser so, daß der Tourismus und die Touristen die Branche dazu bringen, sich ökologisch selbst zu erhalten. Die notwendigen Investitionen sind minimal, und danach stellen sich auch die so dringend benötigten Arbeitsplätze für die einheimische Bevölkerung ein. Auf lange Sicht wäre der Gewinn höher als beim Abholzen von Wäldern und Überfischen.

Taucher und auch viele Tauchlehrer und Urlaubsorte bemühen sich um den Schutz der Riffe und marinen Ökosysteme, aber wir alle müssen irgendwo essen und schlafen. Wird eine kleine Ferienanlage ohne Abfallaufbereitung gebaut, werden die nahen Riffe vielleicht nicht irreparabel geschädigt; aber wenn diese Riffe dann immer mehr Taucher anlocken und weitere Anlagen entstehen, muß eine strenge Überwachung erfolgen.

Bei der Diskussion über den Ökotourismus denken wir in großen Zusammenhängen. Man vergißt zu leicht, daß Touristen und Taucher keine formlosen Gruppen sind, sondern Individuen mit individueller Verantwortung und individuellen Entscheidungen. Die Riffe ökologisch zu erhalten, hängt von jedem einzelnen ebenso ab wie von den Betreibern der Tauchschulen und Ferienanlagen. Und so können Sie als Taucher mithelfen, die Riffe zu schützen, die Ihnen so viel geben:

- Versuchen Sie, nicht mit lebenden Meeresorganismen in Berührung zu kommen. Achten Sie besonders auf Ihre Flossen, die extrem viel Schaden an Korallen anrichten können. Setzen Sie die Flossen im Riff behutsam ein, denn die Wasserwirbel können empfindliche Organismen beeinträchtigen.

- Lernen Sie, sich richtig zu tarieren - viel Schaden wird von Tauchern angerichtet, die zu schnell absteigen oder durch falsches Tarieren auf Korallen stürzen. Achten Sie auf richtiges Tarieren und bemühen Sie sich um einen neutralen Auftrieb. Wenn Sie länger nicht getaucht sind, üben Sie dort, wo Sie nichts zerstören können.

- Vermeiden Sie, Sand aufzuwirbeln. Er kann Korallen ersticken. Auch Schnorchler sollten beim Wassertreten in seichten Korallenregionen keinen Sand aufwirbeln.

- Stellen Sie sich nie auf Korallen, auch wenn sie stabil aussehen. Lebende Polypen leiden unter der leichtesten Berührung.

- Falls Sie die Kontrolle verlieren und mit einer Koralle zusammenzustoßen drohen, stützen Sie sich mit den Fingerspitzen auf einem algenbewachsenen oder toten Korallenfleck ab. Wenn Sie etwas an Ihrer Ausrüstung richten müssen, tun Sie das auf Sand abseits von Korallen.

- Sammeln oder kaufen Sie keine Muscheln, Korallen, Seesterne oder sonstige Meeresandenken.

- Bringen Sie Ihren Abfall von Ausflügen zur Entsorgung an Land zurück.

- Seien Sie in Unterwasserhöhlen behutsam. Taucher richten Schaden an, wenn sie in Massen in Höhlen eindringen; schwimmen Sie also nur hinein, wenn wenig Betrieb ist. Halten Sie sich nicht zu lange dort auf: Luftblasen sammeln sich an der Decke und empfindliche, dort lebende Organismen können in der Luft „ertrinken".

- Wenn Sie eine Bootstour buchen, fragen Sie nach der Einstellung des Veranstalters zu Umweltfragen, vor allem was den Abfall und das Ankern angeht. Meiden Sie umweltfeindliche Veranstalter.
- Beteiligen Sie sicht nicht am „Sportfischen" mit Harpunen - das in vielen Ländern ohnehin inzwischen verboten ist. Wenn Sie auf einem Boot leben und Fische als Nahrung harpunieren müssen, sorgen Sie dafür, daß Sie waidgerecht jagen und die nötigen Genehmigungen besitzen.
- Füttern Sie keine Fische. Es erscheint vielleicht harmlos, kann aber ihre Freßgewohnheiten beeinträchtigen und sie aggressiv machen. Falsches Futter ist für sie darüber hinaus gesundheitsschädlich.
- Manipulieren Sie Meeresorganismen nicht zu Fotozwecken oder zum Spielen. Reiten Sie nicht auf Meeresschildkröten, es streßt sie sehr. Kurz: Tauchen Sie wie Ihr Schatten, hinterlassen Sie keine Spuren.

HÄUFIGE FISCHE

Kaiserfische *(Familie Pomacanthidae)*
Diese schönen Fische weiden mit ihren Borstenzähnen Schwämme, Algen und Korallen ab. Die lebhafte Färbung ist, wie bei den Falterfischen, die einmal zur gleichen Familie gerechnet wurden, von Art zu Art verschieden. Sie unterscheiden sich jedoch durch einen kurzen Dorn am Kiemendeckel. Kaiserfische sind ortsgebunden und bewohnen einen Riffbereich längere Zeit.

Arabischer Kaiserfisch, 50 cm, *Pomacanthus maculosus*

Großaugenbarsche *(Familie Priacanthidae)*
Die kleinen, nachtaktiven Fische haben extrem große Augen. Sie sind erfolgreiche Räuber, die sich tagsüber in Löchern verstecken und nachts kleine Fische, Krabben, Larven und größere Planktonorganismen jagen.

Großaugenbarsch, 30 cm, *Priacanthus hamrur*

Falterfische *(Familie Chaetodontidae)*
Falterfische, mit die farbenprächtigsten Riffbewohner, haben einen seitlich abgeflachten Körper, meistens einen durch das Auge laufenden Streifen und manchmal einen dunklen Fleck am Schwanz, was der Irreführung von Freßfeinden gilt, die den Fleck für ein Auge halten und das falsche Ende angreifen. Falterfische können, was ungewöhnlich ist, einer Gefahr auch rückwärts ausweichen. Viele Arten leben paarweise und ortsgebunden, andere schwarmweise.

Masken-Falterfisch, 20 cm, *Chaetodon semilarvatus*

Riffbarsche und Anemonenfische
(Familie Pomacentridae)
Diese Fische verteidigen ihren eigenen Fleck Algen oft aggressiv gegen andere Pflanzenfresser. Sie sind, manchmal in großen Schwärmen, überall im Riff zu finden, wo sie von Plankton leben. Anemonenfische (Amphiprion sp.), die zwischen den Nesseltentakel der Seeanemonen leben, gehören ebenfalls zu dieser Familie.

Östlicher Clownfisch, 8 cm, *Amphiprion percula*

Meerbarben *(Familie Mullidae)*
Meerbarben sind leicht an den zwei Barteln am Kinn zu erkennen, mit denen diese Grundfische die im Boden verborgene Nahrung aufspüren. Manchmal suchen sie in kleinen oder großen Gruppen Nahrung. Meerbarben sind Bodenbewohner, also Fische, die sich entweder am Meeresboden ernähren oder getarnt dort liegen.

Gelbsattel-Meerbarbe, 10 cm, *Parupeneus cyclostomus*

Zackenbarsche *(Familie Serranidae)*
Zackenbarsche werden zwischen wenigen Zentimetern und 3,5 m groß. Sie sind ganz unterschiedlich gefärbt; Grau mit dunklen Punkten ist die häufigste Färbung. Sie bewegen sich langsam, außer wenn sie angreifen. Alle Zackenbarsche sind Raubfische, die von Wirbellosen und anderen Fischen leben. Wie die Lipp- und Papageifische sind einige anfangs Weibchen und wandeln sich später zu Männchen um, andere sind Zwitter.

Summana-Zackenbarsch, bis 40 cm, *Epinephelus summana*

Stachelmakrelen *(Familie Carangidae)*
Stachelmakrelen sind schnelle Räuber von klein bis sehr groß. Sie leben meist im offenen Wasser, suchen zuweilen aber auch das Riff auf, da sie beim Fressen der Strömung folgen. Sie schwimmen vor den meerseitigen Hängen und fallen blitzschnell über ahnungslose Riffbewohner her. Sie treten einzeln, in Schwärmen oder in kleinen Gruppen auf.

Großaugen-Stachelmakrele, bis 85 cm, *Caranx sexfasciatus*

Muränen *(Familie Muraenidae)*
Diese ursprünglichen Fischarten stehen unverdientermaßen im Ruf, aggressiv zu sein, weil sie das Maul beim Atmen auf und zu machen und dabei ihre scharfen Zähne zeigen. Obwohl im allgemeinen nicht aggressiv, können die größeren Exemplare schwere und schmerzhafte Wunden zufügen. Sie haben weder paarige Flossen noch Schuppen. Muränen stecken meist mit dem hinteren Körperteil in einem Korallenspalt und verbergen sich tagsüber. Sie sind nachtaktiv und leben von Garnelen, Kraken und Muscheln.

Riesenmuräne, bis 2,4 m, *Gymnothorax javanicus*

Papageifische *(Familie Scaridae)*
Die Papageifische, so benannt wegen der papageischnabelähnlich verwachsenen Zähne und der bunten Färbung, gehören zu den wichtigsten Pflanzenfressern im Riff. Viele ändern im Alter die Färbung und das Geschlecht, wobei die alten Männchen im Vergleich zu Jungtieren herrlich bunt werden. Viele Arten umgeben sich zum Schlafen mit einer Schleimhülle, die als Geruchsbarriere vor Freßfeinden schützt.

Masken-Papageifisch, 35 cm, *Cetoscarus bicolor*

Stechrochen *(Familie Dasyatididae)*
Ein schöner Rochen, der leicht an den hellblauen Punkten und dem grüngelben Körper zu erkennen ist. Der scheue Blaupunkt-Stechrochen, der meistens unter Vorsprüngen zu finden ist, vergräbt sich oft im Sand, wenn Taucher kommen. Er kann mit dem Schwanzstachel jedoch unangenehm stechen; dabei kann der Schaft abbrechen, so daß die Stachelspitze in der Wunde bleibt.

Blaupunkt-Stechrochen, Spanne 30 cm, *Taeniura lymma*

Kugelfische *(Familie Tetraodontidae)*
Diese kleinen bis mittelgroßen, sehr giftigen Allesfresser leben von Algen, Würmern, Weichtieren und Krebsen. Kugelfische kommen im gesamten Riff bis in mehr als 30 m Tiefe vor. Sie bewegen sich langsam, blasen sich bei Gefahr aber auf, indem sie Wasser schlucken, so daß ein Freßfeind sie kaum verschlingen kann. Viele Arten haben Stacheln und sind noch schwerer anzugreifen, wenn sie aufgeblasen sind.

Weißflecken-Kugelfisch, 30 cm, *Arothron hispidus*

Schnapper *(Familie Lutianidae)*
Schnapper sind wichtige Fleischfresser im Riff und überwiegend nachtaktiv. Viele Arten sind Küstenbewohner, der Gelbschwanzschnapper allerdings ein Bewohner mittlerer Tiefen, und der wirtschaftlich genutzte Rote Schnapper ist in allen Tiefen zu Hause. Schnapper werden in den Riffen immer seltener, weil sie lange leben und langsam wachsen, bei einem drastischen Populationsrückgang also lange brauchen, um den alten Bestand zu erreichen.

Gelbkopf-Schnapper (juvenil), bis 60 cm, *Macolor macularis*

Soldaten- und Husarenfische *(Familie Holocentridae)*
Beide Arten sind nachtaktiv und werden oft verwechselt. Soldatenfische haben einen runderen, gedrängteren Körper und sind gleichmäßiger gefärbt als Husarenfische. Die rote oder orangerote Färbung und die größeren Augen sind auch für andere nachtaktive Fische typisch, etwa für Großaugenbarsche. Soldatenfische haben spitze Flossenstacheln und Schuppen.

Großdorn-Husar, bis 45 cm, *Sargocentron spiniferum*

Drückerfische *(Familie Balistidae)*
Drückerfische sind mittelgroße bis große Fische mit seitlich flachem Körper und oft auffälliger Musterung. Die meisten Arten sind charakteristisch gefärbt und leicht erkennbar. Sie haben kräftige Zähne und leben von Krebsen und Stachelhäutern. Wird ein Drückerfisch bedroht, quetscht er sich in eine Spalte, richtet den ersten Rückenflossenstachel auf und sichert ihn mit einem zweiten, kleineren Stachel; ersterer bleibt aufgerichtet, bis der zweite die Sicherung löst.

Orangestreifen-Drückerfisch, bis 30 cm, *Balistapus undulatus*

Lippfische *(Familie Labridae)*
Lippfische sind in der Größe sehr unterschiedlich, vom winzigen Putzerfisch (Labroides sp.) bis zum riesigen Napoleon-Lippfisch (Cheilinus undulatus), der fast 2 m groß werden kann. Lippfische sind normalerweise schön gefärbt und machen Farb- und Geschlechtsumwandlungen durch. Die typischen vorstehenden Zähne eignen sich dazu, Weichtiere oder Krebse vom Fels zu lösen. Die meisten leben in flachen Riffbereichen, einige auch in größeren Tiefen.

Napoleon-Lippfisch, bis 2 m, *Cheilinus undulatus*

Unterwasserfotografie

Fotografieren ist zu einem der beliebtesten Hobbys unter Wasser geworden. Die faszinierenden Lebewesen auf Film zu bannen, die man unter Wasser sieht, ist höchst lohnend, kann aber auch sehr frustrierend sein, wenn sich die Schwierigkeiten der Unterwasserfotografie - Reflexe, Fische, die nicht still halten, undichtes Kameragehäuse etc. - zeigen. Man braucht viel Ausdauer und etwas Glück, um wirklich gute Ergebnisse zu erzielen.

Kameras für das Flachwasser

Es sind einige Kameras auf dem Markt, die sich für den Schnorchler eignen. Kodak und Fuji haben billige Kameras für den einmaligen Gebrauch, die bis etwa 2 m wasserdicht sind und in klarem, hellem Wasser gute Dienste leisten. Wer keine Wegwerfprodukte mag, für den haben Minolta und Canon etwas teurere Kameras, die bis etwa 5 m Tiefe funktionieren.

Unterwasserkameras und Gehäuse

Für den ernsthaften Unterwasserfotografen gibt es grundsätzlich zwei Möglichkeiten. Entweder eine wasserdichte Spezialkamera, oder ein wasserdichtes Gehäuse für eine normale Spiegelreflexkamera. Jede hat ihre Vor- und Nachteile.

Die von den meisten Profis benutzte Unterwasserkamera ist die Nikonos, eine 35-mm-Sucherkamera mit automatischem TTL-Belichtungssystem und Spezialblitzgerät. (Eine beliebte Alternative ist die Sea & Sea Motor Marine II.) Die Nikonos mit ihren Spezialobjektiven macht schärfere Bilder als Kameras im Gehäuse, aber da es keine Spiegelreflexkamera ist, fällt die Bildkomposition etwas schwerer, und man schneidet schnell einen Bildteil ab. Objektive gibt es zwischen 15 und 80 mm Brennweite, die allerdings über Wasser gewechselt werden müssen. Das 35-mm-Objektiv ist unter Wasser nur mit Zwischenringen oder Nahaufnahmevorsatz sinnvoll, ist allerdings auch an Land einsetzbar. Als Standardobjektiv sollte man ein 28-mm-Objektiv wählen.

Es gibt auch Fremdzubehör für die Nikonos: Objektive, Weitwinkelvorsätze, Zwischenringe und Gehäuse für Fisheye- und Superweitwinkelobjektive. Weitwinkelvorsätze sind praktisch: Sie können unter Wasser gewechselt werden. Die Motor Marine II hat Weitwinkel- und Makrovorsätze. Der Makrovorsatz von Nikonos kann ebenfalls unter Wasser gewechselt werden.

Nikon hat vor kurzem die RS-AF vorgestellt, eine wasserdichte Spiegelreflexkamera mit Autofokus und Spezialobjektiven und -blitz, die aber sehr schwer und teuer ist. Im Vergleich mit einer 801, F90 oder F4 von Nikon im Gehäuse ist sie ein schlechter Kauf, denn letztere sind vielseitiger, leichter und auch an Land einsetzbar.

Für den Einsatz normaler Kameras unter Wasser gibt es Spezialgehäuse aus Metall oder Kunststoff. Gehäuse ohne Einstellvorrichtung sind für Automatikkameras gedacht und erfordern hochempfindliche Filme. Es gibt Gehäuse für alle guten Spiegelreflexkameras, aber jedes System hat seine Vor- und Nachteile.

- Metallgehäuse sind stabil, zuverlässig und bei guter Wartung langlebig; sie sind schwerer, schwimmen aber im Wasser. Bei einer teuren Kamera sind die höheren Gehäusekosten gerechtfertigt.
- Kunststoffgehäuse sind zerbrechlich und müssen im Wasser und außerhalb sorgsam behandelt werden; es gibt sie für sehr viele Kameratypen. Sie wiegen wenig, was an Land angenehm ist, haben im Wasser aber oft zuviel Auftrieb, so daß man sie beschweren muß. Einige Modelle verformen sich in größerer Tiefe, so daß die Einstellstangen die Einstellvorrichtungen der Kamera verfehlen..., und wenn man die Stangen auf große Tiefen einstellt, arbeiten sie nahe der Oberfläche nicht richtig. Aber da die meisten Unterwasserfotos nahe der Oberfläche gemacht werden, ist das meistens kein schwerwiegender Nachteil.

O-Ringe

Unterwasserkameras, Gehäuse, Blitzgeräte und Kabel haben O-Ring-Dichtungen, die samt den dazugehörigen Flächen oder Rillen absolut sauber gehalten werden müssen. Die O-Ringe sollten leicht mit Silikonfett eingefettet werden. Kein Silikonspray benutzen, die Abkühlung kann den O-Ring zerstören.

FORCIERTE UND GEBREMSTE E6-ENTWICKLUNG

Bei einer längeren Reise kann es immer passieren, daß Kamera, Blitz oder Belichtungsmesser einmal aussetzen. Die Belichtungen können falsch sein: Farbnegativfilme haben einen Belichtungsspielraum von vier Blenden (Schwarzweißfilme noch mehr), aber Farbdiafilme müssen ganz exakt belichtet werden. Aber damit nicht genug: auch der Entwickler kann ausfallen.

Deshalb lassen Berufsfotografen ihre Filme nie auf einmal entwickeln, sondern in kleinen Schüben.

So kann man die bisher entwickelten Filme beurteilen. Notfalls kann ein professionelles Labor pushen, d. h. bis zwei Blenden schneller oder bis zu einer Blende langsamer entwickeln. Das bringt zwar Farb- und Kontrastveränderungen mit sich, die aber unerheblich sind.

Kodachrome-Filme können beim Entwickeln nicht gepusht werden, der komplizierte Entwicklungsvorgang läßt das nicht zu.

Wenn Sie einen bestimmten Film im Verdacht haben, lassen Sie einen Cliptest machen. Dazu werden die ersten Einzelbilder abgeschnitten und entwickelt, so daß Sie das Ergebnis beurteilen können.

Auswechselbare O-Ringe separat lagern, damit sie nicht platt werden, und das Gerät in eine Plastiktüte packen, um Feuchtigkeit fernzuhalten. Selbst auswechselbare O-Ringe an Nikonos-Kameras und Blitzsynchronisations-Kabeln am besten alle 12 Monate ersetzen; nicht auswechselbare O-Ringe alle 12-18 Monate warten lassen. Die O-Ringe am Gehäuse halten normalerweise so lange wie das Gehäuse.

Beleuchtung

Sonnenlicht kann unter Wasser schöne Effekte hervorrufen, vor allem bei Gegenlichtaufnahmen. Wenn die Sonne tief steht oder die See kabbelig ist, dringt nicht sehr viel Licht durch die Oberfläche. Am besten, man fotografiert in den zwei Stunden vor und nach dem höchsten Sonnenstand. Normalerweise sollte man die Sonne im Rücken und auf dem Motiv haben.

Wasser wirkt wie ein Blaugrünfilter, der Rot unterdrückt; Farbaufnahmen haben daher einen Blaugrünstich. Das kann man mit anderen Filtern korrigieren, die aber das vorhandene begrenzte Licht weiter reduzieren. Die Antwort ist ein Blitz, der die Farbe zurückbringt und die Schärfe erhöht.

Moderne Blitzgeräte haben TTL-Blitzbetrieb. Große Blitzgeräte bringen gute Weitwinkelergebnisse bis 1,5 m. Schwächere Geräte leuchten einen kleineren Winkel aus und reichen nur 1 m weit; Diffusoren vergrößern den Bildwinkel, aber man büßt mindestens eine Blende ein. Einige Überwasserblitzgeräte passen in spezielle UW-Gehäuse.

Blitzgeräte auf oder neben der Kamera lassen im Wasser schwebende Teilchen wie weiße Punkte vor einem schwarzen Himmel aufleuchten (Reflexion); je dichter sie vor der Kamera sind, desto größer erscheinen sie. Man sollte den Blitz deshalb so weit wie möglich über oder seitlich der Kamera halten. Zwei Blitzgeräte mit geringem Ausleuchtungswinkel rechts und links der Kamera bringen oft ein besseres Ergebnis als nur ein Blitz mit großem Leuchtwinkel. Beim Einsatz mehrerer Blitzgeräte mißt der erste Blitz im TTL-Verfahren (falls vorhanden); alle anderen angeschlossenen Blitzgeräte bringen die vorprogrammierte Leistung, sollten also niedrig eingestellt werden, um eine korrekte Ausleuchtung zu erzielen.

Wenn Sie Taucher fotografieren, denken Sie daran, daß die Augen hinter der Maske ausgeleuchtet werden. Blitzgeräte mit einer Farbtemperatur von 4.500 K geben Haut- und Farbtöne exakter wieder.

Fischschuppen reflektieren Licht je nach Einfallwinkel. Silbrige Fische reflektieren mehr Licht als bunte, schwarze Fische fast überhaupt nichts. Um sicherzugehen, sollte man mit verschiedenen Blendeneinstellungen fotografieren. Bei einem automatischen Blitz kann man das durch Verstellen der Filmempfindlichkeitseinstellung erreichen. Bei Entfernungen unter 1 m neigen die meisten automatischen Blitzgeräte zum Überbelichten; bedenken Sie das. Am besten stimmt man künstliches und Tageslicht

---

FILM- UND KAMERATIPS

- Wenn Sie am Ort Filme kaufen, dann im guten Fachgeschäft oder einem großen Hotel, wo die Filme neu sind und fachgerecht gelagert werden.
- Wenn Sie Filme im Kühlschrank aufbewahren, holen Sie sie mindestens zwei Stunden vor dem Einlegen in die Kamera heraus.
- Montieren Sie eine Unterwasserkamera nicht in Räumen mit Klimaanlage. Wahrscheinlich beschlägt sie innen, wenn Sie damit ins Wasser gehen.
- Kameras, die in Räumen mit Klimaanlage gelegen haben, beschlagen, wenn sie nach draußen ins Warme kommen. Man muß mindestens zehn Minuten warten, bis sie wieder klar sind.

---

mit Zeitautomatik und TTL-Blitzbetrieb ab. Lesen Sie im offenen Wasser die Belichtung für den Hintergrund ab, die mit der gewählten Blitzsynchronisationszeit übereinstimmt, und schließen Sie die Blende um einen Wert, damit das Blau intensiver wird. Stellen Sie auf TTL-Blitzbetrieb, und Sie bekommen eine korrekte Ausleuchtung.

Wenn Sie das richtige Belichten unter verschiedenen Bedingungen beherrschen, können Sie mit manueller Einstellung experimentieren.

Film

Für Schwarzweißfotos ist ein Film mit einer Filmempfindlichkeit von 400 ISO/27° am besten. Für Farbaufnahmen ist ein Negativfilm am besten, da er viel Belichtungsspielraum hat. (Für Reproduktionen ist ein Diafilm besser, der aber eine sehr genaue Belichtung erfordert.) Kodachrome-Filme sind für Nahaufnahmen ideal, aber bei Aufnahmen im offenen Wasser kann der Hintergrund einen Blaugrünstich bekommen, was zwar der Natur entspricht, aber die Leute wollen ein blaues Meer haben. Ektachrome und Fujichrome liefern blaues Wasser im Hintergrund; Filme mit ISO 50/18°-100/21° bieten den besten Kompromiß zwischen Belichtung und Körnigkeit; man kann Hellgelbfilter einsetzen, um das Blau zu unterdrücken.

Motive

Motive sind Geschmackssache. Makroaufnahmen gelingen am ehesten: die Entfernung zwischen Motiv und Objektiv sowie Blitz ist fix, und Wassertrübungen stören minimal. Fotografieren Sie testhalber ein festes Motiv mit unterschiedlichen Blenden und Zeiten, das gibt Anhaltspunkte. Einige Fische sind sehr ortsgebunden. Doktor- und Drückerfische und Haie können Scheinangriffe starten; es gibt starke Fotos, wenn Sie die Nerven behalten und nicht weichen. Mantas sind neugierig und kommen zurück, wenn Sie ruhig bleiben und sie nicht verjagen. Kaiser- und Falterfische fliehen beim ersten Eindringen in ihr Territorium, kehren aber meistens zurück und lassen sich fotografieren, wenn man sich ruhig verhält.

Taucher und Wracks zu fotografieren, ist am schwierigsten. Selbst bei scheinbar klarem Wasser und mit einem Weitwinkelobjektiv gibt es Reflexe, und man muß blitzen, um die Tauchermaske aufzuhellen.

Die UW-Fotografie bei Nacht eröffnet eine ganz neue Welt. Viele Tiere kommen nur nachts hervor, und einigen Fischen kann man sich besser nähern, weil sie im Halbschlaf sind. Aber das Scharfstellen bei schlechten Lichtverhältnissen ist schwierig, und viele Tiere verschwinden, wenn sie angestrahlt werden. Man muß die Kamera also vorher einstellen.

Tips zur Fotojagd

- Unterwasserfotografie beginnt schon an Land. Wenn man genau weiß, was man fotografieren möchte, erzielt man wahrscheinlich bessere Ergebnisse. Und immer daran denken: man kann unter Wasser weder den Film noch Objektive wechseln.
- Autofokussysteme, die mit Phasenkontrasten arbeiten (nicht mit Infrarot), eignen sich unter Wasser nur bei starken Motivkontrasten.
- Beim Abstimmen von Blitz- und Tageslicht ergeben Kameras mit schnelleren Blitzsynchronisationszeiten - 1/125 oder 1/250 Sek. - schärfere Bilder. Die Blende ist weiter geöffnet, man muß also genau fokussieren.
- Masken behindern beim Blick durch den Sucher. Die kleinste Maske nehmen, die man tragen kann.
- Kameras mit Sportsucher oder Okularlupe sind im Gehäuse sinnvoll, aber bei Autofokussystemen nicht so wichtig.
- Filter können surrealistische Effekte bringen, so z. B. Sternfilter bei Aufnahmen von Tauchern mit blinkender Ausrüstung, Tauchlampen oder Sklavenblitz.
- Zusatzgewichte erleichtern das Tarieren. Ein Jacket ermöglicht einen neutralen Auftrieb.
- Denken Sie daran, keine Korallen zu berühren, und benutzen Sie über sandigem Boden Ihre Flossen vorsichtig, da sie den Sand aufwirbeln.
- Tragen Sie einen Tauchanzug zum Schutz gegen Kälte.
- Die Brechung durch die Maske und das Objektiv läßt die Gegenstände ein Drittel näher und größer erscheinen als an der Luft. Das Fokussieren und die optische Einschätzung von Entfernungen werden dadurch nicht berührt; aber wenn Sie eine Entfernung messen, gleichen Sie dies aus und verringern Sie den Wert beim Einstellen der Bildschärfe (Entfernung) um ein Drittel.
- Befindet sich vor dem Objektiv eine Planscheibe (Flachport), erhöht sich durch die unterschiedliche Brechung die Brennweite und die Bildschärfe nimmt ab. Da dies bei Weitwinkelobjektiven am ausgeprägtesten ist, sollte das durch den Einsatz eines gewölbten Domeports ausgeglichen werden. Domeports erfordern Objektive, die man auf ein virtuelles Bild in etwa 30 cm Entfernung fokussieren kann, man muß also u. U. eine Nahlinse (+1 oder +2) verwenden.

Zu einem größeren Problem kann das Aufladen von Akkus werden. In den meisten Städten auf dem Festland gibt es Fachgeschäfte, aber die Batterien dort sind u. U. alt oder schlecht gelagert - wenn das Gepäck es erlaubt, nimmt man Ersatzbatterien am besten selbst mit. Aufladbare Akkus haben trotz ihrer Kapazitätsprobleme bei kalter Witterung Vorteile, laden Blitzgeräte schneller nach und können, selbst wenn sie naß geworden sind, meistens weiterverwendet werden. Also an Ersatzbatterien und die für das Reiseziel geeigneten Ladegeräte denken. Schnelladegeräte sind gut, wenn der vorhandene Strom stark genug ist. Die meisten Videokameras und Blitzgeräte haben spezielle Akkublocks; nehmen Sie also mindestens einen Ersatzblock mit, der immer geladen ist.

Video

Videofilmen unter Wasser ist einfacher. Makroaufnahmen erfordern zusätzliche Beleuchtung, aber für die übrigen Aufnahmen genügt das vorhandene Licht; gegebenenfalls kann man im nachhinein elektronisch korrigieren. Reflexion ist weit weniger problematisch. Man kann sich das Ergebnis vor Ort ansehen und es gegebenenfalls noch einmal versuchen - das Band kann man auf jeden Fall wiederverwenden.

Gesundheit und Sicherheit für Taucher

Das Folgende soll nur eine Anleitung sein, kein Ersatz für gute Schulung oder ärztlichen Rat. Es beruht auf den gegenwärtig geltenden Gesundheits- und Sicherheitsinformationen, soll aber auch kein Ersatz für ein umfassendes Handbuch sein. Wir raten dringend, sich vor der Reise ein anerkanntes Handbuch über Sicherheit beim Tauchen und medizinische Fragen zu besorgen.

- Taucher, die eine tauchbedingte Verletzung oder Verletzungssymptome hatten, sollten danach baldmöglichst einen Arzt aufsuchen.
- Wie gut Ihre Selbstdiagnose auch immer sein mag, denken Sie daran, daß Sie als Taucher wie als Arzt ein Laie sind.
- Wenn Sie das Opfer einer tauchbedingten Verletzung sind, offenbaren Sie Ihre Symptome, auch auf die Gefahr hin, sich lächerlich zu machen. Schwache Symptome können sich zu lebensbedrohlichen Erkrankungen entwickeln.
- Bei Erkrankungen lieber einmal zuviel irren als zuwenig. Wenn sich die Erkrankung dann doch als leicht erweist, sind Sie und der Arzt erleichtert.

GRUNDSÄTZLICHES ZUR ERSTEN HILFE

Die Grundsätze der Ersten Hilfe sind:
- keinen Schaden zufügen
- Leben erhalten
- eine Verschlechterung verhindern
- Erholung fördern

Bei Krankheit oder Verletzung gibt es für die Beurteilung und Behandlung eines Patienten eine einfache Reihenfolge. Zuerst erfolgt die Beurteilung und Bestimmung eines lebensbedrohlichen Zustandes, danach die Behandlung der festgestellten Probleme.

Oberstes Gebot ist, den Patienten und sich selbst zu sichern und aus der bedrohlichen Lage zu holen. Ihr Handeln sollte weder den Patienten noch Sie weiter gefährden.

Als erstes sind zu untersuchen (ABC):
- A: ATEMWEGE (mit Untersuchung des Halses)
- B: ATMUNG
- C: KREISLAUF
- D: VERMINDERUNG des Bewußtseins
- E: FREIMACHEN (der Patient muß ausreichend freigemacht werden, um angemessen untersucht werden zu können)

- **Atemwege (mit Untersuchung des Halses):** Ist der Hals verletzt? Sind Rachen und Nase frei von Verstopfung? Lautes Atmen ist ein Zeichen für Verstopfung der Atemwege.
- **Atmung:** Prüfen, ob die Brust sich hebt und senkt. Kurz an Nase und Mund horchen. Prüfen, ob man den Atem an der eigenen Wange spürt.
- **Kreislauf:** Den Puls neben der Luftröhre (Halsschlagader) fühlen.
- **Verminderung des Bewußtseins:** Reagiert der Patient auf eine der folgenden Arten:
  - Waches, bewußtes, spontanes Sprechen
  - Verbale Reize, antwortet er auf „Wach auf!"
  - Schmerzhafte Reize, reagiert er auf Kneifen
  - Keine Reaktion
- **Freimachen:** Die Würde des Patienten weitmöglichst wahren, aber nötigenfalls die Kleidung entfernen, um angemessen handeln zu können.

Dann Hilfe holen
Wenn Sie den Zustand des Patienten nach der Beurteilung für ernst halten, Hilfe holen (Arzt, Krankenwagen). Ist jemand weggeschickt worden, um Hilfe zu holen, muß er zurückkommen und bestätigen, daß Hilfe kommt.

Stabile Seitenlage
Ist der Patient bewußtlos, atmet aber normal, besteht die Gefahr, daß er erbricht und an Erbrochenem erstickt. Den Patienten daher unbedingt in eine stabile Seitenlage bringen. Wenn Sie eine Hals- oder Rückgratverletzung vermuten, den Patienten ausgestreckt fixieren, bevor Sie ihn in Seitenlage bringen.

Herz-Lungen-Wiederbelebung
Herz-Lungen-Wiederbelebung ist erforderlich, wenn der Patient keinen Puls mehr hat. Sie soll:
- die Lunge des Patienten ventilieren - Erneuerung der ausgeatmeten Luft
- das Herz des Patienten massieren - externe Herzmassage.

Wenn Sie das ABC geprüft haben, sollten Sie folgendes tun:

Atemwege
Öffnen Sie den Atemweg, indem Sie behutsam am Kopf nach hinten ziehen und das Kinn mit zwei Fingern anheben. Das entfernt die Zunge vom Rachen und macht den Atemweg frei. Wenn Sie einen Fremdkörper im Atemweg vermuten, fahren Sie mit dem Finger von einer Seite zur anderen hinten über die Zunge. Falls Sie etwas finden, entfernen Sie es. Dies nicht bei bewußtlosen oder benommenen Patienten versuchen, da sie zubeißen oder erbrechen könnten.

Atmung
- Atmet der Patient nicht, muß die ausgeatmete Luft erneuert werden, d. h. man muß Luft in seine Lunge bringen.
- Halten Sie dem Patienten die Nase zu.
- Pressen Sie Ihren geöffneten Mund so dicht wie möglich auf den des Patienten.
- Atmen Sie so stark in den Mund des Patienten aus, daß seine Brust sich hebt und senkt.
- Hebt sich die Brust des Patienten nicht, müssen Sie die Lage dem Atemweg anpassen.
- Die 16 Prozent Sauerstoff in der von Ihnen ausgeatmeten Luft genügen, um Leben zu erhalten.
- Anfangs müssen Sie zwei Mal tief und langsam ausatmen.
- Hat der Patient Puls, setzen Sie die Beatmung einmal alle fünf Sekunden fort und überprüfen Sie den Puls nach jeweils zehn Beatmungen.
- Beginnt der Patient, selbständig zu atmen, können Sie ihn in stabile Seitenlage bringen.

Kreislauf
Nach den zwei oben geschilderten Beatmungen müssen Sie zur externen Herzmassage übergehen.
- Knien Sie sich neben die Brust des Patienten.
- Suchen Sie den Druckpunkt: 2 Finger oberhalb des Punktes, wo die Rippen am unteren Ende des Brustbeins zusammenlaufen.
- Legen Sie den Handballen der linken Hand auf den Druckpunkt.
- Legen Sie den Handballen der rechten Hand auf die linke Hand.
- Strecken Sie die Ellbogen.

- Bringen Sie Ihre Schultern senkrecht über den Druck-punkt des Patienten.
- Drücken Sie das Brustbein 4-5 cm in Richtung Wirbel-säule, gleichmäßig rhythmisch: „eins, zwei, drei..."
- Drücken Sie fünfzehn Mal.

Fahren Sie zyklisch mit zwei Beatmungen und 15 Kompressionen fort und überprüfen Sie nach jeweils fünf Zyklen den Puls. Die Herz-Lungen-Wiederbelebung soll den Patienten am Leben erhalten, bis kompetente Hilfe eintrifft. In Deutschland bieten Tauchorganisationen wie der VDST Spezialkurse zu allen Rettungsthemen an. Sorgen Sie dafür, daß Sie und Ihr Tauchkamerad diese Wiederbelebungstechnik beherrschen.

REISEMEDIZIN

Viele Ärzte lehnen es ab, Medikamente, vor allem Antibiotika, nur „für den Fall der Fälle" zu verschreiben. Aber ein Tauchurlaub kann durch eine simple Ohr- oder Nebenhöhleninfektion enden, wenn der nächste Arzt eine halbe Tagesreise entfernt ist.

Viele Tauchurlauber haben deshalb eine Hausapotheke bei sich, aufgrund derer man sie für Hypochonder halten könnte. Nasenspray, Ohrentropfen, Antihistamincreme, Mittel gegen Durchfall, Antibiotika, Mittel gegen Seekrankheit... So ausgestattet, können sie sofort einschreiten, wenn sie merken, daß etwas nicht stimmt. Zumindest kann das den Verlust wertvoller Tauchzeit minimieren.

Denken Sie daran, daß die meisten Abschwellungsmittel und Mittel gegen Seekrankheit benommen machen und daher auf keinen Fall vor dem Tauchen eingenommen werden dürfen.

TAUCHERKRANKHEITEN
Akute Dekompressionskrankheit
Als akute Dekompressionskrankheit wird jede Erkrankung bezeichnet, die von der Dekompression herrührt, wenn also z. B. ein Taucher aus einer Tiefe mit hohem Umgebungsdruck an die Oberfläche mit niedrigem Druck kommt. Es gibt zwei Untergruppen:
- Caissonkrankheit
- Barotrauma mit arterieller Gasembolie

Für den Taucher oder Helfer ist der Unterschied bedeutungslos, da beide Befunde ernst sind und sofortige Behandlung erfordern. Wichtig ist, die akute Dekompressionskrankheit zu erkennen und für sofortige Behandlung zu sorgen. Dabei sollen Ihnen folgende Informationen helfen:

Caissonkrankheit
Die Caissonkrankheit ereilt den Taucher bei unzureichender Dekompression. Der Aufenthalt in höherem Umgebungsdruck unter Wasser bewirkt, daß sich vermehrt Stickstoff im Körpergewebe löst. Wird dieser Druck bei richtiger Dekompression langsam abgebaut, entweicht der Stickstoff auf natürliche, langsame Weise ins Blut und wird über die Lunge ausgeatmet. Erfolgt der Druckabbau jedoch zu schnell, kann der Stickstoff nicht schnell genug

entweichen, und es bilden sich Stickstoffbläschen im Gewebe.

Die Symptome und Anzeichen der Krankheit werden mit dem Gewebe assoziiert, in dem sich die Bläschen bilden, und auch nach dem befallenen Gewebe benannt.

Zu den Symptomen und Anzeichen der Caissonkrankheit gehören:
- Übelkeit und Erbrechen
- Schwindel
- Unwohlsein
- Schwäche
- Gelenkschmerzen
- Lähmungen
- Erstarrung
- Hautjucken
- Inkontinenz

Barotrauma mit arterieller Gasembolie
Ein Barotrauma bezieht sich auf den Schaden, der entsteht, wenn das Gewebe, das lufthaltige Körperhöhlungen umgibt, nach einer Veränderung des Gasvolumens in dieser Höhlung verletzt wird. Eine arterielle Gasembolie bezieht sich auf ein Gasbläschen, das durch ein Blutgefäß wandert und meist zu einer Verstopfung dieses oder eines nachgeordneten Gefäßes führt.

Ein Barotrauma kann demnach jedes Gewebe treffen, das lufthaltige Körperhöhlungen umgibt, also:

- Ohren • Mittelohrbarotrauma • geplatztes Trommelfell
- Nebenhöhlen • Nebenhöhlenbarotrauma • Nebenhöhlenschmerzen, Nasenbluten
- Lunge • Lungenbarotrauma • geplatzte Lunge
- Gesicht • drückende Tauchmaske • geschwollene und blutunterlaufene Augen
- Zähne • Zahnbarotrauma • Zahnschmerzen

Eine geplatzte Lunge ist am schlimmsten und kann zu einer arteriellen Gasembolie führen. Dazu kommt es nach einem schnellen Aufstieg, bei dem der Taucher nicht richtig ausatmet. Der steigende Druck der sich ausbreitenden Luft in der Lunge läßt die feinen Lungenbläschen platzen und zwingt Luft in die Blutgefäße, die Blut zurück zum Herzen und letztlich zum Gehirn befördert. Im Gehirn blockieren diese Luftbläschen Blutgefäße und verhindern die Versorgung des Gehirns mit Blut und Sauerstoff, was zu Hirnschädigungen führt.

Die Symptome und Anzeichen eines Lungen-Barotraumas und arterieller Gasembolie sind u. a.:
- Kurzatmigkeit
- Schmerzen in der Brust
- Bewußtlosigkeit

Behandlung der akuten Dekompressionskrankheit
- ABC und gegebenenfalls Herz-Lungen-Wiederbelebung

BEHELFSTEST FÜR LAIEN: CAISSONKRANKHEIT

A Weiß der Taucher: - wer er ist? - wo er ist? - wieviel Uhr es ist?

B Kann der Taucher die Zahl der Finger erkennen und zählen, die Sie ihm hinhalten?
Halten Sie dem Taucher die Hand 50 cm vor das Gesicht und fordern Sie ihn auf, ihr mit den Augen zu folgen, wenn Sie sie nach rechts und links, unten und oben bewegen. Achten Sie darauf, daß beide Augen der Bewegung folgen, und ob die Augäpfel sich unsicher oder ruckartig bewegen.

C Bitten Sie den Taucher zu lächeln und prüfen Sie, ob beide Gesichtshälften den gleichen Ausdruck zeigen. Fahren Sie mit einem Fingerrücken über beide Seiten von Stirn, Wangen und Kinn des Tauchers, und vergewissern Sie sich, daß er es spürt.

D Prüfen Sie, ob der Taucher Sie mit geschlossenen Augen flüstern hören kann.

E Bitten Sie den Taucher, mit den Schultern zu zucken. Beide Seiten sollten sich gleich bewegen.

F Bitten Sie den Taucher zu schlucken. Prüfen Sie, ob sich der Adamsapfel nach oben und unten bewegt.

G Bitten Sie den Taucher, die Zunge aus der Mitte des Mundes zu strecken - Abweichungen zu einer Seite deuten auf ein Problem hin.

H Prüfen Sie, ob auf beiden Körperseiten gleiche Muskelkraft vorhanden ist. Drücken/ziehen Sie dazu die Arme und Beine des Tauchers vom Körper weg/zum Körper hin, und bitten Sie ihn, Widerstand zu leisten.

I Fahren Sie mit dem Finger leicht über die Schultern des Tauchers, den Rücken hinunter, über die Brust und den Unterleib, die Arme und Beine, und vergewissern Sie sich, ob er es immer spürt.

J Prüfen Sie, ob der Taucher auf festem Boden (nicht auf einem Boot) geradeaus laufen und mit geschlossenen Augen, die Füße zusammen und die Arme ausgestreckt, aufrecht stehen kann.

Fällt irgendein Test nicht normal aus, leidet der Taucher u. U. an der Caissonkrankheit. Ergreifen Sie die notwendigen Maßnahmen (vgl. vorige Seite).

- Den Patienten in stabile Seitenlage bringen, ohne Kopf oder Beine anzuheben
- Reinen Sauerstoff mit Maske (oder Bedarfsventil) verabreichen
- Den Patienten warm halten
- Schnellstmöglich ins nächste Krankenhaus bringen
- Das Krankenhaus wird die erforderliche Rekompression vornehmen.

Kohlendioxid- oder Kohlenmonoxidvergiftung

Zu einer Kohlendioxidvergiftung kann es kommen durch: stoßweises Atmen (Taucher atmet beim Tauchen unregelmäßig), schwere körperliche Anstrengung mit Atemgerät oder ein nicht funktionierendes Rebreather-System. Zu einer Kohlenmonoxidvergiftung kommt es, wenn Abgase durch schlecht arbeitende Kompressoren in die Tauchflaschen gepumpt werden, und durch das Ansaugen von Luft in unmittelbarer Nähe von Abgasen.
Symptome und Anzeichen sind: Blaufärbung der Haut,

Kurzatmigkeit, Bewußtlosigkeit.
Behandlung: In Sicherheit bringen, ABC, falls erforderlich; gegebenenfalls Herz-Lungen-Wiederbelebung; reinen Sauerstoff mit Maske oder Bedarfsventil verabreichen; ins nächste Krankenhaus bringen.

Kopfverletzungen

Jede Kopfverletzung sollte ernst genommen werden.
Behandlung: Der Taucher sollte auftauchen, die Wunde desinfizieren und erst wieder tauchen, nachdem er einen Arzt aufgesucht hat. Ist der Taucher bewußtlos, den Notarzt holen; bei Ausfall von Atmung und/oder Puls Herz-Lungen-Wiederbelebung (s. o.) anwenden. Atmet der Taucher und hat Puls, nach Blutungen und anderen Verletzungen untersuchen und gegen Schock behandeln; wenn die Wunden es zulassen, in stabile Seitenlage bringen und reinen Sauerstoff verabreichen (falls möglich). Das Opfer warm und bequem halten und ständig Puls und Atmung überwachen. Einem Bewußtlosen oder Benommenen **KEINE** Flüssigkeiten einflößen!

Überhitzung

Eine Erhöhung der Körpertemperatur resultiert aus einer Kombination von Überhitzung, meist infolge körperlicher Betätigung, und unzureicher Aufnahme von Flüssigkeit. Der Taucher erlebt Hitzeerschöpfung, dann einen Hitzschlag und kollabiert schließlich. Hitzschlag ist ein Notfall; wird der Taucher nicht gekühlt und rehydriert, stirbt er.
Behandlung: Den Taucher ins Kühle bringen und komplett entkleiden. Mit einem feuchten Tuch abreiben und Kühlung zufächeln. Ist der Taucher bei Bewußtsein, kann man oral Elektrolyte geben. Ist er bewußtlos, in stabile Seitenlage bringen und Erste-Hilfe-Maßnahmen vornehmen. In jedem Fall ärztliche Hilfe holen!

Unterkühlung

Die normale Körpertemperatur beträgt knapp 37°C. Wird sie aus irgendeinem Grund deutlich unterschritten - beim Tauchen meistens durch unzureichenden Kälteschutz -, können sich zunehmend ernste Symptome zeigen, ja sogar der Tod eintreten. Ein Rückgang um 1°C führt zu Frösteln und Unbehagen. Ein Rückgang um 2°C läßt die körpereigenen Erwärmungsmechanismen aktiv werden: der Blutfluß zur Peripherie wird eingeschränkt, und das Frösteln wird extrem. Ein Rückgang um 3°C führt zu Amnesie, Verwirrung, Orientierungslosigkeit, Herzrhythmus- und Atemstörungen und eventuell zu Schüttelfrost.
Behandlung: Das Opfer geschützt und warm halten, auf jeden Fall weiteren Wärmeverlust verhindern; einen Isoliersack benutzen, den Taucher mit den Körpern der Kameraden wärmen und Kopf und Hals des Opfers mit einer Wollmütze, Handtüchern oder ähnlichem bedecken. Im Schutz der Wärme Kleidung des Tauchers gegen warme Kleidung wechseln und ihn dann in einen Isoliersack legen; im Freien beläßt man dem Taucher am besten seine Kleidung. Ist der Taucher bei Bewußtsein und ansprechbar, dürften eine warme Dusche/warmes

Bad und ein warmes, süßes Getränk genügen; sonst den Notarzt rufen, bis zu seinem Eintreffen gegen Schock behandeln und die übrigen wärmenden Maßnahmen ergreifen. Niemals Alkohol verabreichen!

Beinaheertrinken

Beim Beinaheertrinken hat der Taucher Wasser in die Lunge bekommen. Er kann bei Bewußtsein oder bewußtlos sein. Wasser in der Lunge behindert den normalen Transport von Sauerstoff von der Lunge ins Blut.
Behandlung: Den Taucher aus dem Wasser holen und ABC durchgehen. Je nach Befund beatmen oder Herz-Lungen-Wiederbelebung vornehmen. Wenn möglich, Sauerstoff verabreichen. Alle beinahe Ertrunkenen können später ein sekundäres Ertrinken erleben, bei dem Flüssigkeit in die Lunge sickert, so daß der Taucher an den eigenen Absonderungen ertrinkt; deshalb sollten alle beinahe Ertrunkenen 24 Stunden im Krankenhaus überwacht werden.

Stickstoffnarkose

Die Luft, die wir einatmen, enthält ca. 80 % Stickstoff; das Einatmen des komprimierten normalen Luftgemischs der Taucher kann Symptome hervorrufen, die denen der Trunkenheit ähneln - die allgemeine Bezeichnung dafür ist „Tiefenrausch". Einige Taucher erleben die Stickstoffnarkose in 30-40 m Tiefe. Bis in etwa 60 m Tiefe müssen die Symptome nicht ernst sein (können es aber); jenseits von etwa 80 m kann der Taucher bewußtlos werden. Die Symptome können plötzlich und unerwartet auftreten. Der Befund selbst ist nicht gefährlich: Gefahren erwachsen aus Nebenwirkungen, insbesondere aus unbedachten Handlungen des Tauchers.
Behandlung: Es ist lediglich notwendig, in geringere Tiefe aufzusteigen.

Schock

Mit Schock ist nicht das emotionale Trauma nach einem erschreckenden Ereignis gemeint, sondern ein physiologischer körperlicher Zustand, der auf Unterversorgung des Gewebes mit Blut und Sauerstoff beruht. Bei Sauerstoff- und Blutmangel kann das Gewebe seine Funktion nicht erfüllen. Es gibt viele Ursachen für einen Schock, die häufigste ist Blutverlust.
Behandlung: Die Behandlung zielt darauf ab, die Blut- und Sauerstoffversorgung des Gewebes wiederherzustellen; deshalb Erste Hilfe durchführen und reinen Sauerstoff verabreichen. Alle äußeren Blutungen durch direkten Druck, Druck auf Druckstellen und Hochlegen der betroffenen Gliedmaßen unter Kontrolle bringen. Aderpresse nur im äußersten Fall und auch nur an Armen und Beinen anwenden. Das Opfer, wenn es bei Bewußtsein ist, auf den Rücken legen, die Beine hochgelagert, den Kopf zur Seite. Bewußtlose Schockopfer in stabile (linke) Seitenlage bringen.

ALLGEMEINE, MEERESBEDINGTE BESCHWERDEN

Neben den speziellen, tauchbedingten Krankheiten sind die gängigsten Beschwerden der Taucher Sonnenbrand, Schnittwunden durch Korallen, Nesselungen durch Feuerkorallen, Ohrenentzündung (Bade-Otitis), Seekrankheit und Insektenstiche.

Schnittwunden und Abschürfungen

Taucher sollten gegen Abschürfungen geeignete Schutzkleidung tragen. Hände, Knie, Ellenbogen und Füße sind am häufigsten betroffen. Abschürfungen infizieren sich, deshalb alle Wunden schnellstmöglich mit Süßwasser gut reinigen und Antiseptikum auftragen. Infektionen können ein Stadium erreichen, in dem Antibiotika erforderlich sind. Breiten sich entzündete Flächen aus, sollte der Taucher einen Arzt aufsuchen.

Bade-Otitis (Ohrenentzündung)

Bade-Otitis ist eine Infektion des Gehörgangs, die auf ständig nasse Ohren zurückgeht. Die Infektion wird häufig von Pilzen und Bakterien gemeinsam hervorgerufen. Zur Vorbeugung nach dem Tauchen immer gut die Ohren trocknen; bei Anfälligkeit für Ohrenentzündungen nach dem Tauchen
• 5 % Essigsäure in Isopropylalkohol oder
• eine Lösung Aluminiumazetat/Essigsäure
ins Ohr träufeln. Sie können diese Tropfen unter der Bezeichnung „Swimear" in Fachgeschäften und Apotheken kaufen, ebenso wie die vorbeugend und reinigend wirkenden Ohrkerzen. Bei akuter Infektion am besten einige Tage nicht tauchen oder schwimmen und fungistatische oder antibakterielle Ohrentropfen nehmen.

See- oder Reisekrankheiten

Reisekrankheiten können bei einem Tauchurlaub mit Bootfahrten eine lästige Komplikation darstellen. Wenn Sie anfällig für Reisekrankheiten sind, konsultieren Sie einen Arzt, bevor Sie an Bord eines Bootes gehen. Es muß warnend darauf hingewiesen werden, daß die Antihistaminika in einigen Vorbeugungsmitteln zu Schläfrigkeit führen und die Denkfähigkeit beim Tauchen beeinträchtigen können.

Insektenstiche

Einige Gegenden sind wegen ihrer stechenden Insekten berüchtigt. Nehmen Sie ein gutes Insektenmittel und eine Antihistaminsalbe gegen die Stiche mit.

Sonnenbrand

Beugen Sie dem Sonnenbrand vor, der Hautkrebs verursachen kann, und verwenden Sie immer Sonnencreme mit einem hohen Lichtschutzfaktor.

Tropenkrankheiten

Suchen Sie vor der Reise einen Arzt auf und sorgen Sie dafür, daß Sie die für Ihr Reiseziel notwendigen Impfungen haben.

ERSTE-HILFE-AUSRÜSTUNG

Der Erste-Hilfe-Set sollte wasserdicht, unterteilt und gut verschließbar sein und mindestens folgendes enthalten:

- einen umfassenden Erste-Hilfe-Führer - die Informationen im Anhang dieses Buches sind nur ein allgemeiner Hinweis
- die wichtigsten Telefonnummern der Notfalldienste
- Telefonmünzen
- Bleistift und Block
- Pinzette
- Schere
- 6 große keimfreie Standardverbände
- 1 großen Heftpflasterverband
- 2 dreieckige Bandagen
- 3 mittelgroße Sicherheitsnadeln
- 1 Päckchen keimfreie Watte
- 2x50 mm elastischen Verband
- Augentropfen
- Antiseptische Flüssigkeit/Creme
- Ein Fläschchen Essig
- Päckchen mit Elektrolyten
- Tabletten gegen Seekrankheit
- Abschwellungsmittel
- Schmerzmittel
- Anti-AIDS-Päckchen (Spritzen/Nadeln/Infusionsnadel)

Fische, die beißen

• Barrakudas

Barrakudas sieht man normalerweise in Schwärmen von mehreren hundert Tieren, jeder bis zu 80 cm lang. Doppelt so große Einzelgänger haben Taucher schon angegriffen, meist im trüben Flachwasser, wo der Fisch einen in der Sonne blinkender Gegenstand des Tauchers mit seiner normalen Beute, etwa Sardinen, verwechselt hat.
Behandlung: Die Wunde gut reinigen und antiseptische oder antibiotische Salbe auftragen. Schlimme Bisse müssen auch mit Antibiotika oder Mitteln gegen Tetanus behandelt werden.

• Muränen

Wahrscheinlich werden Taucher am häufigsten von Muränen gebissen - meistens wenn sie die Hand in Löcher stecken. Oft lassen Muränen nicht los; wenn Sie das Tier mit dem Messer nicht dazu überreden können, es doch zu tun, verschlimmern Sie die Verletzung nur, wenn Sie den Fisch herausziehen.
Behandlung: Gut reinigen und meistens nähen lassen. Die Bißwunden infizieren sich fast immer, achten Sie deshalb darauf, bei jedem Tauchgang Antibiotika und Mittel gegen Tetanus zur Hand zu haben.

• Haie

Haie greifen Menschen selten an, sollten aber immer mit Vorsicht behandelt werden. Angriffe erfolgen meistens in Zusammenhang mit harpunierten Fischen, Fisch- oder Fleischködern, Langusten, die Geräusche machen, wenn sie gefangen werden, oder Vibrationen, wie sie z. B. von Hubschraubern verursacht werden. Fische, die sich schon zersetzen, sind für Haie offenbar viel attraktiver als frisches Blut. Die wesentliche Ausnahme ist der Große Weiße Hai, der Seelöwen oder Robben jagt und einen Taucher eventuell mit ihnen verwechselt. Sie werden höchstwahrscheinlich keinen Großen Weißen Hai oder Tigerhai im Roten Meer zu Gesicht bekommen, aber eine gefährliche Art, der Seidenhai, ist im südlichen Roten Meer häufig. Gebietsweise kann es Graue Riffhaie geben; sie kündigen einen Angriff an, indem sie einen Buckel machen und die Brustflossen nach unten stellen. Andere Haie geben häufig eine Vorwarnung, indem sie den Taucher zuerst anrempeln. Bekommt er Angst, merkt der Hai das an den Körpervibrationen. Ruhig zum Riff oder Boot zurückweichen und das Wasser verlassen.
Behandlung: Die Opfer haben meistens schwere Verletzungen und einen Schock. Wenn möglich, die Blutung mit Druckverband oder im Extremfall mit Aderpresse an Armen oder Beinen stoppen und den Verletzten mit Blut- oder Plasmatransfusionen stabilisieren, bevor er ins Krankenhaus transportiert wird. Selbst kleinere Wunden entzünden sich wahrscheinlich und erfordern Antibiotika und Mittel gegen Tetanus.

• Drückerfische

Große Drückerfische - vor allem Männchen, die ihr Gelege bewachen - sind besonders aggressiv und greifen Taucher an, die zu nahe kommen. Sie haben sehr kräftige Zähne, die auch einen 4 mm starken Tauchanzug durchbohren.
Behandlung: Die Wunde reinigen und mit antiseptischer Salbe behandeln.

Giftige Meerestiere

Viele giftige Meerestiere sind Bodenbewohner, die sich zwischen Korallen verstecken oder auf oder im Sand liegen. Wenn Sie auf dem Meeresboden laufen müssen, schlurfen Sie mit den Füßen über den Sand, damit Sie die Tiere beiseite schieben und so die Gefahr verringern, auf Giftstacheln zu treten, die in vielen Fällen eine Gummiflosse durchbohren können. Gegengifte erfordern ärztliche Überwachung, wirken nicht bei allen Arten und müssen gekühlt gelagert werden, sind also selten zur Hand, wenn man sie braucht. Wenn vorhanden, lindern einige örtliche Betäubungsspritzen rund um die Wunde (z. B. Procain-Hydrochlorid) die Schmerzen. Jüngere oder schwächere Opfer brauchen Herz-Lungen-Wiederbelebung (s. o.). Merke: Gift kann u. U. noch wirksam sein, wenn der Fisch schon 48 Stunden tot ist. Schnellstens örtliche Hilfsstation aufsuchen.

• Kegelschnecken.
Lebende Kegelschnecken nie ohne Handschuhe anfassen: Die Tiere können Giftpfeile verschießen. Die Folge ist anfänglich Benommenheit, auf die lokale Muskellähmung folgt, die bis zur Atemlähmung und Herzversagen führen kann. *Man sollte ohnehin keine Schnecken sammeln!*
Behandlung: U. U. Herz-Lungen-Wiederbelebung nö-

tig. Schnellstens einen Arzt aufsuchen.

- **Dornenkrone.** Die Dornenkrone hat Dornen, die einen Handschuh durchbohren können und unter der Haut abbrechen, wo sie Schmerzen und manchmal mehrere Tage Übelkeit verursachen.
  Behandlung: Eine Heißwasserbehandlung (30 Min.) lindert die Schmerzen. Infizierte Wunden brauchen Antibiotika.

- **Feuerkorallen.** Feuerkorallen sind keine echten Korallen, sondern gehören zur Klasse der Hydrozoa, d. h. sie sind enger mit den Hydrozoen verwandt. Viele Menschen reagieren schon auf die leichteste Berührung sehr heftig; die dabei entstehenden Blasen können 15 cm groß werden.
  Behandlung: Wie bei Hydrozoen.

- **Quallen.** Die meisten Quallen nesseln schmerzhaft, aber nur wenige sind gefährlich. Allgemein gilt, die mit den längsten Tentakeln nesseln am schmerzhaftesten. Quallen kommen häufig in küstennahen Gewässern vor und sind in trübem Wasser schwer zu erkennen. Sie bleiben manchmal mit ihren Tentakel an der Haut kleben, verursachen starke Schmerzen und hinterlassen dauerhaft Narben. In extremen Fällen hört das Opfer auf zu atmen, Kinder können sogar sterben.
  Behandlung: Im Fall einer Verletzung wird empfohlen, Essigsäure (Essig) über Tier und Wunden zu gießen und das Tier dann mit einer Pinzette oder Handschuhen zu entfernen. U. U. Herz-Lungen- Wiederbelebung notwendig.

- **Feuerfische.** Sie bewegen sich langsam, außer wenn sie Beute verschlingen. Sie treiben sich an Riffen und Wracks herum und haben an der Basis der Flossenstacheln Giftdrüsen.
  Behandlung: Wie beim Steinfisch.

- **Kaninchenfische.** Sie haben Giftstachel in den Flossen und sollten auf keinen Fall angefaßt werden.
  Behandlung: Heißwasserbehandlung.

- **Skorpionsfische.** Andere Skorpionsfische sind weniger getarnt und weniger gefährlich als die Steinfische, aber häufiger und gefährlich genug.
  Behandlung: Wie bei Steinfischen.

- **Seeschlangen.** Einige Seeschlangen sind zehnmal giftiger als eine Kobra, aber glücklicherweise selten aggressiv, und ihre kurzen Zähne dringen normalerweise nicht durch einen Tauchanzug.
  Behandlung: Die Wunde auswaschen. Herz-Lungen-Wiederbelebung kann erforderlich sein. Schnellstens einen Arzt aufsuchen.

- **Seeigel.** Seeigelstacheln können giftig sein. Aber auch so können sie in die Haut dringen - auch durch Handschuhe - und abbrechen, was schmerzhafte Wunden hinterläßt, die sich oft infizieren.
  Behandlung: In schlimmen Fällen Heißwasserbehandlung; das weicht auch die Stacheln auf und hilft dem Körper, sie abzustoßen. Lindernde Salben oder ein Magnesiumsulfatumschlag verringern die Schmerzen. Infizierte Wunden erfordern Antibiotika.

- **Hydrozoen.** Hydrozoen sitzen oft unbemerkt an Wracks, alten Ankerseilen und Ketten, bis man sie anfaßt, und die giftigen Nesselkapseln explodieren. Die Verletzungen sind nicht schlimm, aber sehr schmerzhaft, und bei empfindlicher Haut können sich große Blasen bilden.
  Behandlung: Die betroffene Stelle in denaturiertem Spiritus oder Essig (Essigsäure) baden. U. U. örtliche Betäubung zur Schmerzlinderung erforderlich, doch genügt meistens eine Antihistaminsalbe.

- **Nesselplankton.** Man kann Nesselplankton nicht sehen und ihm daher nicht ausweichen. Bei Berichten über Nesselplankton den Körper soweit wie möglich mit geeigneter Kleidung schützen.
  Behandlung: Wie bei Hydrozoen.

- **Stechrochen.** Stechrochen sind zwischen einigen Zentimetern und mehreren Metern groß. Der Stachel besteht aus einem oder mehreren Dornen an der Schwanzspitze; obwohl sie nach hinten gerichtet sind, können sie in alle Richtungen stechen. Die Rochen schlagen um sich und stechen, wenn man auf sie tritt oder sie gefangen werden. Die Wunden können groß und ausgefranst sein.
  Behandlung: Die Wunde reinigen und alle Dornen entfernen. Heißwasserbehandlung und örtlich betäuben, wenn möglich; danach Antibiotika und Mittel gegen Tetanus geben.

- **Steinfische.** Steinfische sind die gefürchtetsten, am besten getarnten und gefährlichsten Fische aus der Familie der Skorpionsfische. Das Gift befindet sich in den Stacheln der Rückenflosse, die aufgerichtet wird, wenn der Fisch erregt ist.
  Behandlung: Normalerweise starke Schmerzen und Schwellungen. Die Wunde säubern, mit heißem Wasser behandeln und dann Antibiotika und Mittel gegen Tetanus geben.

- **Sonstige.** Gift gibt es auch in Weichkorallen, Seeanemonen, die in Gemeinschaft mit Anemonenfischen leben, und Nacktschnecken, die sich von Hydrozoen ernähren. Wer empfindliche Haut hat, sollte keine davon anfassen. Zitterrochen können starke elektrische Schläge austeilen (200-2.000 Volt); das Hauptproblem dabei ist, daß das Opfer im Wasser bewußtlos werden und ertrinken kann.

Schnittwunden

Schnittwunden und Kratzer unter Wasser - insbesondere von Korallen, Muscheln oder scharfkantigem Metall - entzünden sich normalerweise, wenn sie nicht rasch gesäubert und behandelt werden; das Eindringen von Giftstoffen in den Körper kann zu größeren Problemen führen. Säubern und desinfizieren Sie nach jedem Tauchgang alle Wunden, auch die kleinen. Größere Wunden heilen oft nur, wenn man mehrere Tage nicht taucht. Doktorfische haben scharfe Knochenfortsätze am Schwanzansatz, die sie gegen andere Fische einsetzen, gelegentlich auch gegen einen vorbeischwimmenden

Taucher, wenn sie ihr Territorium verteidigen. Diese Skalpelle können tiefe Schnittwunden verursachen; Wunden also säubern und mit antibiotischer Salbe behandeln. Wenn man sich nicht schneiden will, gilt: nichts anfassen!

Fische füttern

Sie sollten keine Fische füttern: Sie können ihnen und dem Ökosystem schaden. Aber es ist auch gefährlich für Sie. Der Freßrausch der Haie ist unberechenbar, und Haie und Zackenbarsche beißen oft in helle Flossen. Drückerfische können sehr schnell auf Sie zuschwimmen, und Zackenbarsche und Muränen haben unangenehme Zähne. Napoleon-Lippfische können kräftig saugen und zubeißen. Selbst manche Riffbarsche können unangenehm an Fingern und Haaren zwicken.

Index

Delius Klasing
EDITION NAGLSCHMID

Tauchen & Reisen

Weitere Bände dieser international erfolgreichen Reihe führen durch die meistbesuchten und schönsten Tauchgebiete der Welt.

Neben Tauchplatzbeschreibungen und Darstellungen der Schnorchelreviere enthält jeder Band Tips und Hinweise zur Anreise, zu Hotels, Restaurants und Einkaufsmöglichkeiten sowie Ausflugszielen über Wasser.

Gezeitenhinweise, Tauchzeiten, Strömungen, umfassende Angaben zur Unterwasserfauna und -flora sowie Hinweise auf Wracks und andere Attraktionen ermöglichen es jedem Besucher, die herrliche Unterwasserwelt dieser einzigartigen Tauchreviere kennenzulernen und sich vor Ort zurechtzufinden.

176 Seiten mit 104 Farbfotos und 11 Karten, kartoniert, ISBN 3-7688-1061-5

176 Seiten mit 100 Farbfotos und 16 Karten, kartoniert, ISBN 3-7688-1062-3

176 Seiten mit 109 Farbfotos und 13 Karten, kartoniert, ISBN 3-7688-0972-2

176 Seiten mit 102 Farbfotos und 16 Karten, kartoniert, ISBN 3-7688-0971-4

Erhältlich im Buch- und Fachhandel

Delius Klasing
EDITION NAGLSCHMID

Tauchreiseführer und Unterwasserführer zum Roten Meer

Das Rote Meer bedeutet geradezu eine Wunderwelt für Taucher: unglaublich klares Wasser, eine berauschende Vielfalt von Fischen und Korallengärten, die zu den schönsten der Welt gehören.

Die **Tauchreiseführer** zu den Revieren Sinai-Halbinsel und Ägyptische Festlandsküste geben einen Überblick über die jeweilige Region und touristische Attraktionen. Im Vordergrund stehen Flora und Fauna der Unterwasserwelt, eine Beschreibung guter und bester Tauchplätze und Informationen über Tauchbasen und ihre Ausrüstung.

Die entsprechenden **Unterwasserführer** zeigen in jeweils mehr als 100 Biotopaufnahmen das Leben im Roten Meer. Als einzigartiges Bestimmungsbuch für Laien, aber auch als Nachschlagewerk für Experten ermöglichen diese Bände eine eindeutige Artenzuordnung der Fische und Niederen Tiere in diesen Breiten.

160 Seiten mit 85 Farbfotos und 18 Karten, kartoniert, ISBN 3-89594-056-9

180 Seiten mit 88 Farbfotos und 27 Karten, kartoniert, ISBN 3-89594-009-7

176 Seiten mit 180 Farbfotos und 6 Abbildungen, kartoniert, ISBN 3-89594-021-6

172 Seiten mit 116 Farbfotos und 32 Abbildungen, kartoniert, ISBN 3-89594-022-4

Erhältlich im Buch- und Fachhandel